Die Geschichte des Öffentlichen Personennahverkehrs in Saarbrücken

Immer in Bewegung

Die Geschichte des Öffentlichen
Personennahverkehrs in Saarbrücken

Immer in Bewegung

Impressum
1. Auflage © 2017

Herausgeber Saarbahn GmbH

Redaktion Stadtwerke Saarbrücken Konzern,
Stabstelle Kommunikation und Marketing (verantwortlich)
Ulrike Reimann, Carmen Del Savio
Stadtarchiv der Landeshauptstadt Saarbrücken
Dr. Hans-Christian Herrmann, Ruth Bauer

Bibliografische Information der Deutschen Nationalbibliothek
Die Deutsche Nationalbibliothek verzeichnet diese Publikation in der Deutschen Nationalbibliografie; detaillierte bibliografische Daten sind im Internet über http://dnb.d-nb.de abrufbar.

ISBN 978-3-95602-128-2

Am Rech 14
66386 St. Ingbert
Telefon (0 68 94) 1 66 41 63
Telefax (0 68 94) 1 66 41 64
E-Mail: info@conte-verlag.de
Verlagsinformationen im Internet unter www.conte-verlag.de

Druck und Bindung: Faber, Mandelbachtal

Inhalt

Alexander Dobrindt MdB Bundesminister für Verkehr und digitale Infrastruktur (Foto: Bundesregierung, Kugler)

Saarbahn war und ist Vorreiter des ÖPNV

Deutschland lebt wie kein anderes Land ökonomisch, kulturell und gesellschaftlich von seinen Regionen. Die Voraussetzungen dafür sind ein starker Öffentlicher Personennahverkehr (ÖPNV) und eine moderne wie leistungsfähige Infrastruktur. Sie verknüpfen lokale Wirtschaftsräume. Sie ermöglichen unseren Bürgerinnen und Bürgern uneingeschränkte Mobilität. Sie schaffen Teilhabegerechtigkeit an Innovation und Fortschritt, an Bildung und Kultur, an medizinischen und sozialen Leistungen. Das macht unser Land lebenswert in allen seinen Regionen.
Saarbrücken war auf diesem Weg von Anfang an ein echter Vorreiter.
Die Gesellschaft für Straßenbahnen im Saartal brachte bereits wenige Jahre nach der Gründung eine der ersten elektrischen Straßenbahnen Europas in den Betrieb und ermöglichte damit den Menschen eine neue Qualität der Mobilität. Zwischenzeitlich durch den reinen Busverkehr ersetzt, wurde die Saarbahn vor 20 Jahren wieder in Betrieb genommen und hat Ihre Vorreiterrolle seitdem immer wieder behauptet: 2005 hat die Saarbahn GmbH als erstes Unternehmen das (((eTicket für alle Zeitkartenkunden eingeführt. Heute arbeitet die Gesellschaft an einem flexiblen Bezahlsystem und setzt mit ihrem Lotsenservice Maßstäbe für einen barrierefreien Nahverkehr. Der Bund hat die Saarbahn auf diesem Weg aktiv unterstützt – mit insgesamt fast 140 Millionen Euro.
Jetzt geht es darum, diese Erfolgsgeschichte gemeinsam fortzuschreiben und die Attraktivität des ÖPNV in Deutschland weiter auszubauen – durch drei Maßnahmen.

1. Wir haben uns mit den Ländern darauf geeinigt, die Regionalisierungsmittel für den Regionalverkehr ab diesem Jahr auf 8,2 Milliarden Euro zu steigern – und bis 2031 mehr als 150 Milliarden Euro bereitzustellen. Das ist mehr Geld als je zuvor.
2. Wir haben die bundesweite Einführung des (((eTicket in den vergangenen Jahren mit insgesamt 14 Millionen Euro vorangetrieben und investieren bis 2018 zusätzliche 16 Millionen Euro in die Weiterentwicklung des Projektes.
3. Wir fördern innerstädtische Testfelder für die Digitalisierung der Mobilität und forschen unter anderem am automatisierten Fahren im Personenverkehr sowie einer intelligenten Vernetzung des ÖPNV.

Ich bin überzeugt: Mit dieser Zukunftsoffensive sichert der ÖPNV auch im digitalen Zeitalter Mobilität und damit Lebensqualität in allen Regionen. Ich gratuliere der Saarbahn zu ihren zwei großen Jubiläen und wünsche allen Fahrgästen in Saarbrücken allzeit gute Fahrt und Gottes Segen!

Anke Rehlinger
Ministerin für Wirtschaft, Arbeit, Energie und Verkehr im Saarland
(Foto: Uwe Bellhäuser)

ÖPNV wird effizienter, kunden- und umweltfreundlicher

Was 1892 als Gesellschaft für Straßenbahnen im Saartal begann, hat sich bis heute zu einem komplexen, modernen Verkehrsbetrieb entwickelt, der auch über die Grenzen des Saarlandes hinausreicht. Rund 140.000 Menschen fahren heute pro Tag mit den Fahrzeugen der Saarbahn GmbH. Kaum vorzustellen, was in Saarbrücken los wäre, wenn diese Menschen alle mit dem Auto ankämen ...
Um den öffentlichen Nahverkehr weiterhin attraktiv zu gestalten und damit für eine Akzeptanz in der Bevölkerung zu sorgen, braucht es kontinuierlich neue Ideen und Konzepte. So haben wir beispielsweise mit neuen Tarifbedingungen das Jobticket nun auch für kleinere Unternehmen mit wenig Personal attraktiv gestaltet. Den Mitarbeiterinnen und Mitarbeitern wird somit eine kostengünstige und umweltfreundliche Alternative zum Individualverkehr angeboten. Ich hoffe, dass wir zahlreiche saarländische Betriebe zum Umsteigen motivieren können.
Auch mit unserem Verkehrsentwicklungsplan (VEP) haben wir die Chance, den ÖPNV im Saarland moderner, effizienter, umweltfreundlicher und vor allem bürgernah zu gestalten. Jeder soll die Möglichkeit haben, sich mit seinen Ideen einzubringen, damit wir gemeinsam zu guten Lösungen kommen. Gemeinsam wollen wir mit vielen Akteuren an einem Tisch zusammenkommen, um über Fahrpreise, Taktung, Wabenstruktur und Mobilität im ÖPNV zu sprechen.
Es hat im Bereich des ÖPNV in den letzten Jahren bereits erhebliche Fortschritte gegeben, aber in vielen Bereichen besteht auch noch Handlungsbedarf, wie etwa bei der Vernetzung der Linien und der verschiedenen Verkehrssysteme, dem Tarif, der Information und dem Komfort.
Wir werden der demografischen ebenso wie der technischen Entwicklung Rechnung tragen und insbesondere auch den Aspekt der Barrierefreiheit im Blick behalten. Wir schaffen damit eine neue Grundlage für die längerfristige strategische Entwicklungsplanung und wir sind froh, mit der Saarbahn GmbH einen kompetenten Partner an unserer Seite zu haben.
Auf die nächsten 125 Jahre!

Charlotte Britz
Oberbürgermeisterin der Landeshauptstadt Saarbrücken
(Foto: Iris Maurer)

Saarbahn – Markenzeichen unserer Stadt

Es kommt mir vor, als sei es gestern gewesen, aber es sind doch schon 20 Jahre verstrichen, seit die Saarbahn am 24. Oktober 1997 ihre Jungfernfahrt hatte. Ich erinnere mich noch sehr gut an die Diskussionen über Sinn und Zweck der Wiedereinführung einer Straßenbahn. Heute ist die Saarbahn aus dem Stadtbild von Saarbrücken nicht mehr wegzudenken. Sie ist zum Markenzeichen der Stadt geworden!

Mit der technisch hochwertigen Saarbahn leistete Saarbrücken schon vor 20 Jahren einen wichtigen Beitrag zum Umweltschutz und der heutzutage viel beschworenen E-Mobilität. Die Saarbahn ist das größte E-Mobil des Landes. Und sie verbindet uns mit unseren französischen Nachbarn: Schon vor 20 Jahren sind wir grenzüberschreitend gefahren. Trotz mancher Verzögerungen beim Trassenbau und so manchen finanziellen Engpässen sind wir stolz auf unsere Saarbahn und blicken mit Freude zurück auf das, was wir geleistet haben.

Dennoch dürfen wir uns nicht auf unseren Lorbeeren ausruhen. Saarbrücken hat eine herausragende Bedeutung für das Saarland und damit verbunden sind vielfältige Bedürfnisse und Interessen der verschiedenen Verkehrsteilnehmer. Saarbrücken ist Landeshauptstadt, Universitäts- und Einkaufsstadt, Dienstleistungsmetropole des Saarlandes und Industriestandort. Um die Lebensqualität der Bürgerinnen und Bürger und die Zukunftsfähigkeit der Stadt zu sichern, müssen wir uns intensiv mit der Frage auseinandersetzen, wie wir Mobilität in Saarbrücken gestalten wollen.

Wir möchten zum Beispiel mehr attraktiven öffentlichen Raum für die Menschen schaffen. Ein wesentlicher Baustein für gelingende Stadtentwicklung ist eine zukunftsfähige Verkehrsplanung. Wie wir uns das vorstellen, haben wir im Verkehrsentwicklungsplan dargestellt, der jetzt im Jubiläumsjahr vorliegt. Es ist uns ein besonderes Anliegen, die Lebensqualität der Menschen, die in den Städten wohnen, noch stärker in den Mittelpunkt zu rücken. Der öffentliche Raum muss gesünder, leiser, lebenswerter werden.

Wir wollen mit einer nachhaltigen Mobilität die Interessen aller Verkehrsteilnehmer in Einklang bringen und die verschiedenen Verkehrsmittel wie Busse, Bahnen, Rad oder Auto aufeinander abstimmen, so dass sie komfortabel allein oder in Kombination nutzbar sind.

Nur mit einem attraktiven Saarbrücken kann es ein erfolgreiches Saarland geben. Dafür beabsichtigt die Landeshauptstadt, bis zum Jahr 2030 100 Millionen Euro in die Mobilität der Zukunft zu investieren. Das wollen und müssen wir umsetzen, trotz aller Schwierigkeiten und Bedenken. Damit wir in 20 Jahren sagen können: Wir waren wieder einmal Vorreiter und haben rechtzeitig die Weichen in die richtige Richtung gestellt.

Peter Edlinger und
Andreas Winter
Geschäftsführer Saarbahn
(Foto: Iris Maurer)

2017 – Ein Jubiläumsjahr, das bewegt

Vor 125 Jahren, am 9. April 1892, wurde die Gesellschaft für Straßenbahnen im Saartal AG, die Rechtsvorgängerin der heutigen Saarbahn GmbH gegründet. Am 22. Juli 1892 erfolgte die Eintragung ins Handelsregister. Mitten in einer Zeit, in der die saarländische Wirtschaft ihren Aufschwung nahm, wurde der Grundstein für den Öffentlichen Personennahverkehr in Saarbrücken gelegt. Unternehmensziel war von Anfang an die Beförderung der Saarbrücker Bürgerinnen und Bürger.
Von der Straßenbahn der Gründungszeit über den Ausbau eines dichten Netzes leistungsfähigerer Busse in den 1980er Jahren bis zur Einführung der Saarbahn 1997 liegt ein erstaunlicher Fortschritt hinter uns.
Über 218 Millionen Fahrgäste allein nur bei der Saarbahn seit 1997 haben uns gezeigt, dass der Bau der Saarbahn die richtige Entscheidung war, um zum einen unseren Fahrgästen einen effektiven und komfortablen ÖPNV zu bieten und zum anderen die Verkehrssituation in Saarbrücken zu entlasten. Dass es uns gelungen ist, das Saarbahnmodell auch grenzüberschreitend zu etablieren, macht uns dabei besonders stolz. Die Saarbahn trägt einen großen Anteil an der Verkehrsleistung, die über den reinen Stadtverkehr in Saarbrücken hinausgeht.
In der Geschichte unseres Unternehmens gab es immer wieder neue Herausforderungen. Heute sind Kostenersparnis und Entlastung der Umwelt, bei gleichzeitiger optimaler Anbindung der Fahrgäste, die Herausforderungen, mit denen sich unser Unternehmen konfrontiert sieht.
Unser Ziel ist es, uns in allen Veränderungsprozessen zum zentralen Mobilitätsdienstleister über die eigentliche ÖPNV-Leistung hinaus weiterzuentwickeln. Damit wollen wir neue Kundengruppen erschließen und unseren Anteil am Modal Split, dem tatsächlichen Nutzungsgrad des ÖPNV, in Saarbrücken erhöhen.

Wir wünschen Ihnen viel Freude bei der interessanten Reise durch die über 125-jährige Geschichte des Öffentlichen Personennahverkehrs in Saarbrücken, die eng verbunden ist mit der Geschichte unseres Unternehmens. Wir haben tief in die Archivkisten gegriffen und dank der vielen interessanten Erzählungen und Berichte ein lebendiges Bild zeichnen können. Denn Zukunft braucht Geschichte.

Straßenbahn und Kutsche treffen an der Kreuzung Bahnhofstraße – Dudweilerstraße aufeinander, 1923/24.
(Foto: Privatbesitz)

Hans-Christian Herrmann | Ruth Bauer

Die Straßenbahn – ein »Culturfortschritt« setzt sich in Bewegung –

von den Anfängen bis zum Ende des Zweiten Weltkrieges (1890–1945)

Begeisterte Bevölkerung: 1890 – Die Eröffnung der »St. Johann-Louisenthaler Straßenbahn«

Am 4. November 1890 war es endlich soweit! Von den Häusern entlang der Mainzer Straße, des St. Johanner Marktes und der Bahnhofstraße wehten bunte Fahnen, Menschen säumten die Straßen und an ihnen vorbei ratterte schnaubend die erste Saarbrücker Straßenbahn, korrekt die erste »St. Johann – Louisenthaler Straßenbahn« – eine Dampf-Straßenbahn![1]
Saarbücken, St. Johann und Malstatt-Burbach waren seinerzeit sich nicht gerade wohl gesonnene, konkurrierende Schwesterstädte. Saarbrücken, die altehrwürdige Residenzstadt, hatte auf ein so »neumodisches« Fortbewegungsmittel zunächst freiwillig verzichtet.
Die aufstrebenden Industriestädte St. Johann mit Bürgermeister Dr. Paul Neff an der Spitze und allen voran Malstatt-Burbach mit dem weitblickenden Bürgermeister Johann Meyer schauten indes stolz auf ihre technische Errungenschaft. Schließlich hatte man bereits seit 1852 mit der Eröffnung des St. Johanner Bahnhofes, dem heutigen Hauptbahnhof, die Bedeutung des Transportmittels Eisenbahn für den wirtschaftlichen Aufschwung erkannt und durch die Ansiedlung zahlreicher Industriebetriebe ökonomisch zu nutzen gewusst. Jetzt, mit der Einführung der Straßenbahn, dem innovativen Verkehrsmittel im innerstädtischen Bereich, hatte man erneut die Nase vorn.[2]

Der 1852 errichtete Bahnhof St. Johann befand sich anfangs noch außerhalb der Stadt. Er förderte die Industrialisierung der Region wie auch das Wachstum von St. Johann, 1902. (StA SB, AK 338)

1 St. Johanner Zeitung vom 5. November 1890; 75 Jahre Gesellschaft für Straßenbahnen im Saartal AG – Saarbrücken. 1892–1967, Saarbrücken 1967, S. 29 ff.
2 Ebd.

Industrie braucht Mobilität

Die Industrialisierung im Zeichen von Kohle und Stahl, der allgemeine technische Fortschritt und der daraus resultierende ökonomische Wandel hatten das Gesicht der drei bisher weitgehend durch Kleingewerbe, Handwerk, Verwaltung und Landwirtschaft geprägten Saarstädte grundlegend verändert.[3]

1856 siedelte sich zwischen den beiden kleinen Dörfern Malstatt und Burbach die Burbacher Hütte an, spezialisiert auf die Herstellung von Eisenbahnschienen. Sie schuf Arbeitsplätze für Hunderte von Beschäftigten und entwickelte sich zum größten Arbeitgeber der Region. Die Einwohnerzahl stieg daraufhin so schnell an, dass die beiden Dörfer sich 1859 zur Landgemeinde Malstatt-Burbach zusammenschlossen und 1875 zur Stadtgemeinde erhoben wurden. Als weitere große Arbeitgeber folgten 1871 die Waggonfabrik Gebr. Lüdgens als Hersteller von Eisenbahngüterwaggons, 1876 die Eisengießerei und Maschinenfabrik Erhardt & Sehmer sowie die Portland-Zementfabrik von Böcking & Dietsch am Malstatter Hafen. Außerdem gab es im Umland von St. Johann zahlreiche Steinkohlenbergwerke.

St. Johann, das bisher immer im Schatten Saarbrückens gestanden hatte, erlebte einen enormen wirtschaftlichen Aufschwung durch die Ansiedlung zahlreicher großer Industriebetriebe: Seit 1877 befand sich in der Kaiserstraße die Gießerei und Maschinenfabrik Dingler & Karcher, auf dem heutigen Beethovenplatz die Firma Roth & Schüler, die Kleineisenteile herstellte, im Bereich der heu-

Straßenbahnen in der Bahnhofstraße, 1915.
(StA SB, AK 2808)

tigen Martin-Luther-Straße die Drahtseilfabrik Heckel, in der Dudweilerstraße die Seifenfabrik Albert Kirchner und in der Trierer Straße ließ sich die Holzhandlung Maret nieder, um nur einige zu nennen. Und auch die rasante Entwicklung der Bahnhofstraße zur größten und erfolgreichsten Einkaufsmeile der Region mit einer Vielzahl an Textilkaufhäusern, Warenhäusern und Spezialgeschäften nahm in diesen Jahren ihren Anfang. Rund um den Bahnhof offerierten gut ausgestattete Hotels den zahlreichen Handelsreisenden während ihres Aufenthaltes in der Stadt Kost und Logis.

Saarbrücken pflegte indes das Image der altehrwürdigen Residenzstadt weiter, blieb Wohnstadt des gehobenen Bürgertums, Sitz der preußischen Verwaltung, der Kasernen und profitierte hierdurch vom Aufschwung. Industriebetriebe siedelten sich, auch aufgrund des fehlenden Hinterlandes, aber nur wenige an. So ließ sich hier 1884 die Stahlkonstruktionsfirma Seibert nieder, die auf Hochofenbau, Brückenbau und die Errichtung von Fabrikhallen spezialisiert war. Auf der rechten Saarseite erfolgte hingegen in den späten 1860er Jahren unterhalb der 1866 fertiggestellten Neuen Brücke, der heutigen Luisenbrücke, im Zuge der Anlage des Saarkohlenkanals der Ausbau eines großen Kohlehafens mit einem Hafenbecken für 120 Schiffe und einer zehn Hektar großen Hafeninsel zum Lagern der Kohle. Die Schiffe und der Industriehafen prägten noch bis weit in die Mitte des 20. Jahrhunderts hinein das Stadtbild des heutigen Saarbrückens.

Infolge dieses wirtschaftlichen Aufschwungs wuchs die Bevölkerung in den drei Saarstädten explosionsartig. In Malstatt-Burbach hatte sich die Zahl der Einwohner von 12.500 im Jahr 1875 auf 38.500 um die Jahrhundertwende mehr als verdreifacht, in Saarbrücken wuchs sie im gleichen Zeitraum von 11.000 auf 27.000 und in St. Johann von 11.000 auf 25.000 an. Die Menschen kamen in Scharen vom Land in die Stadt, um hier eine auskömmliche Arbeit anzunehmen. Da ausreichend Unterkunft gefunden werden musste, entstanden immer neue Wohnquartiere, die nicht mehr in unmittelbarer Nähe der Arbeitsstätten liegen konnten. Dadurch wurde der Arbeitsweg weiter, zeitraubender und oft beschwerlicher. Mit dem Bevölkerungswachstum und der wirtschaftlichen Entwicklung entstand so ein massenhaftes Mobilitätsbedürfnis. Die Innovation Straßenbahn kam also zur richtigen Zeit und konnte dieses Bedürfnis befriedigen. Zugleich begann damit die Geschichte des Öffentlichen Personennahverkehrs (ÖPNV), anfänglich mit privatwirtschaftlichen Unternehmen.

Auf ganzer Linie ein Erfolg

In Metropolen wie Berlin und Hamburg, ferner in Großstädten wie Stuttgart verkehrten seit 1865 sogenannte Pferdebahnen. Ab den 1870er Jahren setzten Berlin, München, Dresden und Stettin Dampfwagen ein. Im Jahr 1875 existierten zwölf Pferde- und Dampfbahnen im Deutschen Reich.

In Saarbrücken, St. Johann, Malstatt und Burbach blieb die Benutzung einer Pferdedroschke oder die Fahrt in den seit 1875 in den Saarstädten verkehrenden Pferdeomnibussen für die Mehrzahl der Bevölkerung unerschwinglich, sie war in der Regel zu Fuß unterwegs. Seit 1881 existierten Ideen und Angebote für den Betrieb einer Pferdebahn in St. Johann, etwa durch private Investoren, wie dem aus London stammenden Unternehmer Emil Tuteur oder einer Firma aus Italien. Ferner gab es Überlegungen zu einer stadteigenen Pferdebahn, wie sie der St. Johanner Bürgermeister verfolgte. Aus Kostengründen wurden diese Pläne jedoch alle verworfen. Die Genehmigungsbehörden bezweifelten, dass eine Pferdebahn in kleinen Städten profitabel wirtschaften könne.[4]

Am 28. August 1888 schlossen dann die beiden Bürgermeister von Malstatt-Burbach und St. Johann jeweils einen separaten Vertrag mit der »Localbahn-Bau und Betriebsgesellschaft Hostmann & Co. zu Hannover« über die Einrichtung einer Dampfstraßenbahn von St. Johann nach Luisenthal mit einer Laufzeit von 40 Jahren – also bis in das Jahr 1930. Nachdem im Anschluss alle bürokratischen Hürden genommen waren, erteilte die Königlich Preußische Regierung in Trier am 8. Juni 1890 schließlich die notwendige Konzession. Die Hürden dafür waren zahlreich: Bei der Eisenbahndirektion mussten die Durchfahrtsgenehmigungen für die Eisenbahnunterführungen eingeholt werden, bei der Bergwerksdirektion die Gestattung der Wasserentnahme aus ihren Leitungen und mit den Grundstückseigentümern galt es Kauf- und Pachtverträge abzuschließen.

Nach fast zehn Jahren Diskussion und Planung – die Straßenbahn kommt in Fahrt

Fast zehn Jahre nahmen die Debatten und Planungen rund um einen öffentlichen Nahverkehr in den Saarstädten insgesamt in Anspruch. Nun feierte man in verhältnismäßig kurzer Zeit – ganze vier Monate nach Erteilung der Konzession – diesen bedeutungsvollen »Culturfortschritt« anlässlich der bevorstehenden Eröffnung der ersten rund 8,5 Kilometer langen Dampfstraßenbahnlinie.[5] Ihre Jungfernfahrt am 4. November 1890 verzögerte sich aufgrund noch nicht geklärter Verwaltungszuständigkeiten um rund drei Wochen. Zahlreiche erfolgreiche Probefahrten, zu denen man Vertreter der Presse und die Stadtverordneten einlud, hatten im Vorfeld stattgefunden. So wurde eine Nachtfahrt durchgeführt, um Sicht und Sichtbarkeit auch bei Dunkelheit zu testen. Hierfür verfügte der Wagen über eine weit leuchtende Blendlaterne vorne und ein rotes Licht hinten. Die Fahreigenschaften des neuen Verkehrsmittels ließen sich als außerordentlich ruhig und sanft beschreiben, die Wagen passierten anstandslos alle Kurven und der Betrieb funktionierte zu aller Zufriedenheit. Die Strecken waren abgesichert, die Haltestellen festgelegt und auch auf die Fahrpreise – ein in anderen Städten heiß diskutiertes Thema – hatten sich die beiden Saarstädte mit der Betreibergesellschaft problemlos geeinigt. Von St. Johann bis zur Schleifmühle zahlte der Fahrgast 10 Pfennig, bis zum Burbacher Markt 15 Pfennig, bis

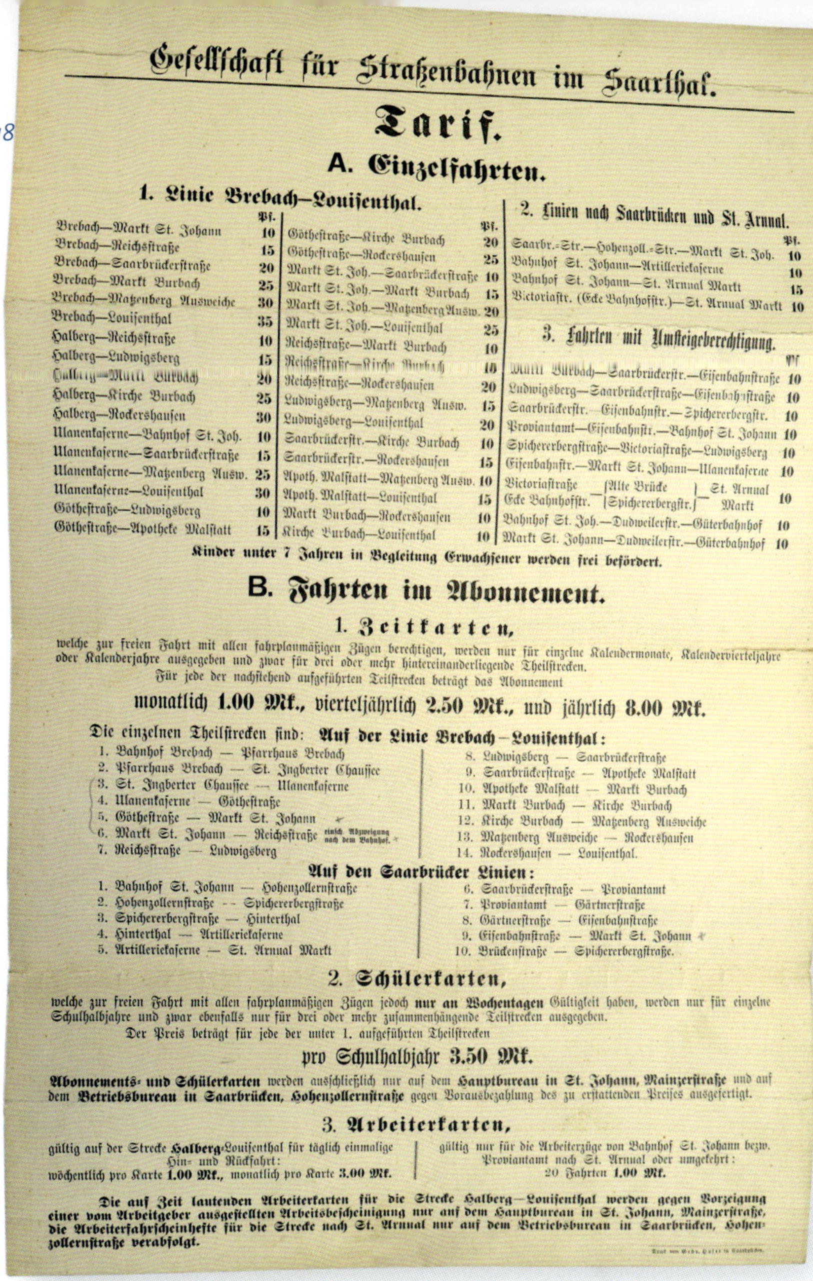

Gesellschaft für Straßenbahnen im Saarthal.

Tarif.

A. Einzelfahrten.

1. Linie Brebach—Louisenthal.

	Pf.		Pf.
Brebach—Markt St. Johann	10	Göthestraße—Kirche Burbach	20
Brebach—Reichsstraße	15	Göthestraße—Rockershausen	25
Brebach—Saarbrückerstraße	20	Markt St. Joh.—Saarbrückerstraße	10
Brebach—Markt Burbach	25	Markt St. Joh.—Markt Burbach	15
Brebach—Matzenberg Ausweiche	30	Markt St. Joh.—Matzenberg Ausw.	20
Brebach—Louisenthal	35	Markt St. Joh.—Louisenthal	25
Halberg—Reichsstraße	10	Reichsstraße—Markt Burbach	10
Halberg—Ludwigsberg	15	Reichsstraße—Kirche Burbach	15
Halberg—Markt Burbach	20	Reichsstraße—Rockershausen	20
Halberg—Kirche Burbach	25	Ludwigsberg—Matzenberg Ausw.	15
Halberg—Rockershausen	30	Ludwigsberg—Louisenthal	20
Ulanenkaserne—Bahnhof St. Joh.	10	Saarbrückerstr.—Kirche Burbach	10
Ulanenkaserne—Saarbrückerstraße	15	Saarbrückerstr.—Rockershausen	15
Ulanenkaserne—Matzenberg Ausw.	25	Apoth. Malstatt—Matzenberg Ausw.	10
Ulanenkaserne—Louisenthal	30	Apoth. Malstatt—Louisenthal	15
Göthestraße—Ludwigsberg	10	Markt Burbach—Rockershausen	10
Göthestraße—Apotheke Malstatt	15	Kirche Burbach—Louisenthal	10

2. Linien nach Saarbrücken und St. Arnual.

	Pf.
Saarbr.-Str.—Hohenzoll.-Str.—Markt St. Joh.	10
Bahnhof St. Johann—Artilleriekaserne	10
Bahnhof St. Johann—St. Arnual Markt	15
Victoriastr. (Ecke Bahnhofstr.)—St. Arnual Markt	10

3. Fahrten mit Umsteigeberechtigung.

	Pf.
Markt Burbach—Saarbrückerstr.—Eisenbahnstraße	10
Ludwigsberg—Saarbrückerstraße—Eisenbahnstraße	10
Saarbrückerstr.—Eisenbahnstr.—Spichererbergstr.	10
Proviantamt—Eisenbahnstr.—Bahnhof St. Johann	10
Spichererbergstraße—Victoriastraße—Ludwigsberg	10
Eisenbahnstr.—Markt St. Johann—Ulanenkaserne	10
Victoriastraße Ecke Bahnhofstr.—{Alte Brücke / Spichererbergstr.}—St. Arnual Markt	10
Bahnhof St. Joh.—Dudweilerstr.—Güterbahnhof	10
Markt St. Johann—Dudweilerstr.—Güterbahnhof	10

Kinder unter 7 Jahren in Begleitung Erwachsener werden frei befördert.

B. Fahrten im Abonnement.

1. Zeitkarten,

welche zur freien Fahrt mit allen fahrplanmäßigen Zügen berechtigen, werden nur für einzelne Kalendermonate, Kalendervierteljahre oder Kalenderjahre ausgegeben und zwar für drei oder mehr hintereinanderliegende Theilstrecken.

Für jede der nachstehend aufgeführten Teilstrecken beträgt das Abonnement

monatlich 1.00 Mk., vierteljährlich 2.50 Mk., und jährlich 8.00 Mk.

Die einzelnen Theilstrecken sind: Auf der Linie Brebach—Louisenthal:

1. Bahnhof Brebach — Pfarrhaus Brebach
2. Pfarrhaus Brebach — St. Ingberter Chaussee
3. St. Ingberter Chaussee — Ulanenkaserne
4. Ulanenkaserne — Göthestraße
5. Göthestraße — Markt St. Johann
6. Markt St. Johann — Reichsstraße einschl. Abzweigung nach dem Bahnhof.
7. Reichsstraße — Ludwigsberg
8. Ludwigsberg — Saarbrückerstraße
9. Saarbrückerstraße — Apotheke Malstatt
10. Apotheke Malstatt — Markt Burbach
11. Markt Burbach — Kirche Burbach
12. Kirche Burbach — Matzenberg Ausweiche
13. Matzenberg Ausweiche — Rockershausen
14. Rockershausen — Louisenthal.

Auf den Saarbrücker Linien:

1. Bahnhof St. Johann — Hohenzollernstraße
2. Hohenzollernstraße — Spichererbergstraße
3. Spichererbergstraße — Hinterthal
4. Hinterthal — Artilleriekaserne
5. Artilleriekaserne — St. Arnual Markt
6. Saarbrückerstraße — Proviantamt
7. Proviantamt — Gärtnerstraße
8. Gärtnerstraße — Eisenbahnstraße
9. Eisenbahnstraße — Markt St. Johann
10. Brückenstraße — Spichererbergstraße.

2. Schülerkarten,

welche zur freien Fahrt mit allen fahrplanmäßigen Zügen jedoch nur an Wochentagen Gültigkeit haben, werden nur für einzelne Schulhalbjahre und zwar ebenfalls nur für drei oder mehr zusammenhängende Teilstrecken ausgegeben.

Der Preis beträgt für jede der unter 1. aufgeführten Theilstrecken

pro Schulhalbjahr 3.50 Mk.

Abonnements- und Schülerkarten werden ausschließlich nur auf dem Hauptbureau in St. Johann, Mainzerstraße und auf dem Betriebsbureau in Saarbrücken, Hohenzollernstraße gegen Vorausbezahlung des zu erstattenden Preises ausgefertigt.

3. Arbeiterkarten,

gültig auf der Strecke Halberg-Louisenthal für täglich einmalige Hin- und Rückfahrt: wöchentlich pro Karte 1.00 Mk., monatlich pro Karte 3.00 Mk.

gültig nur für die Arbeiterzüge von Bahnhof St. Johann bezw. Proviantamt nach St. Arnual oder umgekehrt: 20 Fahrten 1.00 Mk.

Die auf Zeit lautenden Arbeiterkarten für die Strecke Halberg—Louisenthal werden gegen Vorzeigung einer vom Arbeitgeber ausgestellten Arbeitsbescheinigung nur auf dem Hauptbureau in St. Johann, Mainzerstraße, die Arbeiterfahrscheinhefte für die Strecke nach St. Arnual nur auf dem Betriebsbureau in Saarbrücken, Hohenzollernstraße verabfolgt.

Für die ganze Strecke der Straßenbahn von St. Johann über Malstatt nach Luisenthal zahlten Inhaber einer Arbeiterkarte monatlich drei Mark, Schüler pro Schulhalbjahr 3,50 Mark.
(StA SB, Bgm St. J. 620, Foto: Thomas Störmer)

4 Vgl. hierzu ausführlich: 75 Jahre Gesellschaft für Straßenbahnen im Saartal AG, Redaktion Arno Hübner, Saarbrücken, S. 29 ff.; Eine bewegte Geschichte 1892–2000, Chronik zum städtischen Nahverkehr in Saarbrücken und Umgebung, hrsg. von der Gesellschaft für Straßenbahnen im Saartal AG, bearb. von Rudolf R. Rehanek, Karl August Schleiden und Marie-Luise Georg

Der erste Straßenbahnwagen, gebaut nach dem System Rowan, auf der Strecke von St. Johann nach Luisenthal, 1890. (StA SB, Dep. SBN 1050, Foto: GSS)

Unter-Burbach 20 Pfennig und bis Luisenthal 25 Pfennig. Selbstverständlich bot man ermäßigte Konditionen für regelmäßige Nutzer an. So verkaufte man Abonnenten-, Arbeiter- und Schülerkarten, denn die Bevölkerung musste sich die Fahrten auch leisten können, damit das Unternehmen gewinnbringend wirtschaften konnte.[6]

Lohn der Mühen – die Bevölkerung feiert die Straßenbahn

Die Straßenbahn sollte zu einem gefeierten Erfolg werden. Das Interesse war überwältigend und die Bevölkerung begeistert. Mit so hohen Fahrgastzahlen hatten die Verantwortlichen nicht gerechnet. Wie erwartet zeigte sich die Bevölkerung sehr neugierig, das neue Fortbewegungsmittel kennenzulernen. Das Interesse blieb nachhaltig auf hohem Niveau. 5.000 Personen nutzten die Bahn am Eröffnungstag, die Einnahmen betrugen stolze 600 Mark. Und auch am ersten Wochenende war die Bahn trotz der vielen Kirmesveranstaltungen in der näheren Umgebung, die die Leute zahlreich besuchten, so überfüllt, dass es zu erheblichen Verspätungen kam. Und das sollte sich auch in den nächsten Tagen und Wochen nicht ändern.

Am Eröffnungstag wurden die Straßenbahnwagen mit Girlanden geschmückt, die Stadtverordneten fuhren unter Musikbegleitung die Strecke mit, und am Abend fand in St. Johann ein großes Festessen mit anschließendem Tanz im ebenfalls festlich dekorierten Hotel-Restaurant Kaiserhof (vormals Guépratte, heute Stadtgalerie) am St. Johanner Markt statt. In Malstatt-Burbach feierte man »die für das weitere Erblühen der Stadt so wichtige Schöpfung« gebührend im Hütten-Casino.

Bürgermeister Johann Meyer pries in seiner Festrede die durch die Dampfstraßenbahn ermöglichte Erleichterung für die Erwerbstätigen, gerade auch seiner Gemeinde Malstatt-Burbach. Fürchteten die Widersacher dieses neuen Verkehrsmittels Umsatzeinbußen für den Handel in Malstatt-Burbach, so erkannte Meyer in diesem hingegen eine große Chance für seine Stadt: »Heute gilt es nicht mehr durch Maßnahmen früherer Zeiten sich gegen seine Nachbarn zu schützen, heute heißt es in ehrlichem Wettbewerb seine Stellung zu behaupten, in den Kampf des Erwerbslebens kräftig einzutreten, ja hier bei uns alles daran zu setzen, dass uns der kräftige Nachbar nicht alle Lebensadern unterbindet.« Und er vergaß auch nicht, nochmals ausdrücklich darauf hinzuweisen, dass die Anregung zum Bau der Straßenbahn von seiner Stadt ausgegangen war.

6 Stadtarchiv Saarbrücken, Bestand Bgm Alt-SB Nr. 266, Geschäftsbericht 1903, S. 5; Bestand Bgm M-B Nr. 699.

Das neue Verkehrsmittel im Alltag: eine Herausforderung im Winter, Ärger mit Rauchern, Betrunkenen und leichtsinnigen Fahrgästen

Der Fuhrpark der neuen Dampfstraßenbahn bestand zunächst aus fünf Straßenbahntriebwagen der Firma Rowan: Vorne befand sich die Lokomotive, im Fond der Passagierraum mit 16 Sitz- und 14 Stehplätzen, sowie eine offene Plattform. Um die Fahrtrichtung zu wechseln, mussten die Maschinen an sogenannten Gleisdreiecken gewendet werden. Vier Wagen waren ständig im Einsatz, ein Wagen in der Wartung.[7]

Trotz einer ganzen Reihe von anfänglichen Mängeln und Problemen im Alltag stellte das neue Verkehrsmittel auf ganzer Linie einen Erfolg dar.

Fuhrpark 1892/93

5	*Rowan-Maschinen (Borsig, Berlin)*
4	*Maschinen (Schwartzkopff, Berlin)*
15	*Rowan-Wagen (Franco-Belge, Raisne)*
5	*Rowan-Wagen (Herbrandt & Co., Köln-Ehrenfels)*
1	*Sprengwagen zum Nässen der Gleise*
1	*Bahnmeisterwagen*
1	*Straßenlokomotive (Henschel & Sohn, Kassel)*
2	*große Personenwagen zum Anhängen an vorstehende Maschinen für je 54 Personen*
5	*Anhängerwagen*

Fahrgastzahlen 1892/93

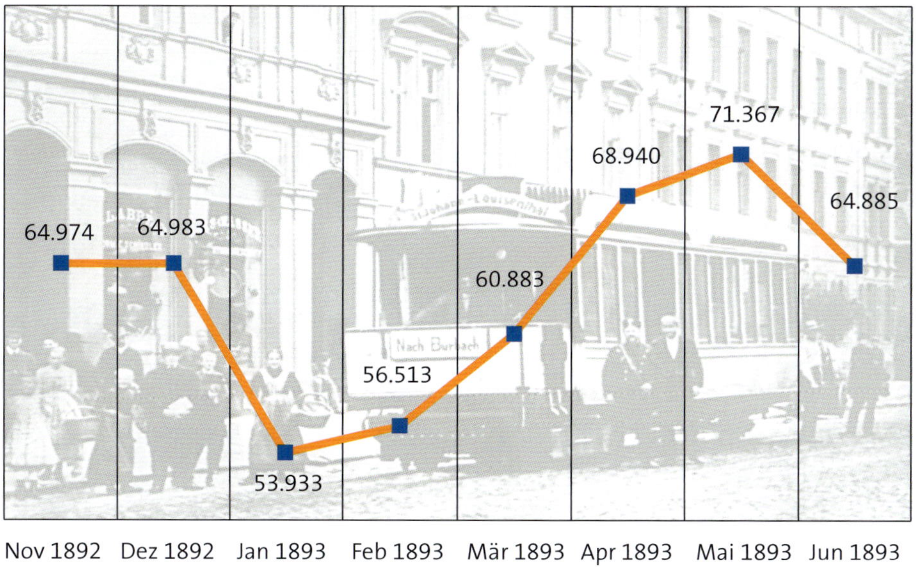

Überfüllte Bahnen

Das hohe Fahrgastaufkommen konnte von der Straßenbahn kaum bewältigt werden. Bereits am Ausgangspunkt der Linie stiegen so viele Personen ein, dass die an den anderen Haltestellen Wartenden keinen Platz mehr fanden und eine spätere Bahn nehmen mussten. Durch diesen ungeheuren Andrang war der Fahrplan nicht mehr einzuhalten, was zusätzlich für Unmut sorgte, wollte man

doch pünktlich auf der Arbeit sein. Verspätungen von mindestens einer halben Stunde waren die Regel. Auch die Lage einiger Haltestellen, die im Übrigen noch nicht alle durch ein entsprechendes Hinweisschild markiert waren, wurde von den Fahrgästen als unpraktisch angesehen, da man entweder unnötigerweise sehr weit laufen musste oder diese nur 100 Meter auseinanderlagen.

Stehende Bahnen bei schlechtem Wetter

Ebenso machten die Witterungsbedingungen der Straßenbahn (nicht nur) in ihren Anfangswochen schwer zu schaffen. Der November 1890 war sehr kalt. Frost, Schnee, plötzliches Tauwetter mit Hochwasser, heftige Regenfälle, starker Schmutz und unerträglicher Staub, aufgeblasen durch den starken Wind, brachten die Dampfstraßenbahn mehrfach zum Erliegen. Hinzu kam, dass die Wagen anfangs häufig auf der Strecke stehen blieben, weil nicht mehr genügend Dampf für den Antrieb vorhanden war. Die Fahrer hatten nur an den Haltestellen Zeit zum Nachheizen, denn während der Fahrt mussten sie akribisch auf Fußgänger, Kinder, Fuhrwerke und Tiere achten.

So folgten bis Weihnachten umfangreiche Nachbesserungen: Haltestellen wurden verlegt, fünf weitere Wagen angeschafft, der Fahrplan dem Betriebsbeginn der Burbacher Hütte, der Verwaltung und dem Schulbeginn und deren jeweiligem Dienstende angepasst, und nur noch jede zweite Bahn fuhr bis Luisenthal, wodurch die Fahrfrequenz von St. Johann nach Burbach erhöht werden konnte. Und ein zweiter Mann, ein Heizer, fuhr jetzt auf dem Triebwagen mit.

Straßenbahn im Bereich der Reichs- und Bahnhofstraße, der Viktoriastraße und der Trierer Straße in der Zeit vor 1920. Die Straßenbahn unterstützte das Zusammenwachsen von St. Johann, Malstatt-Burbach und Alt-Saarbrücken zur Großstadt Saarbrücken 1909 und ermöglichte den Menschen eine neue Mobilität im Alltagsleben. (StA SB, AK 412, AK 2511, AK 2577)

Unterschätzte Gefahren

Die Straßenbahn stellte das erste Verkehrsmittel innerhalb der Stadt dar, das schienengebunden starr seinem Weg folgte und Fuhrwerken, Fußgängern, Kindern oder Tieren nicht ausweichen konnte. Die Bevölkerung hatte sich noch nicht an solch schnelle Fortbewegungsmittel (15 km/h) mit entsprechend langen Bremswegen gewöhnt. Von beiden Seiten war daher besondere Achtsamkeit gefordert. Trotz der strengen Warnungen der beiden Bürgermeister, bekannt gemacht in der Presse, alles zu unterlassen, was den Betrieb der Bahn stören könnte und höchste Aufmerksamkeit walten zu lassen, ereigneten sich in den ersten Monaten etliche Unfälle.

Die Angst der Tiere vor den Maschinen

Pferde scheuten vor dem neuen Verkehrsmittel und Fuhrwerke stürzten in der Folge um. Die Kutscher hatten zwar die Anweisung, beim Herannahen der Straßenbahn vom Bock abzusteigen und die Pferde im Zaum zu halten, aber die Wenigsten hielten sich zu Beginn daran und so wusste die Zeitung zu berichten: »Neulich erhielt ein solch lässiger Fuhrmann beim Tunnel an der Schleifmühle einen Denkzettel, denn er wurde vom Fuhrwerk hinabgeschleudert und schien am Kopfe eine Wunde davon getragen zu haben. Später sah man ihn die Pferde führen (...).« [8] Hunde liefen auf die Gleise und wurden überfahren.

Leichtsinn von Kindern und Erwachsenen

Immer wieder appellierte man an die Eltern, besser auf ihre Kinder zu achten, denn nicht immer konnten die Straßenbahnfahrer rechtzeitig bremsen und Unglücke verhindern. Bereits einen Tag nach der Eröffnung schrieb die Saarbrücker Zeitung: »Trotz der strengen Verwarnung seitens der städtischen Verwaltung machen sich Schuljungen ein Vergnügen daraus kurz vor dem Dampfwagen über die Gleise hin- und herzuspringen, sodass der Fahrer stets Angst haben muss, die Jungen zu überfahren. Schelten und selbst das Werfen von Heizmaterial nach den Jungen hilft nichts, dass die Kondukteure [Fahrer] schon einige Male sich gezwungen sahen, vom Wagen herabzuspringen und durch Ohrfeigen die Jungen von ihren Schikanen abzubringen.«[9] Ein Junge, der die Signalzeichen des Fahrers ignorierte, wurde von der Straßenbahn erfasst und in die Rinne geworfen, wobei er sich glücklicherweise nur leicht verletzte. Andere Jugendliche verstopften die Schienen mit Steinen. Doch auch Erwachsene verhielten sich äußerst unvorsichtig, so sprang beispielsweise eine Frau in Malstatt-Burbach aus der fahrenden Bahn und zog sich eine schwere Kopfwunde zu.[10] Eine Mutter soll sogar mit ihrem Kind auf dem Arm aus dem fahrenden Zug gesprungen sein. Am 1. Dezember 1890 berichtete die Saarbrücker Zeitung: »Gestern Vormittag fiel ein Passagier an der scharfen Kurve, welche der Dampfwagen an der Ecke des Zink'schen Lokals zu Malstatt zu passieren hat, aus demselben heraus und schlug einen ganz artigen Purzelbaum. Zog sich derselbe auch keine weiteren Verletzungen zu, so hat er doch einen zerrissenen Sonntagsrock mit nach Hause gebracht.«

Die Konzentration der Straßenbahnfahrer war in jeder Hinsicht gefordert. Ein schlimmer Zusammenstoß mit dem Hüttenzug konnte beispielsweise nur durch die schnelle Reaktion des Straßenbahnfahrers durch das Geben von »Contre-Dampf« – durch Rückwärtsfahren – in letzter Sekunde verhindert werden. 30 Fahrgäste kamen mit dem Schrecken davon.

Penetrante Zigarrenraucher und Betrunkene an Bord

Keine Einsicht herrschte auch bezüglich des in den Wagen geltenden Rauchverbots. Sich an dieses zu halten, fiel, trotz großer Verbotsplakate, scheinbar zahlreichen ausschließlich männlichen Fahrgästen schwer, sodass es immer wieder zu Ermahnungen und sogar zu polizeilichen Bestrafungen kam. So appellierte die Malstatt-Burbacher Zeitung: »Erst neulich wurde einer Frau im Straßenbahnwagen der Mantel verbrannt durch die Funken einer Cigarre und gefährlich ist

8 Malstatt-Burbacher Zeitung vom [illegible] November 1890

es für alle Passagiere, wenn der Wagen an den Courven schwenkt und ein mit der brennenden Cigarre ausgerüsteter Passagier zwischen Mitfahrenden fällt. Das sollte jeder einsehen.«[11] Nicht allein wegen des Rauchens, sondern ebenso wegen schlechten Benehmens und hohen Alkoholkonsums wurden Passagiere «an die Luft gesetzt«.
Deshalb sollen sich vor allem die Damen gefreut haben, als im Februar 1891 die kleineren Waggons zum Anhängen in Betrieb genommen werden konnten, in denen das Rauchverbot beachtet wurde. Die Zeitung wusste zu berichten, man habe sie als »Damencoupés« bezeichnet.[12] Die neuen Wagen zeichneten sich durch ihre Eleganz und gute Einrichtung aus.

Rauer Umgangston des Personals

Etliche Beschwerden durch Fahrgäste gab es nicht allein wegen der zahlreichen Verspätungen, der überfüllten und ungeheizten Wagen, sondern ebenso über das schroffe Verhalten des Zugpersonals. So wurde immer wieder das rücksichtslose Abfahren der Bahnen beklagt, ohne auf die aus- und einsteigenden Passagiere zu achten. Man könne nur von Glück sagen, dass noch keine gravierenden Unfälle passiert seien. Vor allem auf ältere Leute solle man doch mehr Rücksicht nehmen, wurde gefordert.[13]
Bei den Geschäftsleuten in Malstatt und Burbach hielt sich die Begeisterung über das neue Fortbewegungsmittel in Grenzen, mussten sie doch feststellen, dass etliche heimische Bürger jetzt nach St. Johann fuhren, um dort einzukaufen. Bürgermeister Meyer aber gab ihnen mit auf den Weg, sich anzustrengen und alles dafür zu tun, dass die Kundschaft doch lieber wieder bei ihnen einkaufe, schließlich belebe Konkurrenz das Geschäft.[14]

Die Gründung der Gesellschaft für Straßenbahnen im Saartal AG 1892[15]

Planung und Betrieb der Dampfstraßenbahn lagen zunächst in den Händen privater Investoren. Sie erwirtschafteten ansehnliche Gewinne, zumal weitere Gemeinden und Industriebetriebe an einer Anbindung an das neue Transportmittel interessiert waren, sodass immer neue Linien in Betrieb genommen werden konnten.
Die Lokalbahn-Bau- und Betriebsgesellschaft Hostmann & Co. zu Hannover, die mit der Realisierung in den Saarstädten betraut worden war, ging bereits vor der Eröffnung der St. Johann-Louisenthaler Straßenbahn im November 1890 gewinnbringend in die Firma Vering & Wächter zu Berlin und Hannover über. Diese baute und betrieb in weiten Teilen des Deutschen Kaiserreiches über 40 Klein- und Nebenbahnen – unter anderem auch in Saarlouis – und wirkte am Aufbau der Infrastruktur des öffentlichen Nahverkehrs im gesamten Deutschen Kaiserreich mit.

---

11 Malstatt-Burbacher Zeitung vom 20. Dezember 1890.
12 Saarbrücker Zeitung vom 12. Februar 1891.
13 Ebd.
14 Malstatt-Burbacher Zeitung vom 12. November 1890.
15 Stadtarchiv Saarbrücken, Bestand Bgm M-B Nr. 700, Geschäftsbericht 22. Juli 1892 bis 31. Januar 1893 .

Der weite Weg zur elektrischen Straßenbahn

Um für den kostspieligen Streckenausbau der Straßenbahn zusätzliches Kapital zu erhalten, erfolgte am 9. April 1892 die Gründung der »Gesellschaft für Straßenbahnen im Saarthal AG«, die am 22. Juli 1892 ins Handelsregister eingetragen wurde. Das Grundkapital der Aktiengesellschaft betrug zunächst 850.000 Mark und wurde in Aktien zu 1.000 Mark aufgeteilt. Die beiden Hauptaktionäre waren die Mitteldeutsche Creditbank in Berlin und Frankfurt/Main und die Handelsgesellschaft Vering & Wächter. Im folgenden Jahr, am 14. Januar 1893, gingen deren Anteile an die Gesellschaft für Straßenbahnen im Saartal über. Die Gesellschaft war Eigentümerin aller Gleisanlagen, der Depots in St. Johann und in Luisenthal mit Maschinenpark, Wagenschuppen, Werkstätten, Büro- und Wohnräumen, der Haltestellen, Wärterhäuschen und selbstverständlich des gesamten Fuhrparks. Die notwendigen Grundstücke pachtete sie von den Städten, Privateigentümern wie der Firma Gottlieb oder der Bergwerksdirektion.[16]

Entwicklung des Streckennetzes

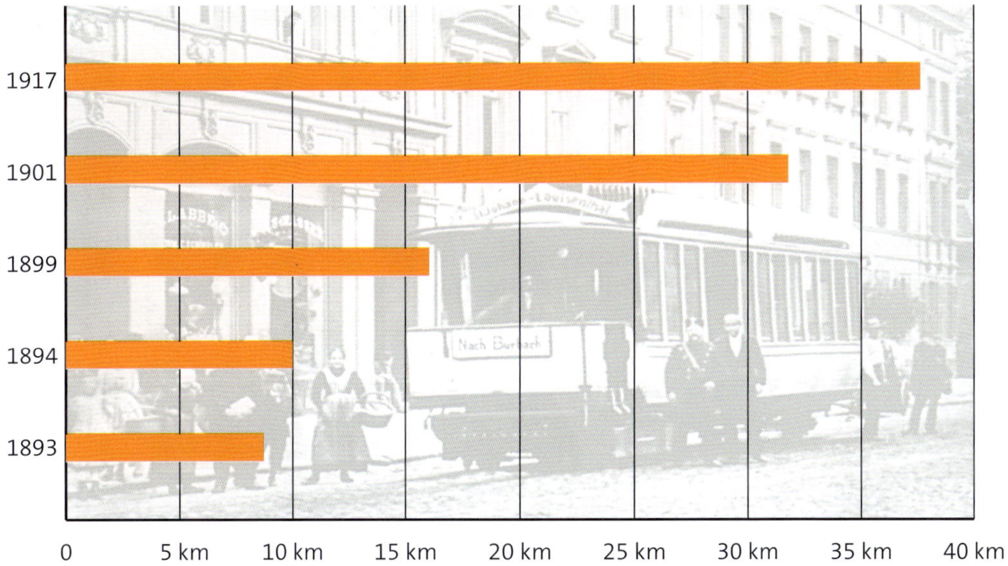

Im April 1896 gingen dann alle Anteile an der Gesellschaft an die Allgemeine Local- und Straßenbahngesellschaft in Berlin über, deren Hauptaktionär die Allgemeine Elektrizitätsgesellschaft in Berlin (AEG) war. Mit dieser Übernahme wurden wichtige Weichen für die Elektrifizierung der Straßenbahn gestellt, die seit 1894 von der Gesellschaft für Straßenbahnen im Saartal angestrebt wurde.[17]

Als in St. Johann die erste Dampfstraßenbahn in Betrieb genommen wurde, testete man in Städten wie Frankfurt und Berlin bereits elektrisch angetriebene Bahnen. Ebenso existierten Überlegungen und Ansätze zu gasgetriebenen Bahnen. Der Saarbrücker Bürgermeister Feldmann, der anfangs dem neuen Verkehrsmittel Straßenbahn sehr skeptisch gegenüberstand, interessierte sich mittlerweile für eine solche Gas-Straßenbahn. Er kannte vermutlich über die Familie seiner Frau den Chef der Deutschen Gasbahn-Gesellschaft in Dessau

16 Vgl. hierzu ausführlich: 75 Jahre Gesellschaft für Straßenbahnen im Saartal AG, S. 37 ff.

17 Stadtarchiv Saarbrücken, Bestand Bgm M B Nr. 710 [illegible]

Mit der Eröffnung im Jahr 1890 erreichten die Menschen ihre überwiegend industriellen Arbeitsplätze in Burbach und Luisenthal wesentlich schneller. (LA SB B HV 691-1)

Die Straßenbahn wurde von der Bevölkerung so gut angenommen, dass der Stadtrat im Jahr 1893 beschloss, die Strecke von St. Johann bis nach Brebach weiterzuführen. (Privatbesitz Markus Philipp)

Im Zuge des Ausbaus der Sulzbachtal-Linie im Jahr 1901 führte die Strecke über Dudweiler bis nach Friedrichsthal. (LA SB B HV 651)

Seit dem Jahr 1901 überquerte die Straßenbahn auf dem Weg nach St. Arnual die Luisenbrücke. (StA SB AK 1661)

Mit der Erweiterung des Streckennetzes 1901 verband die Straßenbahn nun auch die beiden Städte Saarbrücken und St. Johann direkt und fuhr über die Alte Brücke bis zum St. Johanner Markt. (StA SB AK 1299)

Ebenso passierte sie den Schlossplatz. (StA SB AK 2207)

Die erste elektrische Straßenbahn im Bereich des Hansahauses, 1899. (StASB, Dep. SBN 1252, Foto: GSS)

und bat diesen 1895 um ein entsprechendes Angebot. Betrieben wurden diese Gas-Straßenbahnen mit Steinkohlengas.[18] Allgemein sollte sich jedoch die Umstellung auf den erheblich leistungsfähigeren elektrischen Antrieb durchsetzen.

Die Bevölkerung nahm die Elektrifizierung mit Begeisterung auf, ermöglichte sie doch schneller und bequemer die Arbeitsplätze zu erreichen. Die Stadtoberen hingegen hegten Bedenken gegen diese in ihren Augen technisch noch nicht ausgereifte und mit ihren für die Stromzufuhr notwendigen Masten und Oberleitungen ästhetisch wenig ansprechende Innovation und wollten weitere technische Fortschritte abwarten. Auch die Besitzer von Fernmeldeeinrichtungen äußerten Bedenken. Sie fürchteten durch elektromagnetische Felder der Oberleitungen Störungen beim Telefonieren, wie man es aus anderen Städten kannte. Die Genehmigung der elektrischen Straßenbahn war daher an die Erfüllung einer Vielzahl von Auflagen gebunden. Man schrieb einen Mindestabstand zwischen den Schwachstromleitungen des Telegraphen- und Fernsprechwesens und den Starkstromleitungen der Straßenbahn sowie deren Isolierung vor, um Störungen zu minimieren.[19]

Auf der anderen Seite brachten die Starkstromleitungen der elektrischen Straßenbahn in manchen Gemeinden den elektrischen Fortschritt, wie beispielsweise in Dudweiler: Geschäftsleute und Anwohner beantragten reihenweise einen Anschluss an die Starkstromleitung der Straßenbahn um ihre Betriebe zu elektrifizieren, neben Gas- nun auch elektrische Beleuchtung zu nutzen oder ihre Maschinen elektrisch antreiben zu können.[20]

Mobilitätsschub durch die elektrische Straßenbahn

Am 8. Februar 1899 fuhr die erste elektrische Straßenbahn von der Neuen Brücke, der heutigen Luisenbrücke, nach St. Arnual.[21] Jetzt hatten die Saarbrücker mit ihrer wesentlich umweltfreundlicheren Bahn die Nase vorn.

Die Dampfstraßenbahn wurde am 25. September 1899 stillgelegt und überlebte damit noch nicht einmal ein Jahrzehnt. Mit der Elektrifizierung kamen auf die Gesellschaft hohe Investitionskosten zu, dennoch blieb die Geschäftsbilanz erfreulich. Der Zusammenschluss der drei Saarstädte Saarbrücken, St. Johann und Malstatt-Burbach zur Großstadt am 4. April 1909 ging mit einer erneuten Kapitalaufstockung einher und brachte dem Unternehmen zusätzliche Gewinne. Die Zahl der jährlichen Fahrgäste überschritt jetzt die Zehn-Millionen-Marke. Die mehrfachen Anteilsverkäufe waren für die Aktionäre durchaus lukrativ. Der

18 Stadtarchiv Saarbrücken, Bestand Bgm Alt-SB Nr. 275, p. 42, Schreiben an Feldmann vom 15. März 1895.

19 Stadtarchiv Saarbrücken, Bestand Bgm M-B Nr. 710, Abschrift der Genehmigungsurkunde vom 24. September 1892.

20 Stadtarchiv Saarbrücken, Bestand Bgm Dudweiler Nr. 474.

21 Die elektrische Straßenbahn war eine Erfindung der Firma Siemens, die weltweit erstmals 1881 eine solche auf der Strecke vom Bahnhof Lichterfelde-Ost bei Berlin zur Kadettenanstalt in Lichterfelde eingerichtet hatte.

Gesellschaft, die Gewinne erzielen musste, brachten sie hingegen enormen Unmut in der Bevölkerung ein.
Die elektrische Straßenbahn hatte einen beachtlichen Mobilitätsschub zur Folge, kam man doch jetzt noch schneller zu seinem Ziel, da sich die Fahrzeiten deutlich verkürzten.
Der Ausbau des Streckennetzes in das Umland wurde fortgesetzt, die Eröffnung der Sulzbachtallinie im Jahr 1901 galt als weiterer Schritt in die Zukunft. Sie führte von St. Johann über Jägersfreude, Dudweiler, Sulzbach, Altenwald bis nach Friedrichsthal. Für die Bergleute aus dem noch sehr aktiven Revier des Sulz- und Fischbachtales stellte sie eine enorme Verbesserung dar, von der ebenso Handel und Gewerbe in der Innenstadt profitieren sollten. Der Fuhrpark der Gesellschaft für Straßenbahnen im Saartal zählte nun 70 Triebwagen, 22 Beiwagen und 16 Spezialwagen. Die Energie erzeugten zwei Kraftwerke mit fünf Kesseln und vier Dampfmaschinen.

Für Bau-, Polizei- und Forstbeamte wie Briefträger oder Kassenboten stellte die Straßenbahn den Städten Freifahrtscheine zur Verfügung – ebenso für die Bürgermeister! Die Inhaber konnten die Bahn jederzeit kostenlos nutzen. Dies nahm in den Augen der Bahn jedoch so überhand, dass die Bahn jeweils nur noch eine Karte pro Berufsgruppe ausstellte, die jeweiligen Beamten sich die Karte teilen mussten und diese auch nur während des Dienstes gültig waren. (Foto: Thomas Störmer)

Unmut in der Bevölkerung

Im Jahr 1906 folgte mit dem doppelgleisigen Ausbau der innerstädtischen Linien eine weitere bedeutungsvolle Etappe für die Entwicklung der Saarbrücker Straßenbahn. Den Anfang machte die Strecke von der Reichsstraße zur Kirche in Burbach, der Ausbau weiterer Teilstücke folgte nach und nach. Bestehende Strecken wurden zudem verlängert wie etwa die von der Ulanenkaserne in der Mainzer Straße zum Halberg oder die St. Arnualer Linie bis zum dortigen Forsthaus im Juni 1908. Weitere neue Abschnitte wurden eröffnet, wie der vom Halberg nach Schafbrücke am 1. August 1907, damals »Bahnhof Bischmisheim«. Im gleichen und darauffolgenden Jahr wurde die Linie von Burbach zum Gersweiler Markt in zwei Schritten erweitert.
Der Ausbau des Straßenbahnnetzes wurde teilweise von heftigen Protesten seitens der Bürger begleitet. So wandten sich etwa die Anwohner der Schlossstraße an den Stadtrat und kritisierten den zweigleisigen Ausbau der durch ihre Straße verlaufenden Strecke: »Zur Begründung unserer Bitte erlauben wir uns darauf hinzuweisen, dass bei einem zweigleisigen Betrieb der Straßenbahn in der Schlossstraße ein Wagenverkehr zur An- und Abfuhr kaum mehr möglich sein wird. Dieser Verkehr ist aber ziemlich erheblich, denn in der Schlossstraße wohnen zahlreiche Geschäftsleute wie Bäcker, Kaufleute, Schlosser, Gemüsehändler etc., deren Geschäftsbetrieb einen lebhaften Fuhrverkehr mit sich bringt. (...) Ganz unhaltbar aber werden die Zustände zu Zeiten des Umzuges«.[22]
Trotz der immensen Investitionen kam es in den Jahren 1906 und 1907 zu heftigem Unmut der Öffentlichkeit gegenüber der Straßenbahngesellschaft.[23] Die Fahrgäste beklagten den qualitativen und quantitativen Rückgang der Leistung der Straßenbahn wie die angekündigte Einstellung der Nachtfahrten wegen angeblicher Unrentabilität, die geringer gewordene Wagenfrequenz, zudem die

22 Stadtarchiv Saarbrücken, Bestand Bgm Alt SB Nr. 266, p. 27: Schreiben vom [illegible]

Die Werkstätten waren für den reibungslosen Einsatz der Straßenbahnwagen unverzichtbar. Die Fahrzeuge mussten regelmäßig repariert werden, wurden in Abständen modernisiert, generalüberholt und umgebaut.
Hier versammelt sich die Belegschaft der Schreinerei und Lackiererei der Hauptwerkstatt Saarbrücken zum Gruppenfoto, Aufnahmedatum 1925.
(StA SB, Dep. SBN 1345, Foto: GSS)

zahlreichen Zugausfälle wegen mangelnder Wartungsarbeiten an Gleisen und Wagen. Während die Gesellschaft für Straßenbahnen im Saartal mit fehlender Rentabilität argumentierte, warf ihr die Gegenseite Gewinnmaximierung zulasten der Nutzer vor und stellte die Frage, wer für wen da sei: die Fahrgäste für die Straßenbahn oder die Straßenbahn für die Fahrgäste? Man forderte die Anschaffung mindestens zehn weiterer Wagen, regelmäßige Wartung und die Einstellung zusätzlichen Personals, da die Beamten, um den gewachsenen Straßenbahnbetrieb angemessen aufrechterhalten zu können, mindestens 17 Stunden am Tag arbeiten müssten!
Die massiven Schneefälle zum Jahreswechsel 1906/07 führten zu zahlreichen Zugausfällen und unüberhörbarer Empörung in der Bevölkerung. Angekreidet wurden diese Mängel der Betriebsleitung, die jetzt mit Ferdinand Butz einen neuen Direktor hatte.[24] Von 70 Motorwagen wären nur zwölf einsatzbereit, Schneestürme, Schneeverwehungen und bei Tauwetter große Salzwassermengen machten einen geordneten Straßenbahnverkehr unmöglich. An Pünktlichkeit war überhaupt nicht zu denken. Auch in den folgenden Monaten hielt dieser Zustand an, sodass die Stadtverordnetenversammlung St. Johann in Erwägung zog, die Konzession – obwohl bis 1934 geschlossener Verträge – zu entziehen.[25]

Die Straßenbahngesellschaft lenkt ein

Die Straßenbahngesellschaft reagierte: Das Werkstattpersonal wurde von 30 auf 70 Personen erhöht. Qualifiziertes Personal war schwer zu finden. Auch Lohnerhöhungen von 25 Prozent halfen nicht. Ein neuer Meister wurde eingestellt und ein Betriebsingenieur aus Chemnitz angefordert. Die Straßburger Straßenbahngesellschaft stellte mehrere erfahrene Wagenschlosser zur Verfügung. Ein neuer Werkmeister kam von der Danziger Straßenbahn. Für das Kraftwerk in Jägersfreude erhielt man Unterstützung durch einen erfahrenen Maschinenmeister. Seit dessen Eintritt ereigneten sich kaum noch Störungen.

24 Butz hatte am 2. Januar 1907 den verstorbenen Direktor Arndt abgelöst.
25 Stadtarchiv Saarbrücken, Bestand Bgm M-B Nr. 711, Schreiben vom 27. Februar 1907 an den Bürgermeister von Malstatt-Burbach.

Betriebsgruppe Depot Elversberg mit Fahrmeister Junkes, 1934.
(StA SB, Dep. SBN 1349, Foto: GSS)

Zudem wurde die neue Stelle eines Betriebsinspektors geschaffen und die Zahl der Kontrolleure, die das Fahrpersonal kontrollierten, um zwei erhöht. Damit wollte die Gesellschaft die Regelmäßigkeit des Fahrbetriebes wieder herstellen. Zudem stellte sie 60 neue Straßenbahnführer und Schaffner ein und bildete sie für ihre neue Tätigkeit aus.
Sämtliche Wagen wurden überholt, zudem moderner und eleganter ausgestattet, was jedoch einige Monate in Anspruch nahm.

Saarbrücken wird Mehrheitseignerin[26]

Im Februar 1912 wurde nach einer weiteren Erhöhung des Aktienkapitals um zwei Millionen Mark dieses Aktienpaket von der Großstadt Saarbrücken übernommen sowie weitere Aktienanteile in Höhe von 1,1 Millionen. Damit sicherte sie sich die Stimmenmehrheit und den Vorsitz im Aufsichtsrat. Mit ihrer Mehrheit konnte sie nun entscheidenden Einfluss auf die Geschäftsentwicklung des Unternehmens ausüben. Dieser Schritt erleichterte die früher oft schwierigen Verhandlungen. Die Konzession für die Bahn wurde bis 1960 verlängert.
Das Jahr 1912 markierte in der Geschichte der Straßenbahngesellschaft mit der Umstellung vom rein privatwirtschaftlichen zum gemischtwirtschaftlichen Betrieb mit städtischer Mehrheit in der Generalversammlung und dem Vorsitz im Aufsichtsrat eine bedeutende Zäsur. Durch den Einstieg der Großstadt Saarbrücken verbesserte sich die Dienstleistungsqualität der Gesellschaft für Straßenbahnen im Saartal AG spürbar. Das Fahrangebot wurde an die wachsende Nachfrage mit einer deutlichen Verdichtung der Wagenfolge angepasst. Die Auslieferung von 20 Triebwagen und 15 neuen Beiwagen mit geschlossener Plattform der Firma van der Zypen aus Köln-Deutz erfolgte 1912 und 1913. 1915 und 1916 kamen weitere 15 Wagen hinzu. Die Triebwagen älterer Bauart wurden überholt und umgebaut, die Wagenkästen erneuert und geschlossene Plattformen verwendet, der Achsstand der Fahrzeuge erweitert, die Untergestelle verstärkt, die Stromerzeugung dem gestiegenen Fahraufkommen angepasst.

tungsgebäude wurde erweitert. Außerdem lösten im ersten Quartal 1913 Liniennummern die bisherigen Buchstaben und Farben als Kennzeichen für die unterschiedlichen Strecken ab. Sie sind bis heute im ÖPNV üblich. Damals fuhren die Linien 1 bis 9.

Neben der Gesellschaft für Straßenbahnen im Saartal AG existierten mittlerweile weitere Gesellschaften wie die 1907 eröffnete Riegelsberger Straßenbahn und die Kleinbahn nach Ormesheim, die 1913 ihren Betrieb aufnahm.

Harte Arbeitsbedingungen und Hilflosigkeit im Zeichen fehlender gewerkschaftlicher Einheit

Während das neue Verkehrsmittel seinen Fahrgästen eine bisher nie gekannte Mobilität ermöglichte, führten die harten Arbeitsbedingungen zu großem Unmut bei der Belegschaft.

Am 22. August 1911 kam es daher zu dem wohl ersten Streik in der Geschichte der Saarbrücker Straßenbahn. Er gibt einen Einblick in die anstrengende Arbeit der Straßenbahner. Dies zeigen neben der Forderung nach höheren Löhnen die Wünsche der Gewerkschaften. Sie wehrten sich gegen die äußerst rigiden und willkürlichen Bestrafungsmaßnahmen des Arbeitgebers, unter anderem bei Nichteinhaltung der vorgegebenen Fahrzeiten. Ferner forderten sie eine Senkung der Arbeitszeiten von bisher meist elf bis 13 Stunden täglich auf einen Zehnstundentag. Eine Festanstellung erhielten die Arbeiter erst nach 25 Jahren, gefordert wurde eine Festanstellung nach bereits fünf Jahren. Ebenso sollte das Höchstgehalt schon nach 15 und nicht wie bisher üblich nach 26 Jahren gezahlt werden.[27]

27 Saarbrücker Zeitung vom 23. August 1911; Saarbrücker Zeitung vom 22. September 1911; Saarbrücker Zeitung vom 28. September 1911.

Betriebs- und Fahrdienstleitung vor der Wagenhalle in Saarbrücken, 1908. (StA SB, Dep. SBN 1347, Foto: GSS)

Niederbronner Triebwagen mit 24 Sitz- und 35 Stehplätzen, im Jahr 1912 bei van der Zypen beschafft und 1928 umgebaut. (StA SB, Dep. 942, Foto: GSS)

Am Verhandlungstisch saßen neben dem Saarbrücker Oberbürgermeister Emil Mangold die Vertreter der Direktion der Straßenbahn und des Verbandes der Straßenbahn- und Kleinbahnenangestellten. Trotz einiger Bedenken auf der Arbeitnehmerseite einigte man sich innerhalb eines Tages und die Straßenbahn nahm am nächsten Tag den Betrieb wieder auf. Besonders stolz war man darauf, dass zum allerersten Mal eine Straßenbahnverwaltung mit einem Arbeitnehmerverband einen Tarifvertrag abgeschlossen hatte.

Die Forderung der Beschäftigten nach einer Verlängerung der Fahrzeiten auf den Hauptstrecken konnte nicht durchgesetzt werden, das Bestrafungssystem sollte jedoch entschärft und insgesamt für andere Vergehen transparenter gestaltet werden. Man einigte sich auf moderate Lohnerhöhungen, auf eine allgemeine Arbeitszeit von elf Stunden und mindestens einen freien Sonntag alle zwei Monate.

Der Friede sollte nur wenige Wochen halten, da nach Ansicht der Straßenbahner die Tarifvereinbarungen durch die Gesellschaft für Straßenbahnen nicht eingehalten wurden. Am 28. September 1911 kam es zu einem recht erbitterten Arbeitskampf von 160 Straßenbahnern, der diesmal fünf Tage dauern sollte.

Die Wahrnehmung der Arbeitnehmerinteressen wurde dabei durch die weltanschauliche Spaltung der Gewerkschaften geschwächt, eine Einheitsgewerkschaft gab es seinerzeit noch nicht.[28] So kritisierte die christliche Gewerkschaft, die ausgehandelten Gehaltserhöhungen würden nicht wie festgelegt gezahlt. Das Gehalt für alle Beschäftigten werde jetzt ohne Absprache erst am fünften Tag des Monats ausgezahlt statt wie bisher am ersten. Die neue Diensteinteilung habe zur Folge, dass die Fahrer und Schaffner jetzt acht bis neun Stunden am Stück ohne Pause fahren müssten. Zudem werde gefordert, während einer Schicht auf zwei bis drei Strecken zu fahren, die für den Wechsel vorgesehe-

28 Neben der weltanschaulichen Zersplitterung kam eine weitere Schwächung hinzu, die der verschiedenen Berufsgruppen. Erst im Jahr 1930 sollte diese überwunden werden mit der Bildung des Gesamtverbandes der Arbeitnehmer der öffentlichen Betriebe und des Personen- und Warenverkehrs. In ihm waren der Deutsche Verkehrsbund, der Verband der Gemeinde- und Staatsarbeiter, der Verband der Gärtner- und Gärtnereiarbeiter und der Verband deutscher

Geschmückter Straßenbahnwagen anlässlich der Jahrtausendfeier der deutschen Rheinlande 1925. (StA SB, Dep. SBN 1075, Foto: GSS)

nen Pausen seien jedoch so kurz bemessen, dass ein pünktliches Ablösen der Kollegen oft gar nicht möglich sei, was weitere Verspätungen zur Folge hätte. Auch der Sicherheit sei dies nicht zuträglich, da die Fahrer nicht ausgeruht seien und auch die Unkenntnis der neuen Strecken das Unfallrisiko erhöhe. Zudem schwankten die Erholungspausen unzumutbar zwischen einer und viereinhalb Stunden. Die Arbeitgeberseite rechtfertigte sich dahingehend, eine korrekte Lohnabrechnung sei zum Ersten eines Monats nicht möglich und ein Fahrer müsse alle Strecken so kennen, dass er diese problemlos jederzeit befahren könne. Die Direktion drohte in Schreiben an die Beschäftigten, diese zu entlassen, wenn sie nicht binnen 24 Stunden die Arbeit wieder aufnehmen würden, und wiederholte diese Drohung mehrmals in der Saarbrücker Zeitung. Trotz der Aufforderung der Gewerkschaften sich hiervon nicht einschüchtern zu lassen, kehrte die Mehrzahl der Straßenbahner an ihren Arbeitsplatz zurück, nachdem die Gesellschaft für Straßenbahnen auswärtiges Personal anheuerte, um den Fahrbetrieb aufrechtzuerhalten. Der zunächst für die Straßenbahner Erfolg versprechende Arbeitskampf wurde beendet und die Beschäftigten nahmen am 4. Oktober 1911 ihre Arbeit zu den bisherigen Konditionen wieder auf.[29]

Die Straßenbahnen im Ersten Weltkrieg (1914–1918)

Im Kriegsjahr 1917 beging die Gesellschaft für Straßenbahnen im Saartal ihr 25-jähriges Bestehen. Auf eine Jubiläumsschrift verzichtete man ganz bewusst – zu groß waren die Entbehrungen und Lasten des Ersten Weltkrieges. Die Straßenbahnen erwiesen sich im Krieg als wichtige Transportmittel. Gleichzeitig waren bis 1917 jedoch 287 Mitarbeiter, etwa die Hälfte der Belegschaft, kriegsverpflichtet.[30]

Jetzt ersetzten die Frauen, neben ihrer Sorge um Haushalt und Erziehung der Kinder, die Arbeitsplätze der an der Front kämpfenden Männer. Die Gesellschaft unterstützte diese Familien finanziell und gewährte Zuschüsse zum Kauf von

29 Saarbrücker Zeitung vom 3. Oktober 1911.
30 Stadtarchiv Saarbrücken, Bestand Dok Nr. 436, Geschäftsbericht 1917.

Beiwagen des Herstellers van der Zypen aus dem Jahr 1912, im Jahr 1928 zum Triebwagen umgebaut, zuerst mit zwei Achsen und 1933 mit drei Achsen.
(StA SB, Dep. SBN 943, Foto: Haslauer)

Kartoffeln und anderen Lebensmitteln. Die Lazarette erhielten Freifahrtscheine für Verwundete. Auch zum Transport von Kohlen, Postgütern und Lebensmitteln wurde die Straßenbahn eingesetzt.

Die Zahl der beförderten Personen wuchs in den Kriegsjahren um 44 Prozent und die Einnahmen verdoppelten sich. Der Fahrplan wurde 1917 den gestiegenen Verkehrsbedürfnissen angepasst, die Linie 1 von Luisenthal zur Reichsstraße bis Brebach verlängert und die Linie 4 von Brebach über den Hauptbahnhof bis Burbach. Ebenso fuhr die Linie 3 jetzt von Schafbrücke bis Burbach. Zwischen St. Arnual und dem Hauptbahnhof verstärkte wegen des hohen Verkehrs in der Mittagszeit eine neue Linie 10 die bestehende Linie 5.

Die Aufrechterhaltung des Betriebes wurde im Verlauf des Krieges zunehmend zur Herausforderung. Zu den Material- und Personalschwierigkeiten kam die Gefahr der Fliegerangriffe. Die angeordnete vollständige Verdunkelung der Stadt schränkte den Fahrverkehr erheblich ein.

Die Völkerbundszeit (1920–1935) – die »Goldenen Zwanziger« der Saarbrücker Straßenbahn

Nach dem Krieg normalisierte sich die Lage und die Bevölkerung nahm auch in den 1920er Jahren die Dienste der Gesellschaft für Straßenbahnen im Saartal AG sehr gut an, wie stetig wachsende Fahrgastzahlen belegen. Ein Zuwachs von 25 Prozent konnte im Jahr 1924 verzeichnet werden, in den nachfolgenden Jahren kam es zu weiteren Steigerungen. Das Netz wuchs, der Fuhrpark wurde modernisiert. Die Saarbrücker Straßenbahn profitierte zunächst davon, dass die Saarwirtschaft unter dem Einfluss der Verwaltung des Völkerbundes nicht so stark wie das Deutsche Reich von der Weltwirtschaftskrise betroffen war. In diesen Jahren kamen viele Arbeitslose aus dem Hunsrück nach Saarbrücken und bewarben sich bei der Straßenbahn. Man erzählt sich, sie hätten einen Schinken

Die ersten Kraftomnibusse im Fuhrpark der Saarbrücker Straßenbahngesellschaft. Das Foto stammt aus dem Jahr 1928 – noch dominieren die Straßenbahnen den Fuhrpark. (StA SB, Dep SBN 1251, Foto: GSS)

bahn bevorzugt eingestellt worden.[31]
Jedoch verschlechterte sich ab 1930 auch im Saargebiet das Leben für die Menschen deutlich und viele Saarbrücker mussten sparen – entsprechend rückläufig war das Fahrgastaufkommen. Die Fahrgastzahlen fielen von 23,7 Millionen auf 17,9 Millionen im Jahr 1934, was die Bilanz der Gesellschaft für Straßenbahnen im Saartal zusätzlich belastete. Zudem wurde durch Anordnung der zuständigen Regierungskommission 1932 der Grundtarif gesenkt, was eine weitere Erhöhung des Defizits zur Folge hatte. Rücklagen konnten keine gebildet werden und Investitionen mussten nahezu vollständig über Kredite finanziert werden.[32]

Investitionen in das Streckennetz

Um die Attraktivität der Straßenbahn zu erhalten, war ein Ausbau des Streckennetzes dringend erforderlich. Die Strecke der Linie 7 wurde 1925 von der Parkstraße (Martin-Luther-Straße) zur Scheidter Straße und 1926 weiter bis zum Rotenbühl verlängert sowie in der Gegenrichtung bis zum Forsthaus am Deutschmühlenweiher. Die Linie 9 von Friedrichsthal wurde bis nach Spiesen-Elversberg weitergeführt und eine neue Verbindung von der Eisenbahnstraße durch die Wilhelm-Heinrich-Straße zum Neumarkt geschaffen. Auch technisch ging es voran: Direktor Walter Torau forcierte die Umstellung von Rollenstromabnehmern auf sogenannte Lyrabügel, die er selbst mit entwickelt hatte.[33]

Beschaffung der ersten Kraftomnibusse

Mit dem Ausbau des Netzes erfolgte erstmals die Beschaffung von Omnibussen. Im Jahr 1924 erwarb die Gesellschaft für Straßenbahnen im Saartal drei Büssing-Omnibusse. Ab Januar 1925 übernahmen diese die Strecken vom Hauptbahnhof zur Rußhütte, zum Hauptfriedhof sowie zum Bürgerhospital auf dem

31 Gespräche mit dem ehemaligen Straßenbahn- und Busfahrer Herbert Weinland, Ensheim, im August/September 2015. Herbert Weinland kannte mindestens 20 Kollegen, die aus dem Hunsrück kamen.
32 Stadtarchiv Saarbücken, Bestand G Nr. 7269.
33 Im Jahr 1934 machte Torau einen Karrieresprung und wechselte zur Leipziger Straßenbahn. Die Lyrabügel wurden später durch Scherenstromabnehmer ersetzt.

Kraftomnibusse der Gesellschaft für Straßenbahnen im Saartal vor der Wagenhalle, aufgenommen ca. 1937/1938. (StA SB, Dep. SBN 1051, Foto: GSS)

Reppersberg.[34] Versuchsweise setzte die Gesellschaft die Omnibusse ab Februar 1926 auf der Strecke von Saarbrücken über Schafbrücke nach Rohrbach ein, diese Linie wurde am 30. Juni 1926 jedoch wieder eingestellt, da sie nicht wirtschaftlich betrieben werden konnte. Vor allem die städtischen Randgebiete setzten auf eine Anbindung durch Omnibusse, so forderte beispielsweise 1928 die Bürgervereinigung Am Homburg eine Buslinie zu ihrem Wohngebiet, die 1929 eingerichtet wurde.[35] Die Anbindung des Rodenhofs und des Burbacher Waldfriedhofs erfolgte in den 1930er Jahren.

Die sogenannten Kraftomnibusse (KOM) konnten noch nicht in allen Bereichen wirklich überzeugen, die hohen Betriebskosten erschwerten einen wirtschaftlichen Betrieb. Das Wort Omnibus, aus dem lateinischen »für alle«, kam um 1800 in Frankreich auf. Es bezeichnete zunächst einen Kutschenwagen, der 18 bis 24 Passagiere befördern konnte, gezogen von sechs bis acht Pferden. Den ersten automobilen Omnibus baute Karl Benz 1895 als achtsitzigen Landauer. Ab März 1905 ersetzten erstmals zwei dieser Fahrzeuge den Postkutschendienst der Stadt Siegen.[36] Vor dem Ersten Weltkrieg kamen Omnibusse der Daimler-Motoren-Gesellschaft vor allem in Metropolen wie Berlin zum Einsatz. Dabei handelte es sich um Doppeldecker mit 14 Sitzplätzen unten und 18 oben. Im Jahr 1920 beschafften die Berliner Verkehrsbetriebe weitere 40 Doppeldeckerbusse – sie galten als Wahrzeichen des modernen Personenverkehrs.[37] Als erste deutsche Stadt stellte Wiesbaden bereits im April 1930 den Öffentlichen Personennahverkehr von der Straßenbahn komplett auf Busse um. Der Gesetzgeber erschwerte zunächst den Einsatz der Busse. So mussten bei privat geführten Überlandlinien alle angefahrenen Ortspolizeibehörden den Busbetrieb genehmigen. Erst seit

34 Eine bewegte Geschichte, 1999, S. 36; Stadtarchiv Saarbrücken, Bestand G 80 Nr. 1158; Saarbrücker Zeitung vom 12. Januar 1925.

35 Stadtarchiv Saarbrücken, Bestand G 80 Nr. 1158, Bürgervereinigung Am Homburg an OB vom 25. September 1928.

36 Otto A. Bühler, Keine Alternative zum Omnibus, in: Mercedes-Benz. 100 Jahre Automobil. Sonderheft »Mercedes-Benz in aller Welt«, 1/1986, S. 66 ff.; ders., Die Bedeutung des Nutzfahrzeugs für die arbeitsteilige Wirtschaft, in: Mercedes-Benz. 100 Jahre Automobil. Sonderheft »Mercedes-Benz in aller Welt«, 1/1986, S. 54 ff.

37 Im Ausland war vor allem London die Stadt der Busse. Von den 1906 in London eingesetzten 452 Motorbussen kamen 329 von deutschen Firmen. Die damals eher verkaufsschwache deutsche

Blick in die Wagenhalle des Betriebshofes Saarbrücken 1932. (StA SB, Dep. SBN 952, Foto: GSS)

1919 lief die Genehmigung über Zentralbehörden. Vor allem die Reichspost bediente sich nun des neuen Transportmittels und beförderte 1929 auf 367 Postlinien 86 Millionen Reisende.

Nach 1919 sorgten technische Verbesserungen für ein wachsendes Interesse an diesem Verkehrsmittel. Der Braunschweiger Hersteller Büssing entwickelte sich zum renommierten Omnibushersteller und warb seit den 1920er Jahren sehr offensiv mit Rundschreiben und Kleinprospekten bei den Stadtverwaltungen für seine Fahrzeuge, auch in Saarbrücken.[38]

Den ersten Omnibus hatte Büssing bereits 1904 präsentiert. Mit seinem Unterflur-Omnibus, dessen Motor zwischen Vorder- und Hinterachse angeordnet war, stärkte Büssing 1929 seine Position. Die Generalvertretung für das Saargebiet übernahm die Firma G. v. Staszewski mit Filialen in der Saarbrücker Lortzing- und Kaiserstraße.[39] Die 1925 bei der Gesellschaft für Straßenbahnen im Saartal AG eingesetzten Büssing-Busse verfügten über Benzinmotoren, was ihren Betrieb recht teuer machte. Die sparsameren Dieselaggregate waren noch zu schwach und kamen erst 1930 in Mercedes-Kraftomnibussen zum Einsatz.

Als beliebtes Reiseverkehrsmittel offenbarte der Bus seine Qualitäten und machte der Eisenbahn erhebliche Konkurrenz. So existierte beispielsweise seit 1931 im Deutschen Reich eine Omnibusverbindung von Berlin nach Paris. Die Fahrzeit betrug zwischen zwei und drei Tagen. Die Fahrzeuge leisteten 100 PS, in ihnen wurden Mahlzeiten eingenommen und übernachtet.[40] Von der Johanneskirche in Saarbrücken startete in der zweiten Hälfte der 1930er Jahre ein regelmäßiger Busverkehr nach Frankfurt.[41] Eine weitere Linie verband Saarbrücken und Herne.[42] Andreas Jochum, Eigentümer des 1925 in Dirmingen gegründeten Illtal-Verkehrs, bot Busfahrten in die Wallfahrtsorte Lourdes, Fatima, Maria-Einsiedel und Alt-Ötting an – im Saargebiet jener Zeit mit einem katholischen Bevölkerungsanteil von 75 Prozent sehr beliebte Reiseziele.[43] Die Gesellschaft für

38 Stadtarchiv Saarbrücken, Bestand G 80 Nr. 1158, Rundschreiben vom 15. März 1926.
39 Stadtarchiv Saarbrücken, Adressbuch Saarbrücken 1924, S. 33.
40 Stadtarchiv Saarbrücken, Bestand G 80 Nr. 1158; Saarbrücker Zeitung vom 24. August 1930.
41 Stadtarchiv Saarbrücken, Bestand G 80 Nr. 5214, Stadt Saatbrücken an Reichsbahndirektion vom 19. November 1937.
42 Stadtarchiv Saarbrücken, Bestand G 80 Nr. 1158, Vm. 1932.
43 Auskunft von Dr. Alfred Simmet vom 4. Oktober 2011.

1936 – Trügerische Idylle in einer dunklen Zeit: Straßenbahn Linie 2 an der Endstation Schafbrücke (StA SB, Dep. SBN 1083, Foto: GSS.)

Straßenbahnen im Saartal setzte ihre Büssing-Omnibusse ebenfalls für Tagesfahrten an die Mosel nach Traben-Trarbach, zu den Schlachtfeldern des Ersten Weltkrieges im Argonnerwald oder nach Heidelberg ein.[44]

Straßenbahnen im Zeichen des Hakenkreuzes (1935–1945) – Tiefpunkt der Geschichte

Bei der Volksabstimmung am 13. Januar 1935 entschieden sich die Saarländer mit großer Mehrheit für den Anschluss an Hitler-Deutschland. Die Rückgliederung brachte zunächst einen Aufschwung für die Gesellschaft der Straßenbahnen im Saartal mit sich.

Durch den Rückgang der Arbeitslosigkeit und einen rege einsetzenden Fremdenverkehr stieg das Fahrgastaufkommen zunächst wieder von 17,9 auf 19,6 Millionen an und das Defizit verringerte sich. In die Gewinnzone sollten die Bahnen allerdings nicht mehr fahren.

Das gesamte Gleisnetz wurde zum ersten Mal ab März 1935 durch einen speziell entwickelten Schleifwagen generalüberholt. Dieser war von Direktor von Lengerke gemeinsam mit der Firma Krupp in Essen entwickelt worden. Zudem begann die Umrüstung des Wagenparks auf die automatischen »Scharfenberg-Kupplungen«. Größere Investitionen in den Fuhrpark mussten zwar unterbleiben, es konnten jedoch zwei große dreiachsige Triebwagen neu beschafft werden. In den nachfolgenden Jahren, 1937 und 1938, übernahm die Gesellschaft für Straßenbahnen im Saartal die beiden anderen in Saarbrücken existierenden Straßenbahnbetriebe, die Riegelsberger Straßenbahn und die Klein- und Straßenbahn AG, die die Strecke von Brebach nach Ormesheim bediente. Aus der bisherigen Linie R wurde 1938 die Linie 10, die jetzt von Riegelsberg bis St. Arnual fuhr. Aus der Linie 14 der Kleinbahn wurde die Linie 3.[45]

44 Stadtarchiv Saarbrücken, Bestand G 80 Nr. 1158; Saarbrücker Zeitung vom 20. April 1925.
45 Vgl.: Karl Heinz Janson, Auf Schienen unterwegs. Die Riegel[illegible] Riegelsberg – Heusweiler. Beiträge zur Regionalgeschichte [illegible] und Geschichte Heusweiler-Dilsburg e.V. , Erfurt 2011.

Defizite und strukturelle Probleme[46]

Nicht zuletzt durch den häufigen Wechsel der Eigentümer der Gesellschaft in ihrer Anfangsphase und der Abtrennung des Saargebietes in der Völkerbundzeit präsentierte sich der gesamte Wagenpark sehr uneinheitlich. So kamen bei den Straßenbahnen Maschinen der Hersteller Siemens, AEG, BBC, Bergmann, Sécheron und Amberg zum Einsatz. Unter dieser Vielfalt litt die Wirtschaftlichkeit, da diese eine erhöhte Lagerhaltung und auch mehr Kompetenz bei Wartung und Reparatur erforderte. Die mit Benzinmotoren ausgestatteten Kraftomnibusse verbrauchten 44 Liter auf 100 Kilometer. So baute man 1936 die Benzinmotoren aus und ersetzte sie durch Dieselmotoren. Deren Verbrauch lag bei 34 Litern. Einer Treibstoffersparnis auf 250.000 Kilometer in Höhe von 25.975 RM stand ein Einkaufspreis mit Einbau von 8.210 RM gegenüber. Der recht hohe Bestand an Reservefahrzeugen im Saarbrücker Fuhrpark – bei den Omnibussen betrug er 140 Prozent, bei den Straßenbahnen 45 Prozent – belastete die Rentabilität zusätzlich. Auch die Laufleistung der Kraftomnibusse wie die der Straßenbahnwagen lag mit 30.000 beziehungsweise mit 50.000 Kilometern pro Jahr deutlich unter der als wirtschaftlich geltenden Leistung von 40.000 bis 60.000 Kilometern. Ebenso unwirtschaftlich zeigte sich das Fahrscheinsystem. Für Saarbrücken existierten zehn verschiedene Preiskategorien, entsprechend aufwendig gestaltete sich die Fahrscheinkontrolle. In anderen Städten arbeitete man mit drei bis fünf Preisstufen.
Die Preise lagen mit bis zu 55 Pfennig sehr hoch, betrugen diese beispielsweise in Karlsruhe nur 30 und in Mannheim 40 Pfennig.

Entwicklung des Wagenparks

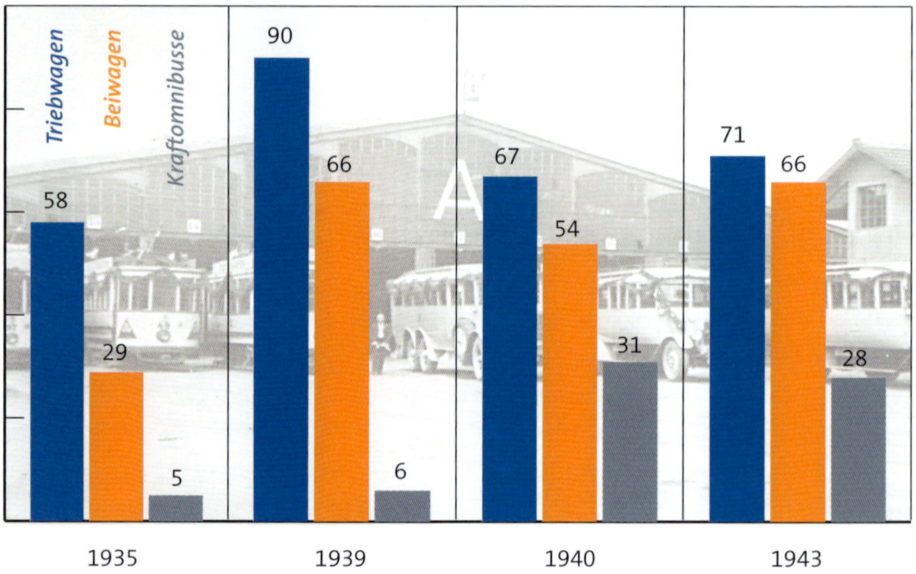

Vorbehalte der Belegschaft gegenüber dem Nationalsozialismus

Wie fast alle Unternehmen orientierte sich die Gesellschaft für Straßenbahnen im Saartal an den politischen Vorgaben der NSDAP und legte Wert auf die politische Gesinnung ihrer Belegschaft. So berichtete in den ersten Monaten nach der Rückgliederung das Personalamt der Straßenbahn an den Aufsichtsratsvorsitzenden und Saarbrücker Oberbürgermeister Ernst Dürrfeld, dass »gewisse

46 Stadtarchiv Saarbrücken, Bestand G Nr. 7268 und Nr. 7269, Vorlage vom 26. November 1936.

Mercedes-Kraftomnibus mit Dieselmotor, Baujahr 1932, auf einer Sonderfahrt nach Frankfurt (StA SB, Dep. SBN 1249, Foto: GSS)

Kraftomnibus von Mercedes Benz, Baujahr 1931, aufgenommen im Jahr 1935 im Stadtteil Am Homburg. (StA SB, Dep. SBN 19, Foto: GSS)

Elemente versucht [hätten] eine Mißstimmung innerhalb des Betriebes zu erzeugen. Es wurden Schriften parteischädigender Art festgestellt.« Dies bot wohl Anlass, die Belegschaft auf ihre Mitgliedschaft in der NSDAP und ihrer Organisationen zu überprüfen. Dabei stellte man fest, dass 40 Prozent der Belegschaft Mitglied der NSV (Nationalsozialistischen Volkswohlfahrt) waren. Diesen Anteil wertete man als zu gering. Von nun an bevorzugte man bei Neueinstellungen Bewerber, die schon vor der Machtergreifung der NSDAP beigetreten waren.[47]

47 Stadtarchiv Saarbrücken, Bestand G Nr. 7268, Bericht vom 2. Februar 1936.

Antisemitismus, Fremd- und Zwangsarbeiter

Die judenfreie Straßenbahn

Kurz nach der Machtergreifung der Nationalsozialisten 1933 begann die gesellschaftliche Diskriminierung der jüdischen Bevölkerung. Auch im Saargebiet, das in dieser Zeit noch unter Völkerbundsregierung stand, gelang es der NSDAP, Ächtung, Boykott, Erniedrigung und Ausstoßung umzusetzen. Juden sahen sich beim Benutzen der Straßenbahn entsprechenden Repressionen ausgesetzt. Obwohl für Saarbrücken selbst keine Schilderungen vorliegen, ist davon auszugehen, dass sich hier ähnliche Szenen abspielten wie in anderen deutschen Städten, wo Juden in der Straßenbahn nur Platz nehmen durften, wenn die Wagen nicht überfüllt waren und kein arischer Fahrgast dafür stehen musste. Mit der Verordnung, den Judenstern tragen zu müssen, erlassen im September 1941, verschlimmerten sich Diskriminierung und Demütigung. Häufig mussten jüdische Mitbürger die Bahn jetzt verlassen oder wurden gar nicht erst mitgenommen. Man sah jedoch davon ab, sie durch separate Wagen oder Abteile auszugrenzen. Dies hätte letztlich zu einer Bevorzugung geführt, wären diese Abteile doch verhältnismäßig leer gewesen.

Mit dem Erlass vom 24. April 1942 blieb Juden das Benutzen von Straßenbahnen und Zügen generell untersagt.

Zwangsarbeit bei der Straßenbahn

Das fehlende Personal stockten nun nicht allein Frauen auf, wie während des Ersten Weltkrieges, sondern auch Fremdarbeiter.

Im Verlauf des Zweiten Weltkrieges kamen mehr als 20.000 ausländische Arbeitskräfte in Saarbrücken zum Einsatz, der größte Teil als Fremd- und Zwangsarbeiter aus der Sowjetunion und Frankreich. Sie galten für das Wirtschaftsleben und die Aufrechterhaltung der städtischen Infrastruktur während des Krieges als unentbehrlich.[48] Im Saarbrücker Alltag waren diese Fremden unübersehbar. Sie ersetzten die deutschen Arbeiter und Angestellten im Bergbau, in der Landwirtschaft, in Industrie und Handel, bei der Reichsbahn und der Reichspost, in Stadtverwaltungen oder städtischen Betrieben, wie den Stadtwerken oder der Straßenbahn.

Bei der Gesellschaft für Straßenbahnen im Saartal kamen während des Krieges nach eigenen Angaben zwischen 166 und 193 Ausländer zum Arbeitseinsatz, namentlich bekannt sind 61 Zwangsarbeiter aus Polen und der Ukraine, 17 italienische Kriegsgefangene, 21 ehemalige italienische Kriegsgefangene, eine Bulgarin als Zivilarbeiterin, 38 französische Zivilarbeiter, 21 Italiener und 28 Niederländer. Häufig handelte es sich dabei um Ehepaare oder sogar Familien. Deren Namen und Herkunftsorte können im Saarbrücker Stadtarchiv recherchiert werden.[49] Die Straßenbahngesellschaft unterhielt für diese Menschen ein firmeneigenes Gemeinschaftslager im Straßenbahndepot Marienau bei Forbach, brachte einige aber ebenso im Straßenbahndepot in Eschringen unter oder im DAF-Lager Friedrichschule an der heutigen Pfarrer-Bungarten-Straße in Saarbrücken-Burbach.[50]

---

48 Fabian Lemmes, Zwangsarbeiter in Saarbrücken. Ausländische Zivilarbeiter und Kriegsgefangene 1940–1945. Mit einem Vorwort von Rainer Hudemann, St. Ingbert 2004.

49 Stadtarchiv Saarbrücken, Bestand D I Nr. 177, Zwangsarbeiterlisten.

50 Lemmes, Zwangsarbeiter, S. 147.

Verglichen mit anderen Städten ist die Zahl der bei den Saarbrücker Verkehrsbetrieben eingesetzten Zwangsarbeiter recht hoch. Betriebe ähnlicher Größenordnungen wie in Mannheim und Bielefeld beschäftigten rund 100 Fremdarbeiter.[51]

Kriegsauswirkungen

Am 3. September 1939, zwei Tage nach dem Ausbruch des Zweiten Weltkrieges, erfolgte die Evakuierung der Bevölkerung Saarbrückens. Zur selben Zeit wurde der Straßenbahnverkehr stillgelegt. Mit Einschränkungen liefen die Außenstrecken Dudweiler – Spiesen und Riegelsberg – Heusweiler weiter, da sie außerhalb der sogenannten Roten Zone lagen. Mit der Rückkehr der Bevölkerung rund zehn Monate später, ab Juli 1940, normalisierte sich der Fahrbetrieb wieder. Nach dem Überfall der deutschen Wehrmacht auf Frankreich im Mai 1940 wurde der Betrieb der Forbacher Straßenbahn der Gesellschaft für Straßenbahnen im Saartal übertragen. Die Forbacher Linie fuhr von Petite Rosselle Richtung Saarbrücken bis an die Goldene Bremm.

In der Nacht vom 29. zum 30. Juli 1942 trafen die Bomben der Alliierten vor allem die mittlere Bahnhofstraße, im Juni 1944 legten sie dann weitere Teile der Stadt, so auch den Betriebshof in der Hohenzollernstraße, in Schutt und Asche. Betriebshof und Werkstätten siedelten daraufhin nach Jägersfreude um. Der Bahnbetrieb war durch die Zerstörungen der Oberleitungen und Gleisanlagen erheblich eingeschränkt. Die verbliebene Belegschaft bemühte sich, notdürftige Reparaturen vorzunehmen, um weiterhin vor allem Versorgungsfahrten durchführen zu können.

Der verheerende Bombenangriff in der Nacht vom 5. Oktober 1944 zerstörte 70 Prozent der Innenstadt. Die gesamte innerstädtische Stromversorgung war zusammengebrochen, fast die gesamte Infrastruktur der Straßenbahn vernichtet: 60 Kilometer Fahrleitungsanlagen, sechs Kilometer Gleisbett mit Schienen und Weichen, die Hälfte des Fuhrparks der Straßenbahnen komplett, die andere Hälfte teilweise und alle Omnibusse bis auf zwei.

Unmittelbar nach dem Zweiten Weltkrieg kam auf der Strecke Brebach – Eschringen – Ensheim und Ormesheim wegen des Triebwagenmangels wieder eine Dampflok zum Einsatz. (StA SB, Dep. SBN 1256)

51 Lemmes, Zwangsarbeiter, S. 148.

Die Straßenbahn verabschiedet sich am 22. Mai 1965 auf dem Rastpfuhl von den Saarbrückern.
(StA SB, Dep. SBN 1326)

Hans-Christian Herrmann

Aufbruch in eine neue Zeit –

Busse und Straßenbahnen nach 1945

Straßenbahn in der morgendlichen Verkehrsspitze vor der Bergwerksdirektion in der Trierer Straße, 1959. (StA SB, Dep. SBN 1049, Foto: GSS)

Die Anfänge von Bussen und Bahnen nach dem Zweiten Weltkrieg

Als am 21. März 1945 amerikanische Truppen in Saarbrücken einzogen, lag die Stadt in Schutt und Asche. Mehr als 70 Prozent der Innenstadt fielen den Bomben der Alliierten zum Opfer, nur ein Fünftel der Wohnhäuser blieb unversehrt. Sämtliche, die Stadtteile verbindenden Brücken hatte die Wehrmacht noch zwischen dem 18. und 21. März 1945 gesprengt.[52]

Wenige Stunden nach der letzten Brückensprengung besetzten US-Truppen die Stadt rechts der Saar, auf der linken Saarseite standen die Franzosen. Der amerikanische Oberst Louis G. Kelly stellte sofort die Weichen für eine Ingangsetzung des öffentlichen Lebens, die Rückführung der Evakuierten und den Wiederaufbau der Verwaltung. Bereits am 24. März 1945 wurde Heinrich Wahlster als Bürgermeister ernannt. Am 10. Juli 1945 übernahmen die Franzosen das Kommando und setzten am 15. August Emil Hein als Oberbürgermeister ein. Am 22. Dezember 1946 wurde das Saargebiet vom Deutschen Reich abgetrennt und die Weichen für einen Sonderstatus gestellt. Im November 1947 trat eine Verfassung in Kraft, die in ihrer Präambel eine Wirtschafts- und Währungsunion mit Frankreich festschrieb. Der am 15. Dezember 1947 zum Ministerpräsidenten gewählte Johannes Hoffmann (CVP) verfolgte zusammen mit der Sozialdemokratischen Partei des Saargebietes (SPS) das Ziel, das Saarland eng mit Frankreich zu verbinden und zugleich zu einer Brücke deutsch-französischer Verständigung zu entwickeln.

---

52 Hans-Christian Herrmann, Vom Wiederaufbau zur Landeshauptstadt, Europastadt und Grenzmetropole (1945–1974), in: Rolf Wittenbrock (Hrsg.), Geschichte der Stadt Saarbrücken, Bd. 2, Saarbrücken 1999. S. 340 ff.; Max Klein, Saar-Brücken in Saarbrücken, in: Saarbrücker Hefte 55/1984, S. 27.

Die rasche Wiederaufnahme des ÖPNV mit amerikanischer Hilfe

Beim Bemühen der Amerikaner, das öffentliche Leben in Saarbrücken so rasch wie möglich wieder herzustellen, spielte der Öffentliche Personennahverkehr eine bedeutende Rolle. Aus diesem Grund ordnete der amerikanische Stadtkommandant Oberst Kelly bereits am 10. April 1945 die Instandsetzung der Saarbrücker Straßenbahn an.

Die Ausgangssituation war schwierig. Nur drei Straßenbahnzüge waren noch einsatzfähig, der Wagenpark massiv durch den Krieg dezimiert. Von einst 35 Bussen waren nur noch zwei fahrbereit. Das Netz umfasste im Januar 1944 immerhin 85 Kilometer, im April 1945 waren davon aber nur noch 14,4 Kilometer befahrbar. Die Gleise waren umfänglich zerstört, vor allem in der Innenstadt. An 166 Stellen waren die Gleisanlagen unterbrochen. Oberleitungen waren abgerissen, geknickt oder verkantet. Amerikanische Soldaten, darunter speziell ausgebildete Schweißtrupps, begannen unter Anleitung deutscher Fachkräfte mit der Instandsetzung. Innerhalb weniger Tage und Wochen gelang es, eine Reihe von Straßenbahnlinien in den Außenbezirken zum Laufen zu bringen: So konnten ab dem 14. April 1945 bereits wieder vier Züge die Strecke von Jägersfreude nach Spiesen bedienen, ab 15. Mai 1945 fuhr die Straßenbahn von Heusweiler bis zum Friedhof Riegelsberg, ab dem 4. Juli 1945 von Heusweiler bis zum Jenneweg und ab dem 23. Juni 1945 konnte die Verlängerung der Strecke von Spiesen über Jägersfreude bis zur Saarbrücker Bahnhofstraße freigegeben werden.[53] Bis Dezember 1945 folgten weitere Wiederinbetriebnahmen.[54]

Eine riesige Herausforderung stellte die Wiederherstellung der gesprengten Brücken dar. Fünf Saar-Brücken mit Straßenbahngleisen waren zerstört. Bis zum 25. Juli 1945 gelang es, die Brücken bei der Heringsmühle und der Kronenmühle in Fechingen und bis zum 28. September 1945 die Brücken am Drahtzugweiher und auf der Schafbrücke wieder aufzubauen.[55] Durch die Zerstörung der Brücke zwischen Burbach und Gersweiler, deren Wiederaufbau längere Zeit in Anspruch nahm, kam es zu einem sogenannten Inselbetrieb zwischen Gersweiler Markt und Willerbach, der von Juni 1947 bis April 1948 mit dem Triebwagen Nr. 87 bedient wurde. Danach war dies die erste Strecke, die komplett auf Kraftomnibusverkehr umgestellt wurde.[56]

Mangel an Wagen und Material bremst die Bahnen aus

Neue Straßenbahnwagen und Omnibusse zu beschaffen war bis 1948 unmöglich. Die zerstörten und abgenutzten Fahrzeuge mussten daher repariert werden. Hierzu benötigte man nicht nur Arbeitskräfte, sondern vor allem eine Werkstatt mit entsprechender Ausstattung und Ersatzteilen. Die Hauptwerkstatt in der Hohenzollernstraße war wie der gesamte Hauptbetriebshof den Bomben zum Opfer gefallen, woraufhin man eine Behelfswerkstatt in Jägersfreude eingerichtet hatte.

Im Jahr 1947 konnten zwölf Wagen wieder instand gesetzt werden. Da dringend benötigtes Fahrleitungskupfer rar war, kam beispielsweise auf der Strecke Saarbrücken – Eschringen – Ormesheim Neumühle eine Dampflokomotive der bekannten Baufirma Lenhard zum Einsatz. Für die Reparatur der Oberleitungen

53 Stadtarchiv Saarbrücken, Bestand V 20 Nr. 34, Geschäftsbericht 1945; Saarbrücker Zeitung vom 23. September 1955.
54 Ebd.
55 Ebd.
56 Hinweis von Markus Philipp.

1951 konnte die Saarbrücker Straßenbahngesellschaft 17 gebrauchte Fahrzeuge von den Verkehrsbetrieben im nordfranzösischen Lille erwerben. Die meisten von ihnen liefen bis zum 24. Januar 1959. Der Beiwagen mit der Wagennummer 294 war 1926 gebaut worden. (StA SB, Dep. SBN 1014, Foto: GSS)

Blick in den Innenraum: Bescheidene Holzklasse, 1954. (StA SB, Dep. SBN 1017, Foto GSS)

erwies es sich als glückliche Fügung, in Köln immerhin acht Kilometer Fahrdraht erwerben zu können und bis Ende 1945 dann weitere 27 Kilometer. So gelang es, immerhin 86 Prozent der Gleislänge schon Ende 1946 wieder befahren zu können. Gleichwohl war die notwendige Erneuerung von Gleisen 1949 noch nicht abgeschlossen. Die Kurvengleise waren zudem massiv abgenutzt.[57]
Die Verwaltung der Straßenbahn fand im Juni 1946 eine Unterkunft im Gebäude der AOK Saarbrücken-Land in der Saarbrücker Betzenstraße.[58]
Glück hatte man mit der Stromversorgung. Die Umformerstationen in der Hohenzollernstraße waren bei einem Luftangriff am 28. Juni 1944 zwar zerstört worden, ein Teil der Anlagen war jedoch vorher zum Saalbau transportiert und

57 Ebd.
58 Stadtarchiv Saarbrücken, Bestand V 20 Nr. 34, Geschäftsbericht 1949.

dort später aus Sicherheitsgründen im Keller aufgestellt worden. Diese Anlage konnte nun aufs Netz geschaltet werden, ferner lieferte die Burbacher Hütte Strom, der am Bahnhof Burbach eingespeist wurde. Ab Oktober 1945 standen zudem drei Eisen-Gleichrichter von BBC-Mannheim mit je 600 KW zur Verfügung und eine weitere Eisen-Gleichrichteranlage, die nach dem Fliegerangriff vom 5. Oktober 1944 nach Lampertheim zur Reparatur verbracht worden war.[59]
Besonders zeitaufwändig gestaltete sich die Ingangsetzung des Fuhrparks. Ende 1947 standen 27 Trieb- und 22 Beiwagen im Einsatz, ein Jahr später waren es schon 46 Trieb- und 31 Beiwagen. Dennoch stellte im Alltag der Wagenmangel das größte Problem dar. Zum 31. Dezember 1938 verfügte die Gesellschaft noch über 104 Trieb- und 66 Beiwagen sowie 35 Omnibusse. Im Jahr 1951 war dieser Stand noch immer nicht erreicht, in Betrieb waren damals 79 Trieb- und 56 Beiwagen. Enorm überfüllte Straßenbahnen gehörten zum Alltag der Nachkriegszeit. Im Jahr 1948 beförderten die Straßenbahnen fast 33 Millionen Menschen – 10 Millionen mehr als 1938.[60]
Den Mangel an Fahrzeugen bekamen die Fahrgäste zu spüren. Die Leute standen Schlange an den Haltestellen, nicht alle Wartenden konnten mitgenommen werden. Um die ohnehin stark beanspruchten Wagen nicht weiter zu verschleißen, wurde die Geschwindigkeit der Straßenbahn gedrosselt. Dabei ging es auch um die Sicherheit der überfüllten Wagen. Das Motto zu dieser Maßnahme lautete »Besser langsam fahren als überhaupt nicht« und sollte um Verständnis bitten. Berufstätige durften zuerst einsteigen.
Die französische Besatzungsmacht ordnete am 16. September 1945 an, in allen Straßenbahnzügen im hinteren Beiwagen sechs Plätze für ihre Angehörigen zu reservieren.
Trotz des hohen Fahrzeugmangels zeigte sich die Straßenbahngesellschaft flexibel und entgegenkommend. So erinnert sich Rita Kasper an die Hochzeit ihrer Eltern an Heiligabend 1947. Das Paar gab sich in der evangelischen Kirche Weyersberg das »Ja-Wort«. Da die Trauung mitten in die Zeit fiel, in der die Bergleute die Bahn benutzten, gelang es ihrem Vater für die Fahrt der Hochzeitsgesellschaft eine extra Straßenbahn zu mieten für die Strecke von der Luisenthaler Straße zur Brunnenstraße.[61]

Die Eltern von Rita Kasper hatten sich anlässlich ihrer Hochzeit 1947 für die Fahrt zur Kirche einen eigenen Straßenbahnwagen gemietet. (Foto: privat)

59 Ebd., Geschäftsbericht 1945.
60 Ebd., Geschäftsbericht 1948.
61 Mitteilung von Rita Kasper, Saarbrücken, Juni 2015.

Der lange Weg zum Systemwechsel: Von der Straßenbahn zum Omnibusbetrieb

Für einen funktionsfähigen Betrieb reichte der vorhandene Fuhrpark nicht aus. Neue Fahrzeuge mussten angeschafft werden. Überfüllte Bahnen und Busse, reduzierte Geschwindigkeiten zur Schonung des abgenutzten Fuhrparks und der bevorzugte Transport von Berufstätigen bildeten keine dauerhaften Maßnahmen, um den Kollaps der Straßenbahn verhindern zu können.
Erst nach dem Vollzug der saarländisch-französischen Wirtschafts- und Währungsunion eröffnete sich ab November 1947 die Möglichkeit, neue Fahrzeuge zu beschaffen. Ein Import deutscher Fahrzeuge kam dabei nicht in Frage. Die Einfuhr war mengenmäßig stark begrenzt und verteuerte den Preis zudem durch die fälligen Zölle. Dies galt gleichfalls für die erforderliche Wartung, Pflege und Instandhaltung des Fuhrparks, denn auch hier standen Importkontingente und Zölle der zügigen Ersatzteilbeschaffung entgegen. So musste sich die

Im Unterschied zu den Straßenbahnfahrzeugen gelang es in Frankreich neue Omnibusse für die Gesellschaft für Straßenbahnen im Saartal zu beschaffen. Der Fuhrpark im Jahr 1948.
(StA SB, Dep. SBN 1587, Foto: GSS)

Gesellschaft für Straßenbahnen im Saartal am französischen Markt orientieren. Der Saarbrücker Fuhrpark stand nach 1945 noch ganz im Zeichen der Straßenbahnen, auch wenn seit den 1920er Jahren einige Busse beschafft worden waren. Sie spielten keine wesentliche Rolle, sondern ergänzten das Angebot der Verkehrsgesellschaft, indem sie die Randgebiete der Stadt verkehrsmäßig erschlossen.
Auch in Frankreich waren neue Straßenbahnwagen noch schwer zu beschaffen. Leichter gestaltete sich der Erwerb von Bussen. Im Jahr 1948 versuchte die Gesellschaft für Straßenbahnen im Saartal bei der renommierten Firma De Dietrich im elsässischen Reichshofen Straßenbahnwagen zu bestellen.[62] Die Beschaffung gelang jedoch nicht. Man kaufte notgedrungen gebrauchte Straßenbahnwagen in St. Avold. Die vier Trieb- und der eine Beiwagen dienten aber mehr als Teileträger. Die Werkstatt der Straßenbahn stellte 1952 aus Ersatzteilen einen Triebwagen selbst her und 1957 konnte man von der Strasbourger Straßenbahngesellschaft vier Beiwagen erwerben. Der Wagenmangel konnte 1951 etwas durch den Kauf von 17 gebrauchten vierachsigen Beiwagen gelindert

62 Stadtarchiv Saarbrücken, Bestand D VI Nr. 24/III, Protokoll Aufsichtsratssitzung vom 22. März 1948.

werden, die Saarbrücken von der Straßenbahngesellschaft im nordfranzösischen Lille erwerben konnte.[63]
Die Zurückdrängung der Straßenbahn in Saarbrücken beginnt bereits in dieser Situation der ersten Nachkriegsjahre. Der Mangel an Verkehrsmitteln konnte nicht durch neue Straßenbahnwagen, aber durch Busse ausgeglichen werden. Im Jahr 1948 kamen 20 neue Kraftomnibusse in Saarbrücken an.

Laut, lahm, rußig und »dicke Knie vom Kuppeln« – die ersten Busse nach dem Krieg

Bei diesen Omnibussen handelte es sich um Fahrzeuge des bereits 1945 verstaatlichten Autoherstellers Renault. Das Modell 215 D war der erste Autobus von Renault nach dem Krieg, produziert ab dem 16. Januar 1946 auf Basis des Renault LKW 208 D, einem Siebentonner und Vorkriegsmodell. Die Karosserie der Busse stammte vom französischen Hersteller SCEMIA. Das Fahren dieser Autobusse

Die ersten neuen Omnibusse nach dem Krieg kamen 1948 von Renault. Vor allem vollbesetzt am Berg erreichten die Renault-Autobusse vom Typ 215 D4 schnell ihre Leistungsgrenze.
(StA SB, Dep. SBN 1235, Foto: GSS)

war ein hartes Stück Arbeit. Ihre Bedienung war körperlich sehr anstrengend, da es keine Servolenkung gab und die Getriebe nicht synchronisiert waren. Der Motor ragte tief in den vorderen Fahrgastraum hinein. Laute Motorengeräusche, die Hitzeabstrahlung im Sommer und vor allem permanent spürbare starke Vibrationen, die die gesamte Karosserie erschütterten und nicht nur im Leerlauf die Scheiben vibrieren ließen, waren eine Plage für Fahrer wie für Passagiere. Aber in der damaligen Situation waren die Menschen froh, überhaupt ein Ver-

63 Ebd., Bestand V 20 Nr. 34, Geschäftsbericht 1951, S. 8.

1948 und 1949 kamen weitere Omnibusse von Berliet aus Lyon. Der PCK 7 W lief nur ein wenig schneller als der Renault 215. (StA SB, Dep. SBN 1238, Foto: GSS)

kehrsmittel nutzen zu können. Der Renault 215 D erreichte mit Müh und Not eine Spitze von 62 km/h. An Steigungsstrecken vollbesetzt ging es mit 20 km/h langsam voran. Am Berg konnte der vollbesetzte Omnibus mit Dieselmotor immer noch nicht überzeugen. Das Modell kam mit 150 Exemplaren übrigens auch bei der Régie des Mines de la Sarre zur Beförderung der Bergleute zum Einsatz. Der Diesel leistete 85 PS aus 8,3 Liter Hubraum. Insgesamt produzierte Renault von diesem bis zum 29. September 1949 gebauten Typ 2795 Exemplare.

Die Gesellschaft für Straßenbahnen im Saartal hatte sich vergeblich schon 1946 um neue Omnibusse bemüht und zehn Fahrzeuge bei Daimler-Benz bestellt. Daimler-Benz hatte aber 1948 noch keine Baugenehmigung für diese erhalten und die Fahrzeuge konnten erst 1949 produziert werden. Die Wirtschaft stand noch unter Kontrolle der Alliierten. Diese Tatsache wie die Wirtschaftsunion mit Frankreich veranlassten die Gesellschaft dazu, Renault-Fahrzeuge in Paris und im Jahr 1948 Omnibusse bei Berliet in Lyon zu bestellen.[64]

So verstärkten 1949 zehn neue Berliet-Omnibusse den Fuhrpark und 1950 weitere fünf. Sie liefen ebenfalls extrem laut und zogen eine kräftige Rußfahne hinter sich her. Der Berliet PCK 7 D ging auf ein Vorkriegsmodell aus dem Jahr 1939 zurück, das Berliet weiterentwickelte und bis 1954 baute. Mit 64 km/h Höchstgeschwindigkeit lief der PCK 7 minimal schneller als der Renault 215 D, sein Motor leistete aus 7,2 Liter Hubraum 85 PS. So erinnerte sich 1989 Karl-Heinz Georg, seit 1954 bei der GSS als Busfahrer beschäftigt, an seine Zeit auf den Berliet-Bussen: »Früher auf dem alten Berliet hatte ich abends dicke Knie vom Kuppeln«.[65]

---

64 Ebd., Bestand D VI Nr. 24/III, Protokoll der Aufsichtsratssitzung vom 22. März 1948.
65 Saarbrücker Zeitung vom 19. August 1989.

Berliet-Omnibusse im Dienste der Saarbrücker Verkehrsbetriebe. Hier der Typ PLR 106, Baujahr 1954.
(StA SB, Dep. SBN 1294, Foto: GSS)

Die gefeierten O-Busse – Symbole des Wiederaufbaus

Im Unterschied zu den ersten Diesel-Omnibussen der Nachkriegszeit faszinierten die mit Strom aus Oberleitungen betriebenen O-Busse, auch Trolleybusse genannt.

»Sich von der Schiene befreien«

Ihre Einführung galt bereits als Symbol des Abschiedes von der Schiene. Der Saarbrücker Bürgermeister Peter Zimmer (SPS) meinte 1953 bei der Jungfernfahrt der O-Bus-Linie 10 nach Heusweiler: »Wenn sich auch die Parole, weg von der Schiene!' im Nachhinein nicht überall verwirklichen lässt, so gibt sich die Stadt Saarbrücken dennoch Mühe, überall dort, wo keine unüberwindlichen Hindernisse im Weg stehen, ihre Verkehrsmittel von der Schiene zu befreien.«

Die antriebsstarken O-Busse von Vetra, hier ein 1953er Modell.
(StA SB, Dep. SBN 1064, Foto: GSS)

Im Gegensatz zu den ersten Omnibussen gefiel im Alltag der mit Strom betriebene O-Bus, der seine Energie aus Oberleitungen erhielt. Da er im Unterschied zur Straßenbahn nicht auf Schienen fuhr, sparte man die hohen Kosten für deren Verlegung, und mit Blick auf die Nachkriegsverhältnisse mit ihrer im Um- und Neubau befindlichen Stadtlandschaft erwies sich der O-Bus als wesentlich flexibler einsetzbar.

Imponierende O-Busse: Leise und stark

Der Stromabnehmer der O-Busse konnte seitlich ausschwenken, insofern gab es beim Lenken keine Probleme, wusste der Fahrer das Fahrzeug einzuschätzen. Damit gewann der O-Bus gegenüber der Straßenbahn an Flexibilität und Wendigkeit. Die Fahrzeuge konnten seitlich bis zu vier Meter ausweichen. Reagierte der Fahrer hektisch, überholte hastig oder scherte plötzlich aus, bestand die Gefahr, dass der Stromabnehmer abriss. Diese Abnehmer wurden mit Federdruck an die Leitungen gepresst. O-Busse waren vor allem beim Wirtschaftspartner Frankreich in den ersten Nachkriegsjahren absolut »in«, da Strom deutlich preiswerter war als Dieselkraftstoff. Gegenüber den Dieselmotoren der unmittelbaren Nachkriegszeit erwies sich der O-Bus-Antrieb als deutlich überlegen, seine Lebensdauer erreichte das Doppelte des Motors eines Dieselautobusses. Dazu liefen die O-Busse wegen ihrer Elektromotoren viel leiser und verlangten keine Warmlaufphase. Die O-Busse vermittelten Aufbruch und Optimismus, sie boten viel Platz und imponierten durch ihre schnelle Anfahrgeschwindigkeit. Das maximale Drehmoment stand sofort zur Verfügung. Hersteller der O-Busse war die französische Firma Vetra, die ihre Busse auf Fahrgestellen von Berliet, Chausson und Renault baute.

Am 12. November 1948 nahmen die O-Busse zunächst auf der 6,9 Kilometer langen Strecke zwischen Hoher Wacht und der Stadtmitte ihren Betrieb auf.[66] Die Saarbrücker Zeitung berichtete ausführlich: »Jetzt rollen sie nämlich, die lang ersehnten, viel besprochenen Trolleybusse der Straßenbahnverwaltung. Die ‚Erstaufführung' oder Generalprobe war jedoch mit einigen Schwierigkeiten verbunden. (Aber das kommt in den besten Theaterkreisen vor.) Gerade vor dem Gebäude des Presseverlages in der Warndtstraße hat's nicht recht geklappt, und die stattliche Zahl zukünftiger Trolleybusschaffner – zur Feier des Tages hatten sie großen Dienstanzug und weiße Wäsche angelegt – mussten aussteigen... und... schieben: ich wollte natürlich sagen: drücken (!). Einige ‚gehässige' Straßenpassanten glaubten sie mit: ‚Wer seinen O-Bus liebt, der schiebt' ermuntern zu müssen. Aber nichts für ungut: Aller Anfang ist schwer! Und im Übrigen freuen wir uns von Herzen, ob dieser neuerlichen Verbesserung.«[67] Trotz dieser kleinen Panne sollte das neue Fahrzeug viele Anhänger finden.

O-Busse bedienten ab dem 14. November 1953 die Strecke der Linie 10 von Saarbrücken nach Riegelsberg und Heusweiler. Mit 15 Kilometer war dies die längste O-Bus-Strecke. Zur flüssigen Gestaltung des Verkehrs auf dieser Linie waren drei Wendeschleifen errichtet worden – beim Heinrichshaus, beim Markt in Riegelsberg und beim Alten Depot Güchenbach, ferner gab es eine Schlusswende in Heusweiler außerhalb der Hauptverkehrsstraße auf betriebseigenem Gelände. Die Entscheidung für die O-Busse erfolgte auch vor dem Hintergrund der Befürchtung der Gesellschaft für Straßenbahnen im Saartal, Bahn und Post könnten sich erfolgreich um diese Strecke bemühen, wenn die Saarbrücker Verkehrsbetriebe sie weiter mit Straßenbahnen bediente.[68]

Auf der Strecke zur Hohen Wacht wie nach Heusweiler konnte der O-Bus einen weiteren Vorteil ausspielen. Seine elektrische Bremse produzierte im Betrieb auf hügeligen Strecken Strom. Die Bremse war mit einer Stromrückgewinnungsanlage gekoppelt, beim Bremsen wurden bis zu 20 Prozent des Stroms ins Netz

66 Saarbrücker Zeitung vom 14. November 1953.
67 Stadtarchiv Saarbrücken, Bestand V 20 Nr. 34, Geschäftsbericht 1948, S. 6–8.
68 Stadtarchiv Saarbrücken, Bestand D VI Nr. 24/III, O-Bus Linie 10.

zurückgeführt.[69] Steigungen vermochte der Vetra ebenso besser zu meistern als die in den ersten Nachkriegsjahren immer noch schwachen Diesel-Omnibusse.

Eine neue Dimension der Geschwindigkeit

Zwei Generationen der französischen O-Busse von Vetra kamen in Saarbrücken zum Einsatz.[70] Eine erhoffte Lieferung von Daimler-Benz erschien aussichtslos.[71] Die erste Vetra-Generation fuhr auf einem Fahrgestell von Renault mit einer von der Karosseriefirma Fernand Genève in Ivry-sur-Seine bei Paris gebauten Karosserie mit Alsthom-Motoren. Die zweite Generation lief auf einem Fahrgestell von Berliet, leistete 130 PS und war deutlich stärker als die erste Generation, für die 95 und 100 PS angegeben werden. Diese Version mit 130 PS kam auf der steigungsreichen Strecke nach Riegelsberg und Heusweiler zum Einsatz. Ferner verfügten sie über eine selbstständige Fahrdraht-Nachspannung. Alle 1500 Meter wurde ein sogenanntes Nachspannungsfeld eingerichtet, das die durch Tempe-

Millimeterarbeit: Mit der Straßenbahn konnte es eng werden, vor allem wenn sie einem LKW begegnete, wie hier die Linie 7 am Rotenbühl, 1961.
(StA SB, Dep. SBN 944, Foto: GSS)

raturschwankungen bedingte Längenänderung der Fahrdrähte durch schwere Gewichte, die in versteckten Gittermasten hingen, regulierte. Die Vetras der zweiten Generation waren sozusagen ein Vorläufer der heutigen Hybrid-Konzepte. Sie verfügten über einen luftgekühlten Benzinmotor und einen Generator, die beide im Falle von Stromstörungen oder Ausfällen, Mobilität sichern sollten, wenn auch nur mit einer Geschwindigkeit von 20 km/h.

Die Vorteile der O-Busse beeindruckten die Zeitgenossen. Während die Straßenbahn die Strecke von Saarbrücken nach Heusweiler in 54 Minuten bediente, war der O-Bus schon in 35 Minuten in Heusweiler und damit 19 Minuten schneller. Für Riegelsberg betrug die Zeitersparnis 14 Minuten. Geradezu euphorisch wurden die O-Busse von der Bevölkerung aufgenommen, immer mehr Fahrgäste nutzen sie, so dass man sie mit Anhängern ausstattete. 160 Personen konnten jetzt befördert werden und trotzdem mussten die Malstatter Fahrgäste ange-

---

69 Saarbrücker Zeitung vom 10. Januar 1953.
70 Saarbrücker Zeitung vom 10. Januar 1953 und 27. August 1953.
71 Stadtarchiv Saarbrücken, Bestand D VI Nr. 24/III, Protokoll der Aufsichtsratssitzung vom 22. März 1948.

halten werden, die Straßenbahnlinie 5 und nicht den O-Bus nach Heusweiler zu nutzen, wenn sie nur auf den Rastpfuhl wollten. Auch in Neunkirchen erfreuten sich die O-Busse großer Beliebtheit. Dort fuhr der erste O-Bus am 3. August 1952.[72] Und dennoch sollten O-Busse nur ein Modetrend bleiben.

Kein Winterzauber – O-Busse in der kalten Jahreszeit

Probleme im O-Bus-Betrieb zeigten sich im Winter und bei feuchtnasser Witterung, wie in den Jahren 1962 und 1963. So mussten allein 1962 von 17 Fahrzeugen 13 vorübergehend stillgelegt werden, da die gemessenen Isolationswerte nicht mehr ausreichend waren, um die Betriebssicherheit zu gewährleisten.[73] Natürlich behinderten Eis und Schnee auch die Omnibusse, aber in geringerem Maße. Als etwa am 26. November 1952 der O-Bus-Betrieb witterungsbedingt zum Erliegen kam, verkehrten an ihrer Stelle Diesel-Omnibusse. Auch sie hatten es im Winter schwerer, liefen aber besser als Straßenbahn und O-Bus.[74] Ein ehemaliger Mitarbeiter der Firma Optik Wöhler, die ihren Sitz im Weinbergweg in Saarbrücken hatte, erinnert sich daran, wie die gesamte gut 60 Mann starke Belegschaft dieses Unternehmens jeden Morgen mit dem O-Bus Richtung Hohe Wacht fuhr. Regelmäßig im Winter, wenn es kalt war, Eis und Schnee lagen, hieß es: »Alle Mann aussteigen und schieben«.[75]

Drei Systeme im Einsatz – Straßenbahn, Kraftomnibus Chausson ASH 521 und Vetra O-Bus VBR. Diese Aufnahme entstand im April 1960. (StA SB, Dep. SBN 976, Foto: GSS)

Durchsetzen sollte sich aber der Diesel-Omnibus. Das Unterhalten von zwei beziehungsweise drei Antriebssystemen verursachte hohe Kosten. Renault übernahm den Hersteller Vetra, stellte die Produktion 1964 ein und kümmerte sich nicht mehr um die Ersatzteilversorgung. Mit dem Beitritt des Saarlandes zur Bundesrepublik 1957 galten für die Betriebserlaubnis deutsche Bestimmungen. Diesen entsprachen die O-Busse nicht mehr und ab 1959 untersagte der Gesetz-

---

72 Johannes Sebastian, Der Obus in Neunkirchen, in: Zwischen Kurbel und Lenkrad. 1907–2007. 100 Jahre Öffentlicher Personennahverkehr in Neunkirchen, Neunkirchen 2007, S. 58, S. 61; Karl-Heinz Janson, Die Riegelsberger Straßenbahn. St. Johann – Riegelsberg – Heusweiler, Bad Langensalza 2011, S. 98.

73 Stadtarchiv Saarbrücken, Bestand V 20 Nr. 34, Geschäftsbericht 1962, S. 5; Geschäftsbericht 1963, S. 4.

74 Ebd., Geschäftsbericht 1952, S.6.

75 Auskunft von Herrn Langguth, Saarbrücken, Juni 2015.

geber den Einsatz von Anhängern in der Personenbeförderung. Dies erklärt etwa, warum die Neunkircher Verkehrsbetriebe für ihre vergleichsweise jungen O-Busse nach der Einstellung des Betriebes am 31. März 1964 keine Käufer fanden und die Fahrzeuge notgedrungen verschrotteten.[76] Im Zuge der Ersten Energiekrise 1974 und eines wachsenden Umweltbewusstseins erlebten sie eine kleine Renaissance. Bis heute haben O-Busse in Deutschland vereinzelt überlebt und laufen in Solingen, Esslingen und Eberswalde – in Kaiserslautern waren sie bis 1985 in Betrieb.[77]

Die Dieseltriebwerke in den Chausson-Bussen waren gegenüber den alten Renault und Berliet deutlich leistungsstärker, 1959. (StA SB, Dep. SBN 1298, Foto: GSS)

Der Kraftomnibus auf der Überholspur

Vor allem der technische Fortschritt brachte den Dieselomnibus auf die Überholspur. Nicht nur in Frankreich, sondern auch in der Bundesrepublik, stieg die Nachfrage deutlich an, bereits 1948 hatte sich die Autobusproduktion der Westzonen auf 949 erhöht und damit gegenüber 1947 verdoppelt. Heckmotoren verringerten das Geräuschniveau im Innenraum. Komfort und Fahrverhalten verbesserten sich durch selbsttragende Karosserien, erstmals 1953 beim Setra S 8 eingesetzt. Durch die Verwendung von Glasfaserisoliermaterial verringerte sich das Fahrzeuggewicht. Einen Quantensprung in Sachen Komfort erreichte 1953 der erste luftgefederte Stadtbus.[78]

Der Druck zur Erneuerung des Saarbrücker Fuhrparks war so massiv, dass man noch vor dem in absehbarer Zeit zu erwartenden Tag »X« 1959, dem Tag des wirtschaftlichen Anschlusses des Saarlandes an die Bundesrepublik, neue Omnibusse kaufte. Man entschied sich für die Marke Chausson. Dennoch hatte man ein paar Monate zuvor mit neuen Straßenbahnzügen experimentiert. So war im Dezember 1957 der Gelenk-Großraum-Triebwagen 262 der Bochum-Gelsenkirchener Straßenbahngesellschaft in Saarbrücken getestet worden, es handelte sich um den Typ Düwag GT 6. Diese Wagen fuhren viel leiser und komfortabler, da sie unter anderem über gummigefederte Radsätze verfügten. Ihr Einsatz hätte aber Gleisänderungen an einigen Teilen des Netzes erfordert.[79] Der in Saarbrücken getestete Wagen wurde übrigens erst 1994 bei den Bochumer Verkehrsbetrieben ausgemustert.[80]

Stärkere und wirtschaftlichere Omnibusse mit Chausson

Dieselomnibusse überzeugten durch ihre Zuverlässigkeit und Robustheit im Alltag, auch die Bilanz im Verbrauch an Kraftstoff und Reifen sowie Wartungs- und Reparaturaufwand entwickelte sich immer günstiger. Gegenüber den Omnibussen der ersten Jahre nach 1945 markierten die Omnibusse der späten 1950er Jahre einen Quantensprung.

Wohl schon im Jahr 1956 wurden zunächst drei neue Chaussons und von November 1958 in Etappen bis Juni 1959 weitere 52 neue Chaussons für die Saar-

---

76 Janson, Riegelsberg, S. 98, Sebastian, Neunkirchen, S. 64.
77 Hinweis von Markus Philipp.
78 Otto Peter A. Bühler, Keine Alternative zum Omnibus, in: 100 Jahre Automobil. Mercedes-Benz in aller Welt, Stuttgart 1986, S. 60 ff.
79 Saarbrücker Zeitung vom 6. Dezember 1957 und 14. Dezember 1957.
80 Hinweis von Markus Philipp.

Die leistungsstarken Chausson-Busse im Einsatz. Anfang der 1960er Jahre gab es auch noch improvisierte Mobilität, wie dieses Gefährt mit einem Rentnerehepaar zeigt. (StA SB, Nl M 51, Foto: Fritz Mittelstaedt)

brücker Verkehrsbetriebe zugelassen. Der Omnibusfuhrpark der Gesellschaft zählte Ende 1958 nun 99 Omnibusse, wovon sechs allerdings nicht betriebsfähig waren, im Jahr 1959 waren es 97 Fahrzeuge, zehn vorher gemietete Fahrzeuge hatte die Gesellschaft nun gekauft und einige alte ausgemustert.[81]

Chausson setzte auf Frontlenker und die Verbundbauweise, die in Frankreich insbesondere durch den Konkurrenten Floirat schnell populär wurde. Vor allem mit dem im Jahr 1952 vorgestellten Modell AP 52 hatte Chausson neue Verkaufsrekorde erzielt. Dieses Modell sollte als Weiterentwicklung mit dem ASH 521 und 522 im Saarland der 1950er Jahre bei den städtischen Verkehrsbetrieben in Saarbrücken, Saarlouis und Völklingen in der auf den Nahverkehr abgestimmten Variante zum Einsatz kommen.

Der Erfolg von Chausson beruhte auch auf der besonderen Bauweise. Sie war ausgesprochen effizient in der Produktion, weil flexibel in der Karosserieausführung durch eine sogenannte Modulbauweise. Die Busse liefen wartungsarm und im Vergleich zu ihren französischen Konkurrenten besonders wirtschaftlich. Den Betreiber eines Omnibusunternehmens interessieren bis heute vor allem die Unterhaltskosten.

Chausson-Busse gefielen wegen ihrer großzügigen Innenraumhöhe und ihrer umfangreichen Verglasung. Motor, Kupplung und Getriebe saßen beim Chausson vorn. Binnen zwei Stunden konnten sie komplett ausgebaut werden. Motorüberholungen, der Einbau von Austauschmotoren und Getriebeüberholungen waren somit unter nahezu optimalen Bedingungen durchführbar. Die Antriebs-

81 Stadtarchiv Saarbrücken, Bestand V 20 Nr. 34, Geschäftsbericht 1956, S. 9, Geschäftsbericht 1958, S. 6 und Geschäftsbericht 1959/1960, S. 5 ff.

Die Chaussons-Busse – noch vielen Saarbrückern bis heute in Erinnerung. Die Aufnahme entstand am 8. Januar 1968. (LA SB, Foto: Ferdi Hartung)

einheit saß auf einem gummigelagerten Schemel. Auch bei der Produktion erwies sich diese Fertigung als ausgesprochen rationell.

Zu den Vorteilen der Chaussons gehörte ihre Gewicht sparende Bauweise, ohne im Alltag durch fehlende Robustheit für Pannen und Reparaturen zu sorgen. Sie wurde unter anderem durch eine Hinterachse erzielt, die mit zwei anstatt vier Rädern auskam. Der Betreiber freute sich über Vorteile beim Verbrauch und den Fahrleistungen.

Bei den Motoren verbaute Chausson vor allem Triebwerke von Somua und Panhard. Beim Somua handelte es sich um einen leistungsstarken Sechszylinder Diesel mit 130 PS, der als ausgesprochen zuverlässig und langlebig galt. Der Chausson AP 52 in der S-Version, so bezeichnet wegen des Somua-Triebwerkes, galt als Bus mit den niedrigsten Betriebskosten in Frankreich.

Zur Erklärung der Typbezeichnung: A steht für Autobus, der folgende Buchstabe steht für den Anfangsbuchstaben des Motorlieferanten, P für Panhard, H für Hotchkiss und S für Somua. Dann folgt die Kraftstoffart, hier steht E für Benziner, französisch »Essence«, und H für Diesel, französisch »Huile lourde«. Die Zahlenkombination gibt das Erscheinungsjahr des jeweiligen Typs an. Ein gelegentlich verwandtes »u« steht für die Stadtverkehrsversion, französisch »urbaine«.

Chausson-Bus als Linie 39 auf der Strecke nach Spiesen 1958. (StA SB, Dep. SBN 1219, Foto: GSS)

Offiziell ausgemustert wurden die Chaussons in Saarbrücken Ende 1971, 67 Exemplare wurden für 85.100,– DM verkauft.[82] Zeitzeugen berichten, sie seien

82 Ebd., Geschäftsbericht 1971.

Drei Türen, um Ein- und Ausstieg zu beschleunigen. Ein Chausson ASH 522 als Linie 36 im Einsatz an der Haltestelle »Richard-Wagner-Straße« im Oktober 1963. Die drei Einstiegsmöglichkeiten galten als großer Vorteil der Chausson-Busse.
(StA SB, Dep. SBN 2098, Foto: GSS)

Die ersten MAN-Modelle des Typs 640 HO tragen im Kühlergrill noch das auffällige Kraus-Maffei-Zeichen, 1961.
(StA SB, Dep. SBN 2341, Foto: GSS)

nach Polen verkauft worden. Zwei Chaussons blieben bei der Gesellschaft und wurden als Reservefahrzeuge bis in die zweite Hälfte der 1970er Jahre genutzt. Chausson war in der Nachkriegszeit exportstark, bis 1950 hatte Chausson mindestens 600 Busse nach Polen geliefert, die vor allem im öffentlichen Nahverkehr in Warschau liefen.

Modern mit den Metrobussen von MAN – bedienungsfreundlicher und komfortabler

Zwei Jahre nach der wirtschaftlichen Rückgliederung des Saarlandes entschied sich die Gesellschaft für Straßenbahnen im Saartal für deutsche Fabrikate. Auch die nun geltenden deutschen Normen dürften diesen Entschluss erklären. Die Saarbrücker Verkehrsbetriebe sollten über viele Jahre zu einem treuen Kunden von MAN werden. MAN präsentierte auf der Internationalen Automobilausstellung IAA im September 1959 – dem Jahr der wirtschaftlichen Rückgliederung des Saarlandes – den sogenannten Metrobus. Der Metrobus war ein Gemeinschaftsprojekt von MAN und Kraus Maffei. Das Modell markiert den Aufbruch von MAN im Omnibusbau, verbunden mit dem Ziel sich gegenüber den Omnibusherstellern Daimler-Benz, Büssing, Magirus und Käsbohrer zu behaupten. MAN suchte dazu die Kooperation mit Kraus Maffei. Beide vereinbarten neben einem LKW auch einen Stadtomnibus zu entwickeln, der als Metrobus bezeichnet wurde. An seiner Entwicklung war die Hamburger Verkehrsgesellschaft beteiligt, die Anforderungen aus der Praxis in die Entwicklung mit einbrachte.

Der Metrobus wurde in Verbundbauweise gefertigt, das Fahrgestell wurde erst zusammen mit dem Aufbau zu einem rollfähigen Bus. Insgesamt produzierte MAN 4858 Metrobusse, davon 227 Exemplare vom MAN Metrobus Typ 640 HO und 4631 vom 750er. Die letzten Exemplare kamen 1974 zur Auslieferung. MAN etablierte sich mit diesem Modell im Segment der Stadtomnibusse. In den ersten Jahren fertigte Kraus-Maffei die Karosserie, diese Fahrzeuge sind am Kraus-Maffei Schriftzug im Frontbereich zu erkennen. Diese Kooperation endete 1963. Die Beliebtheit des Modells sorgte nochmals für eine Beschaffung von zehn Fahrzeugen im August 1969 mit den Wagennummern 781 bis 790.[83]

Lieferverkehr in der Bahnhofstraße zur französischen Woche 1963. Die Linie 23 im Einsatz. MAN-Metrobus in der Bahnhofstraße 1963. (StA SB, Dep. SBN 2441, Foto: GSS)

Saarbrücken zählte zu den ersten Bestellern des Metrobusses. Im Jahr 1959 war ein MAN Metrobus gebaut worden, 1960 dann 26 und 1961 immerhin 192. Die ersten Saarbrücker Metrobusse wurden 1961 in Betrieb gesetzt. Es waren zehn Fahrzeuge mit den Wagennummern 630 bis 639. Zum Einsatz kam der Typ 640 HO 10, dabei handelte es sich um die kurze Variante des Metrobusses mit einer Länge von zehn Metern. Diese vor allem in Saarbrücken beschaffte Variante war eher selten, in Neunkirchen lief die Version mit elf Metern Länge.

Zum Verständnis der Typenbezeichnung: Die Ziffer 6 stand für die Nutzlast, in diesem Fall 6 Tonnen, die 40 für die ungefähre Leistung, die zwischen 135 und 150 PS liegen konnte; HO stand für Heckmotoromnibus und die 10 stand für die Version mit 10 Metern Länge.

Der Metrobus sollte den Fuhrpark der Saarbrücker Verkehrsgesellschaft in den 1960er und 1970er Jahren prägen. Die Saarbrücker Verkehrsbetriebe setzten nun ausschließlich auf Fahrzeuge von MAN. Die Chaussons gingen nach und nach in die Ausmusterung. So folgten weitere Bestellungen und Inbetriebnahmen von MAN-Metrobussen.

Mit der Beschaffung der Metrobusse gewann der bereits nach 1945 erkennbare Systemwechsel zum ausschließlichen Busbetrieb erheblich an Dynamik. Vor der Beschaffung der MAN-Fahrzeuge zählte der Fuhrpark 1961 erst 97 Fahrzeuge, zum Jahresende waren es 111 Busse. Am 22. Oktober 1964 lieferte MAN an die Gesellschaft für Straßenbahnen im Saartal den 150. Metrobus aus. Aus diesem Anlass besuchte MAN-Direktor Carstanjen Saarbrücken.[84] Zugelassen wurde dieses Fahrzeug als Wagen 776 im Februar 1965. Neben 150 MAN-Bussen liefen zu dieser Zeit noch 76 Chausson-Busse, der Omnibus-Fuhrpark hatte sich innerhalb von drei Jahren mehr als verdoppelt.[85]

---

83 Stadtarchiv Saarbrücken, Bestand V 20 Nr. 34, Geschäftsbericht 1972, S. 6; Hinweis von Markus Philipp.

84 Saarbrücker Zeitung vom 17./18. Oktober 1964 und 23. Oktober 1964.

85 Stadtarchiv Saarbrücken, Bestand V 20 Nr. 34, Geschäftsbericht 1961, S. 6; Geschäftsbericht 1964, S. 7.

Die ersten neuen MAN-Metrobusse traten im März 1961 in Saarbrücken ihren Dienst an. Hier die Kraftomnibusse mit den Wagennummern 630 bis 639.
(StA SB, Dep. SBN 2342, Foto: GSS)

Der Siegeszug des Diesel-Omnibusses erklärt sich auch aus dem technischen Fortschritt, der diesen zuverlässig und bedienungsfreundlich machte. So erfreuten sich die Busfahrer an den Eigenschaften des MAN-Metrobusses. Gegenüber den Chaussons liefen sie bedeutend leiser, wesentlich komfortabler und erforderten weniger Bedienkräfte. Diese Erleichterungen bildeten die Voraussetzung für einen erfolgreichen Einmannbetrieb. Dafür waren die Metrobusse konzipiert. Das Fahrzeug entlastete den Fahrer, die geringeren Bedienkräfte und die höhere Motorleistung ermöglichten den Verkauf der Fahrkarten und das Fahren des Busses durch eine Person, den sogenannten Einmannbetrieb, ohne die Fahrtzeiten wegen längerer Aufenthalte an den Haltestellen verlängern zu müssen.
Der Motor befand sich beim MAN im Heck – als Heckunterflurmotor nahezu waagerecht zur Rückwand angeordnet – während der Motor beim Chausson noch in den Fahrerbereich hineinragte. Im Winter konnte sich der Chausson-Fahrer zwar daran wärmen, im Sommer lief ihm aber der Schweiß. Manche Fah-

Nüchtern, sachlich und aufgeräumt – Innenansicht des MAN-Metrobusses um 1961. (StA SB, Dep. SBN 2351, Foto: GSS)

Blick auf den Heck-Unterflurmotor des MAN-Metrobusses. Er lief für damalige Maßstäbe recht leise und sparsam, 1961. (StA SB, Dep. SBN 2352, Foto: GSS)

rer sprachen scherzhaft davon, sich den Fleischkäse auf der Motorverkleidung braten zu können.

Seine Fahrgäste verwöhnte der Metrobus mit einem damals Maßstäbe setzenden Fahrkomfort. Verantwortlich dafür war die Rollbalg-Luftfederung für jedes Rad. Hinzu kam eine aufwändige Hinterachse, eine »Ritzelachse« mit Trennung von Trag- und Triebachse. Die Getriebe waren leichtgängiger. Es gab wahlweise ein Automatikgetriebe ZF-Hydro-Media oder ein ZF-Schaltgetriebe vom Typ Synchromat 4-35, das in den Saarbrücker Fahrzeugen zum Einsatz kam. Die Motoren arbeiteten vergleichsweise leise und sparsam. MAN verbaute einen Sechszylinder-Diesel, der mindestens 135 PS aus 7030 ccm leistete, es existierten ebenso Versionen mit 150 und 160 PS. Innerhalb von gut zehn Jahren konnte man 1959 aus einem Dieselmotor damit das Doppelte an Leistung erzeugen. Auch die Verbrauchswerte dieser Motoren symbolisieren den technischen Fortschritt. Der Flottenverbrauch sollte 1969 bei 30,82 Liter Diesel auf 100 Kilometer liegen,

Die Straßenbahn hemmte den Verkehrsfluss in der Bahnhofstraße.
Dazu verkehrte sie in zwei Richtungen. Für Fußgänger und vor allem Autofahrer war höchste Vorsicht geboten aber ebenso für die Straßenbahnfahrer, ca. 1960.
(LA SB, Foto: Ferdi Hartung)

1958 bewegte er sich noch bei 40,12 Liter.[86] Ob diese Verbrauchswerte bei der gegenwärtigen Verkehrsdichte noch ausreichen, darf bezweifelt werden. Die heutigen Busse verbrauchen etwa 35 Liter Diesel auf 100 Kilometer und das bei einer hohen Haltestellendichte von etwa 500 Metern. Ihre Motoren verfügen über 10.000 bis 12.000 ccm und leisten zwischen 300 und 320 PS. Steigungen meistern sie im Vergleich zu den älteren Fahrzeigen viel souveräner. Die Höchstgeschwindigkeit ist auf 85 km/h begrenzt.[87]
Mit dem Einzug der Omnibusse in den Fuhrpark der Gesellschaft für Straßenbahnen im Saartal war es zunächst erforderlich, für das Parken und die Wartung der Fahrzeuge spezielle Kapazitäten aufzubauen. Dazu gehörten neue Abstellhallen und eine Waschanlage für Omnibusse, die man im Oktober 1963 einrichtete.[88] Mit dem Ende der Straßenbahn folgte 1965 der Entschluss eines komplett neuen, modernen Werkstattbaues.[89]

Eine Ära geht zu Ende – Der Abschied von der Straßenbahn

Der 22. Mai 1965 markiert ein historisches Datum in der Geschichte der Gesellschaft für Straßenbahnen im Saartal. An diesem Tag fuhr zum letzten Mal eine Straßenbahn durch Saarbrücken. Im ersten Triebwagen saßen Ministerpräsident Dr. Franz Josef Röder (CDU), seine Minister Huthmacher (CDU) und Simonis (DPS/FDP), der Saarbrücker Oberbürgermeister Fritz Schuster (DPS/FDP), der

86 Stadtarchiv Saarbrücken, Bestand V 20 Nr. 34, Anlage zum Geschäftsbericht 1972.
87 Auskunft von Holger Stahl, Saarbahn.
88 Stadtarchiv Saarbrücken, V 20 Nr. 34, Geschäftsbericht 1963, S. 6; Saarbrücker Zeitung vom 23. Oktober 1963.
89 Saarbrücker Zeitung vom 16./17. Dezember 1957.

Die Umstellung der Straßenbahnlinien auf Kraftomnibusse wurde stets gefeiert. Hier die Umstellunq der Strab-Linie 5 auf die KOM-Linie 35 am 24. September 1961. Zu beachten auch der englische Sportwagen MGA neben der Straßenbahn. (StA SB, Dep. SBN 2402, Foto: GSS)

Beigeordnete Haßdenteufel sowie Vertreter der Verkehrsgesellschaft, die Vorstandsmitglieder Kessler, Schneider und Wilzer.[90]

Der Abschied der Straßenbahn wurde festlich begangen, von vielen jedoch mit Wehmut begleitet. Der Beruf des Straßenbahnfahrers war ein Beruf mit besonders großer Verantwortung. Zudem besaß der Fahrer eine gewisse Autorität, die nicht allein seiner Uniform geschuldet war. Höchste Aufmerksamkeit wurde von ihm gefordert, denn er konnte mit seiner Bahn anderen Verkehrsteilnehmern nicht ausweichen. Um zu vermeiden, dass die Bahn aus den Gleisen sprang, waren Erfahrung und Fahrgefühl erforderlich. Die Fahrgäste konnten miterleben, wie körperlich hart seine Arbeit war und welches Geschick sie erforderte. Der Fahrschalter war quasi das Gaspedal. Es musste mit der linken Hand gekurbelt werden und mit der rechten Hand über ein Handrad gebremst. Die Fußklingel, die bei jedem Halten und Anfahren zu betätigen war, wurde über ein Pedal bedient, ebenso der Sandstreuer bei feuchter Witterung und im Winter. An den Endstationen musste der Bremsensand nachgefüllt werden.

Viele der Menschen, die 1965 das Ende der Straßenbahn erlebten, hatten die Straßenbahn seit ihrer Kindheit als ein Verkehrsmittel schätzen gelernt, dass ihnen den Alltag enorm erleichterte. Viele Fahrgäste fuhren nicht nur morgens zur Arbeit und abends wieder heim. Eine ganze Reihe nutzte die Straßenbahn, um zum Mittagessen nach Hause zu fahren. Dies galt in den 1950er Jahren etwa für die zahlreichen Verkäuferinnen, die in der Saarbrücker Bahnhofstraße arbeiteten.[91] Zwischen den Fahrgästen und dem Straßenbahnpersonal entwickelte sich durch das regelmäßige tägliche Aufeinandertreffen manchmal sogar ein gewisses Vertrauensverhältnis.

Auch für die Schaffner war die Arbeit aufreibend. So erinnert sich Herbert Weinland, der am 1. Oktober 1950 bei der Gesellschaft für Straßenbahnen im Saartal anfing: Da er bei Dienstantritt noch nicht volljährig war, musste er die ersten Wochen Wagen waschen, um dann am 2. Dezember 1950 als Schaffner nach kurzer Ausbildung zu beginnen: »Die Arbeit war äußerst strapaziös und anstren-

90 75 Jahre Gesellschaft für Straßenbahnen im Saartal AG, Redaktion Arno Hübner, Saarbrücken 1967, S. 114; Stadtarchiv Saarbrücken, Bestand V 20 Nr. 34, Geschäftsbericht 1965, S. 5.

91 Erinnerung Herbert Weinland.

Straßenbahn im Bereich Kreuzung Reichsstraße – Bahnhofstraße vor dem Hotel Excelsior, 1960.
(StA SB, Dep. SBN 2497, Foto: GSS)

gend, denn ständig stiegen Leute zu und bei den anderen hatte man noch nicht kassiert. Durch den Wagen zu kommen, war aufgrund des Gedrängels schwierig. Zudem waren die Fahrkarten-Ledertaschen sehr schwer und verfügten noch nicht über Geldwechsler. So musste ich als Schaffner das Wechselgeld aus den Hosen- oder Manteltaschen rauskramen. Die Hände taten einem abends weh und wurden manchmal wund. Man musste permanent von vorne nach hinten, was sehr stressig war.«

Neben dem Triebwagenschaffner gab es noch den Beiwagenschaffner, seine Tätigkeit war dieselbe, er stand hierarchisch jedoch unter dem Triebwagenschaffner. Erst wenn letzterer sein Okay zur Abfahrt gab, fuhr der Fahrer los. Die drei bildeten ein Team, das bis auf Urlaub oder Krankheit zusammenarbeitete.

In den 1950er Jahren begann der Dienst für Schaffner und Fahrer meist zwischen vier und fünf Uhr früh. Man hatte sich zuerst beim »Auslasser« zu melden. Er teilte die Dienste ein. Die Tonart war meist rau. Stand genügend Personal zur Verfügung, weil der Krankenstand gering war, wurden die Bediensteten häufig zurechtgewiesen und sogar nach Hause geschickt, wenn sie etwa ihre Mütze vergessen hatten, um diese zu holen. Danach wurden sie nur dem Reservedienst zugeteilt. Fielen Fahrer aus, fand die Diensteinteilung recht zügig statt, damit die Bahnen pünktlich das Depot verlassen konnten.[92]

Die Umstellung auf den reinen Busbetrieb bedeutete für viele der Straßenbahnfahrer im wahrsten Sinne des Wortes einen »Systemwechsel«, der einige sehr schmerzte. Für die meisten der Straßenbahner war der Omnibus sogar »eine

92 Erinnerung Herbert Weinland.

fremde Welt«, zumal sie keinen PKW-Führerschein besaßen. Der gesamte Straßenbahnfuhrpark wurde verschrottet.[93]
Bereits wenige Wochen nach dem Ende der Straßenbahn zeigte sich, dass die komplette Umstellung auf den Busbetrieb die Sicherheit im ÖPNV erhöhte. Anfang der 1960er Jahre waren die Saarbrücker Verkehrsbetriebe im Schnitt in 100 bis 105 Unfälle monatlich verwickelt. Im Sommer 1965 war ihre Zahl auf 75 gesunken.[94]
Mit der Systemumstellung auf den ausschließlichen Omnibusbetrieb begann eine Optimierung des Wartungs- und Reparaturbetriebes. Für 8,5 Millionen DM entstand eine neue Werkstatthalle, die 1967 in Betrieb ging. Insgesamt beliefen sich die Investitionen auf 10,8 Millionen DM. Alle Werkstätten befanden sich nun unter einem Dach, wie Lackiererei, Schlosserei für den Bereich des Karosseriebaus, Sattlerei, ein Reparaturraum für Motoren und Bremsen, ein Bereich für Autoelektrik und ein gesonderter Bereich mit Batterieladestationen. Zur Wartung und Kontrolle der Fahrzeuge standen 16 Gruben und zwei Hebestände zur Verfügung sowie Hebebühnen, eine Waschanlage und ein Reifendienst. Für die Sicherheit der Fahrgäste und einen störungsfreien Betrieb wurden die Fahrzeuge jeden Abend gereinigt, Wasser, Öl und Treibstoff kontrolliert sowie die sicherheitsrelevanten Ausrüstungen überprüft. Die Tankanlage wurde von 60.000 auf 240.000 Liter ausgebaut.[95]

Der ÖPNV auf dem Weg in die Krise – »Straßenbahngesellschaft – ein Sorgenkind der Stadt«

Mit dieser Schlagzeile in der Saarbrücker Zeitung vom 15. Januar 1957 berichtete die Presse über das hohe Defizit der Gesellschaft für Straßenbahnen im Saartal.[96] Dieses Problem trat nicht kurzfristig auf, bereits mit dem Wiederaufbau nach 1945 steuerten die städtischen Verkehrsbetriebe rasch ins Defizit.

Zu niedrige Tarife

Schon im Geschäftsbericht für das Jahr 1948 wurde auf die schwierige Finanzlage hingewiesen. Ihre Ursachen lagen in den sozialpolitisch kalkulierten Fahrpreisen, die behördlich festgelegt und von der Regierung genehmigt wurden. Dauerfahrer der Straßenbahnen und Busse kamen in den Genuss besonders günstiger Tarife. Die auf die Fahrpreise erhobene Umsatzsteuer in Höhe von zwei Prozent und die Dienstleistungssteuer in Höhe von 3,5 Prozent wurden nicht an die Kunden weitergegeben, sodass die Einnahmen die Kosten nicht deckten. Trotz steigender Fahrgastzahlen, wodurch zugleich die Bedeutung des ÖPNV für den Wiederaufbau der Nachkriegsgesellschaft deutlich wird, erhöhte sich das Defizit.[97]
Im Jahr 1946 benutzten 30 Millionen Fahrgäste die Saarbrücker Bahnen, 1958 sollten es 63 Millionen sein. Diese Situation sowie der inflationäre französische Franken machten Tarifanpassungen erforderlich, die jedoch dieses strukturelle

93 Werner Konter, Erinnerungen an die Straßenbahnen. Die Entwicklung der Straßenbahnbetriebe im Saarland, Saarbrücken 1992, S. 86.
94 Saarbrücker Zeitung vom 20. August 1965.
95 Saarbrücker Zeitung vom 16. Dezember 1967.
96 Saarbrücker Zeitung vom 15. Januar 1957.
97 Stadtarchiv Saarbrücken, Bestand V 20 Nr. 34, Geschäftsbericht 1948, S. 4.

Die Linie 43 zum Flughafen Ensheim 1969. ÖPNV-Angebote sind auch strukturpolitische Instrumente. Der Ensheimer Flughafen wurde in das Netz der Gesellschaft für Straßenbahnen im Saartal 1969 auf Wunsch der Landesregierung integriert. Die Strecke erwies sich als Zuschussgeschäft. (StA SB, Dep. SBN 2131, Foto: GSS)

Defizit nicht abstellen konnten. Trotz einer Tariferhöhung um fast 30 Prozent zum 1. Oktober 1951, blieben die Einnahmen 1952 hinter den Ausgaben zurück.[98] Im Jahr 1954 musste die Gesellschaft für Straßenbahnen im Saartal einen Reinverlust hinnehmen, der 64,6 Prozent ihres Eigenkapitals ausmachte.[99]

Besonders defizitäre Strecken

Auch nach dem Beitritt des Saarlandes zur Bundesrepublik 1957 änderte sich an der prekären Defizitsituation nichts. Zu den Defiziten hatten ebenso die enormen Investitionen zur Wiederherstellung des Netzes sowie die Beschaffung von O-Bussen und Diesel-Omnibussen beigetragen, obwohl hierfür Finanzhilfen des Landes gewährt wurden. In den beiden Jahren vor Einführung der DM belief sich das Defizit auf 109 Millionen Franken für 1957 und 93 Millionen Franken im Jahr 1958. Grundsätzlich am teuersten waren die Strecken außerhalb der Stadtgren-

98 Ebd., Geschäftsbericht 1952, S. 6.
99 Ebd., Bestand V 30 Nr. 1237/49, AP 14560. Bericht der Wirtschaftsberatung GmbH zum Geschäftsjahr 1954, Anlage V, S. 9.

zen. Die mit dem O-Bus betriebene, ausgesprochen beliebte und nachgefragte Linie 10 von Saarbrücken nach Heusweiler erwies sich dabei am unrentabelsten. Allein sie fuhr 1957 ein Defizit von 47,5 Millionen Franken ein. Der Stromverbrauch der O-Busse lag wegen der starken Steigungen hier sehr hoch, aber immer noch unter dem der Straßenbahn. Ebenfalls ein Minusgeschäft waren die drei Linien durch das Sulzbachtal, der Omnibusschnellverkehr nach Spiesen sowie die Linien 24 und 25 von Klarenthal nach Saarbrücken beziehungsweise von St. Arnual nach Bischmisheim. Der auf Druck der Landesregierung eingerichtete Verkehr zum Flughafen nach Ensheim war für die Gesellschaft für Straßenbahnen im Saartal ebenfalls ein Minusgeschäft.[100]

Strenge Finanzkontrolle

Angesichts des Defizits wurde die Gesellschaft vom Rechnungsprüfungsamt der Stadt schon im Lauf der 1950er Jahre streng kontrolliert. Missstände wurden aufgedeckt und Entscheidungen kritisch hinterfragt, wenn auch die aufgezeigten finanziellen Schäden wenig ins Gewicht fielen. Gleichwohl hinterließen sie bei der Stadtverwaltung den Eindruck mangelnden Kostenbewusstseins. So wurde seitens des Rechnungsprüfungsamtes festgestellt, dass entgegen bestehender Verordnungen den Beschäftigten der Gesellschaft sogenannte Treuegelder für 25 Dienstjahre gezahlt wurden, die ein Monatsgehalt einschließlich Lohnzulage ausmachten. 34 Lohnempfänger erhielten so im Jahr 1951 Treuegelder in Höhe von 1,19 Millionen Franken, obwohl ihnen laut Verordnung nur jeweils 6000 Franken zugestanden hätten, was einem Gesamtbetrag von 204.000 Franken entsprach.[101]

Ebenso bemängelte das Rechnungsprüfungsamt den Ersatz des vier Jahre alten noch gut erhaltenen Dienstwagens Opel Kapitän aus dem Baujahr 1953 durch einen Peugeot 403.[102] Gleichfalls angelastet wurden die sogenannten »Privatarbeiten« in den Werkstätten der Gesellschaft. Diese waren, gegen Rechnung, durchaus erlaubt, sofern das Rechnungsprüfungsamt zur Kontrolle eingeschaltet wurde. Das geschah hingegen selten. So waren beispielsweise der Renault eines Staatssekretärs repariert und der Wagen eines Direktors aus der Landtagsverwaltung komplett neu lackiert worden.[103]

Anzeigen wegen überfüllter Fahrzeuge

Zu den enormen Defiziten der Verkehrsbetriebe Ende der 1950er Jahre kamen Mängel in der Fahrplangestaltung, der Verkehrssicherheit und im Komfort hinzu. Der zur Verfügung stehende Fuhrpark war nicht ausreichend, um das Fahrgastaufkommen zu bewältigen. Omnibusse, die für 73 Fahrgäste zugelassen waren, fuhren überfüllt mit 93 Passagieren an den Haltestellen vorbei. Zu Spitzenzeiten mussten oft bis zu 30 Personen, die am Hauptbahnhof in die Linie 24 einsteigen wollten, auf den nächsten Wagen warten. Zählungen ergaben, dass die Linie 5 in einer Stunde immerhin 2190 Fahrgäste beförderte.[104] Bis Ende der 1950er Jahre

---

100 Saarbrücker Landeszeitung vom 23. Juli 1958; Stadtarchiv Saarbrücken, Bestand V 30, Bericht der Wirtschaftsberatung GmbH zum Geschäftsjahr 1954, Anlage 7, Blatt 15.

101 Stadtarchiv Saarbrücken, Bestand V 30 Nr. 1237/49, Bericht vom 3. April 1952.

102 Ebd., Tätigkeitsbericht der Innenrevision bei der Gesellschaft für Straßenbahnen für den Zeitraum vom 1. April – 31. Dezember 1957, erstellt am 22. April 1958.

103 Ebd., Bestand V 30 Nr. 1237/49, Schreiben an das Rechnungsprüfungsamt vom 11. Juli 1955.

104 Saarbrücker Zeitung vom 9. Juni 1958, 24. Juli 1958 und 24. Januar 1959.

herrschte auch in den späten Abendstunden noch großer Andrang an den Haltestellen. Wenn beispielsweise am Wochenende in den Saarbrücker Kinos die Spätvorstellung endete, warteten in Höhe der »Kaffeebohne« zwischen 100 und 200 Personen, um mit der Straßenbahn nach Hause zu fahren.[105] Manche Fahrgäste waren so erbost über diese Zustände, dass sie sogar Strafanzeige wegen der überfüllten Omnibusse stellten.

Um die notwendigen Investitionen in den Fuhrpark zu finanzieren, waren deutliche Tariferhöhungen unumgänglich, zugleich waren diese ausgesprochen unpopulär. Im Herbst 1963 erfolgte eine Tariferhöhung mit Steigerungen von bis zu 84,2 Prozent. Diese gigantische Verteuerung der Fahrpreise sorgte für heftige Proteste. Insbesondere Schüler wehrten sich. Das Schülerparlament rief zum Boykott auf[106] und organisierte zahlreiche Protestmärsche.[107] Obwohl das Wirtschaftsministerium die Tariferhöhungen genehmigt hatte, meinte Ministerpräsident Dr. Röder: »Das Ganze ist eine schlechte Sache und ich kann es keinesfalls begrüßen, dass durch die Tariferhöhungen gerade wieder diejenigen betroffen werden, die auf die Nahverkehrsmittel dringend angewiesen sind«.[108] Die Erhöhung kam dennoch zum Tragen, jedoch mit Korrekturen bei den Schülertarifen. Sie trug im Jahr 1964 bereits zu einer Senkung des Defizits bei.[109]

Während in den 1950er Jahren steigende Fahrgastzahlen und überfüllte Busse und Bahnen bei eher zu niedrigen Fahrpreisen für Defizite sorgten, zeichnete sich ab 1959 ein deutlicher Rückgang der Fahrgastzahlen ab. Die Fahrzeuge waren zu Spitzenzeiten nicht mehr so überfüllt, die Fahrgäste konnten zunehmend komfortabel befördert werden, insbesondere nach der Beschaffung der Metrobusse.

Die Gesellschaft für Straßenbahnen im Saartal setzte nun auf die Einstellung des Betriebes der Straßenbahnen und O-Busse. Vom Systemwechsel auf den Diesel-Omnibus versprach sich die Straßenbahngesellschaft deutliche Einsparungen.

In der Hoffnung auf Einsparungen – das Ende von Straßenbahn und O-Bus

Bereits Mitte der 1950er Jahre ergaben interne Kostenanalysen für die Straßenbahn die höchsten Betriebskosten. Im Jahr 1954 beliefen sie sich auf 21,2 Franken pro Wagenkilometer, bei den Dieselomnibussen ergab sich ein Wert von 13,5 Franken, den niedrigsten Wert erzielten die O-Busse mit 12,5 Franken.[110]

Mit Blick auf die hohen Betriebskosten der Straßenbahn beschloss der Vorstand der Gesellschaft die Einstellung ihres Betriebs zum Oktober 1964.[111] Maßgeblich für diese Einschätzung waren jedoch nicht allein die hohen Instandhaltungskosten, sondern die Personalkosten. In Saarbrücken lag der Anteil der Kosten für Löhne und Gehälter auf einem sehr hohen Niveau. Im Jahr 1956 betrug er 65 Prozent der Gesamtkosten. In 18 zum Vergleich herangezogenen Städten lag er deutlich niedriger, bei der Münchener Straßenbahngesellschaft mit 46,9 Prozent am niedrigsten. Keine zum Vergleich herangezogene Gesellschaft lag

---

105 Erinnerung Herbert Weinland.
106 Saarbrücker Zeitung vom 19. November 1963.
107 Saarbrücker Zeitung vom 20./21. November 1963.
108 Saarbrücker Zeitung vom 6. November und 31. November 1963.
109 Saarbrücker Zeitung vom 3. September 1964.
110 Stadtarchiv Saarbrücken, Bestand V 30 Nr. 1237/49, Wirtschaftsberatungsgesellschaft Saarbrücken, Bericht über das Geschäftsjahr 1954, Anlage 7, Blatt 18.
111 Saarbrücker Zeitung vom 14. März 1964.

über dem Saarbrücker Wert. Nur die Gesellschaft der Stadt Herten bewegte sich auch deutlich über 60 Prozent. Der Systemwechsel auf einen reinen Busbetrieb versprach Personaleinsparungen. So war bereits mit Einführung der Chausson-Busse und vor allem der MAN Metrobusse der Einmann-Betrieb möglich geworden, während in der Straßenbahn weiterhin drei Mitarbeiter zum Einsatz kamen.[112] Der ursprünglich vorgesehene Termin zum Ende der Straßenbahn musste schließlich auf Mai 1965 verschoben werden, da die Ausbildung oder Umschulung der Busfahrer mehr Zeit in Anspruch nahm als erwartet.[113] Saarbrücken zählte im bundesdeutschen Vergleich zu den ersten Städten, die den Straßenbahnbetrieb aufgaben, andere folgten im weiteren Verlauf der 1960er und 1970er Jahre. In Neunkirchen lief die Straßenbahn übrigens bis 1978.
Im Geschäftsbericht für das Jahr 1966 hieß es: »Der Omnibusbetrieb ermöglicht den schnellen Einsatz der Fahrzeuge an allen erdenklichen Brennpunkten und außerdem die Eingliederung neuer Siedlungsgebiete in das Verkehrsnetz ohne großen Aufwand in die Linienerweiterungen und auch –verdichtungen in den neuen Wohngebieten Eschberg und Folsterhöhe (...).«[114]

Saarbrückens heißer Sommer 1969 – Fahrpreiserhöhungen als Anlass für wochenlange Demonstrationen bis tief in die Nacht[115]

Die heftigsten Demonstrationen gegen Fahrpreiserhöhung sollten im Juli 1969 stattfinden. Saarbrücken erlebte einen politisch heißen Sommer. Vom 13. Juni bis 5. Juli 1969 wurde fast täglich nicht nur bis weit in die Nacht, sondern bis in die frühen Morgenstunden demonstriert. Vor allem die politisch progressive Studentenschaft, organisiert im Sozialistischen Deutschen Studentenbund, dem Sozialistischen Hochschulbund und dem Republikanischen Club war Motor der Demonstrationen, unterstützt von den Jungdemokraten als eine der FDP nahe stehenden Jugendorganisation. Beteiligt waren aber auch die DKP, die Sozialistische Deutsche Arbeiterjugend und der Sozialistische Schülerbund, ebenso Gruppen, die nicht dem linken Lager zuzuordnen waren. Am 13. Juni starteten sie mit einer großen Flugblattaktion. Nach dem Vorbild von Hannover und Heidelberg initiierten die Protestgruppen die Aktion Roter Punkt. Autofahrer nahmen Fahrgäste des ÖPNV in ihrem Auto mit und signalisierten dies mit einem roten Punkt an ihrem Fahrzeug. Schwerpunkt der Demonstrationen bildete das Stadtzentrum, wobei die Bahnhofstraße als Hauptverkehrsachse mit ihren zahlreichen Haltestellen im Mittelpunkt stand. Der Alltag und der Verkehr wurden massiv beeinträchtigt. Demonstranten zogen von der Universität in die Innenstadt, von der Reichsstraße über die Bahnhofstraße zur Johanneskirche. Fast täglich wurden Omnibusse durch Demonstranten blockiert, einige Busse wurden mit Colaflaschen beworfen und vor allem wurde die Luft aus den Reifen gelassen. Teilweise wurden Busse am Betriebshof an der Ausfahrt gehindert. Blockade bedeutete »Sit-in«, das war das Wort der Zeit. Die Bereitschaft, vor allem der jungen Generation, sich an den Demonstrationen zu beteiligen, wuchs im Laufe der Aktionen von anfänglich 500 auf 3.000 Personen Ende Juni 1969.

112 Saarbrücker Zeitung vom 28. Juni 1963; Stadtarchiv Saarbrücken, Bestand V 30 Nr. 1237/49, Rechnungsprüfungsamt an Dezernat VI vom 17. Juli 1956 mit Anlage.
113 Saarbrücker Zeitung vom 1. Juni 1964; Stadtarchiv Saarbrücken, Bestand V 20 Nr. 34, Geschäftsbericht 1964, S. 5.
114 Ebd., Geschäftsbericht 1966, S.5.
115 Archiv der Saarbrücker Zeitung, Dokumentation zu den Demonstrationen vom 13. Juni 1969 bis 5. Juli 1969.

HOFFMANN
BLUM
großer Mist

illige Preise für Junge und Greise
sgleichzahlungen für Sozialtarife
Wir fordern
Mineralölste
re Straßenbahn da
ch Steuern teuer

Linke Seite: Stress für Busfahrer wie für Polizei – Demonstrationen gegen Fahrpreiserhöhungen 1969.
(LA SB, Fotos: Ferdi Hartung)

Auch wenn es sich um keine massiv gewalttätigen Demonstrationen handelte, so kam es zu dramatischen Situationen und zu fragwürdigen Polizeieinsätzen. Als ein Autofahrer beispielsweise am 3. Juli 1969 gegen drei Uhr morgens an der Kreuzung Bahnhofstraße/Viktoriastraße sein Auto als Waffe nutzen und die Blockade von Demonstranten auflösen wollte, wurde er von diesen erfolgreich daran gehindert. Die Demonstranten versuchten, ihn aus seinem Auto zu ziehen und den Wagen umzuwerfen, was Polizisten wiederum verhinderten.

»Dicke Luft in Saarbrücker Bussen« – Der ÖPNV in der Krise

Insgesamt sollte das Image des ÖPNV Ende der 1960er Jahre einen Tiefpunkt erreichen.

Fahrpreiserhöhungen blieben weiterhin schwere politische Belastungsproben. Wirtschaftlich nachvollziehbare Einsparungen über Straffungen der Fahrpläne zu Randzeiten sorgten für weitere massive Empörungswellen. Saarbrücken erlebte dies erneut im Sommer 1970, als die Taktabstände der Linien von 10 auf 15, von 20 auf 30 und 30 auf 60 Minuten verlängert wurden. Dazu kamen Proteste wegen überfüllter Busse und die Saarbrücker Zeitung titelte »Dicke Luft in Saarbrücker Bussen.«[116] Eine weitere Fahrpreiserhöhung um durchschnittlich

Freie Fahrt für den Individualverkehr. Mit dem Auto vor jedem Geschäft in der Bahnhofstraße vorfahren, 1962.
(StA SB, Nl M 4950/28)

15 Prozent im Frühjahr 1971 sorgte wiederum für heiße Diskussionen. FDP-Chef Werner Klumpp hielt diese sogar für rechtswidrig, da sie ohne Zustimmung des Aufsichtsrates der Gesellschaft für Straßenbahnen erfolgt war.[117] Letztendlich bestand kaum Aussicht, die Defizite langfristig zu senken.

Der Irrweg der autogerechten Stadt – Busse und Bahnen im Stau

Die Landeshauptstadt zählte zu den am stärksten motorisierten Städten Deutschlands nach dem Zweiten Weltkrieg. Das Saarbrücker Verkehrsaufkommen entsprach einer Stadt mit fast dreimal soviel Einwohnern. Die Zahl der

116 Saarbrücker Zeitung vom 28. August 1970, 24. September 1970 und 30. September 1970.
117 Saarbrücker Zeitung vom 2. März 1971, 13. Juli 1971 und 24./25. Juli 1971.

Gefangen im Stau Anfang der 1970er Jahre. MAN-Metrobus im Stau in der Mainzer Straße in Höhe Lessingstraße. (LA SB, Foto: Ferdi Hartung)

Kraftfahrzeuge hatte sich zwischen 1951 und 1961 um 196 Prozent erhöht.[118] Im Zuge dieser enorm wachsenden Motorisierung wurde das Verkehrsaufkommen in der Stadt immer dichter und so sollten neben den Autos auch die Busse der Saarbrücker Verkehrsbetriebe im Stau stecken bleiben.

Mit 140 Kraftfahrzeugen auf 1000 Einwohner besaß 1957 jeder siebte Saarbrücker ein Kraftfahrzeug, in der großen Industriestadt Essen beispielsweise nur jeder Vierzigste.[119]

Saarbrücken drohte immer mehr im Verkehr zu ersticken, eine Entwicklung, die zunächst eher hilflos zur Kenntnis genommen wurde.

Schon im Jahr 1955 hatte die Verkehrspolizei in Kooperation mit der Lokalredak-

---

118 Dieter Heinz, Die Problematik einer Stadtschnellstraße gezeigt am Beispiel der linken Saaruferstraße (B 406 und E 42) zwischen Bismarckbrücke und Wilhelm-Heinrich-Brücke, in: Saarbrücker Hefte 14/1961, S. 56 – 64; Allgemeine Entwicklung: Nils Beckmann, Käfer, Goggos, Heckflossen. Eine retrospektive Studie über die westdeutschen Automobilmärkte in den Jahren der beginnenden Massenmotorisierung, Vaihingen 2006, S. 93-95.

119 Saarbrücker Zeitung vom 27. Juni 1956 und 1. Juli 1956.

tion der Saarbrücker Zeitung einen Appell an die Saarbrücker gerichtet, mehr zu Fuß zu gehen und die öffentlichen Verkehrsmittel zu nutzen. Die Redakteure führten sogar Tests durch, auf welche Weise man am schnellsten sein Ziel erreichte. Dabei schnitt das Auto am schlechtesten ab, Krafträder und Fußgänger kamen am schnellsten an ihr Ziel.[120]

Kraftfahrzeuge pro Tausend Einwohner – Saarbrücken im Vergleich [121]
(Stand: 1. Juli 1959 und 1. Juli 1961)

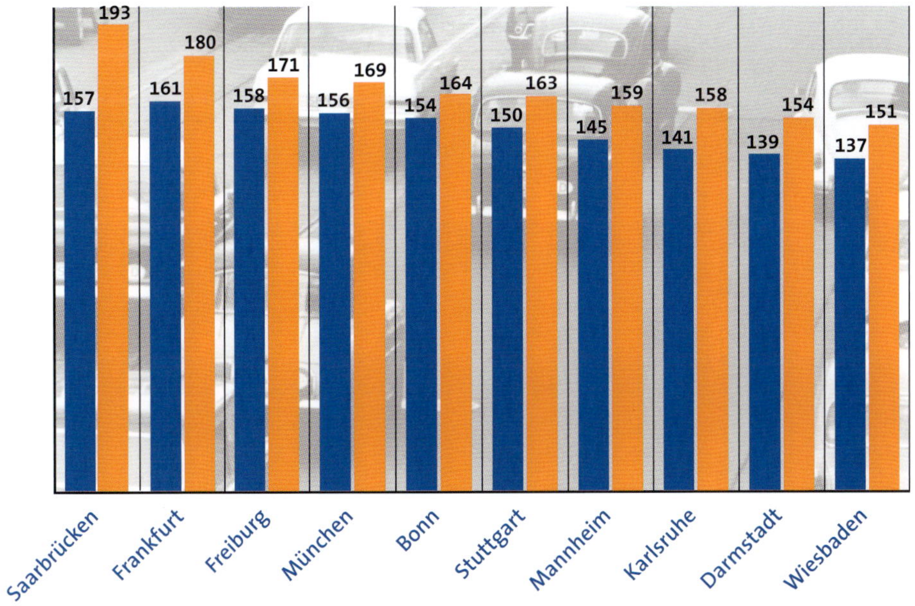

Entwicklung des Kraftfahrzeugbestandes in der Stadt Saarbrücken[122]

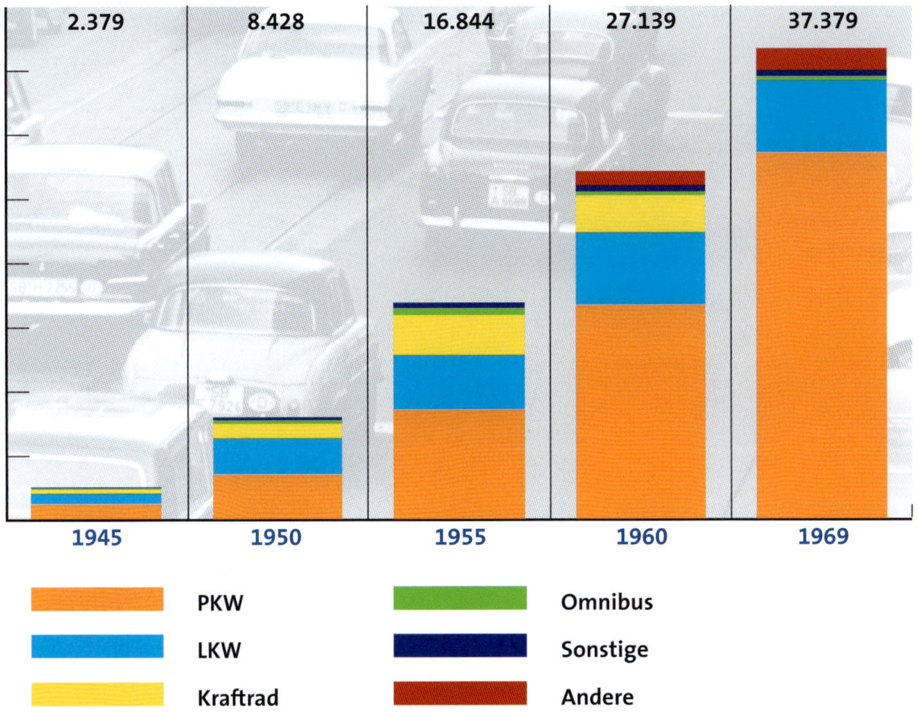

120 Saarbrücker Zeitung vom 24. August 1955.
121 Saarbrücker Zeitung vom 13. April 1961.
122 Saarbrücker Zeitung vom 2./3. April 1966.

Auch Busse kommen im Stau langsamer voran. »Chausson-Bus« in der Saarbrücker Bahnhofstraße, 1962.
(StA SB, Nl M 4950/29, Foto: Fritz Mittelstaedt)

Nach dem wirtschaftlichen Beitritt des Saarlandes zur Bundesrepublik stieg der Bestand an Fahrzeugen nochmals drastisch an, konnten die Saarländer nun endlich deutsche Autos kaufen. 1960 lag Saarbrücken in der Statistik der PKW-Zulassungen bundesweit auf Platz 1 mit 193 Kraftfahrzeugen pro Tausend Einwohner und damit deutlich vor Frankfurt mit 180 Fahrzeugen.[123] Der Individualverkehr sollte auch in den kommenden Jahren weiter stetig ansteigen.[124]
Selbst für kurze Wege und Fahrten in der Stadt benutzten nun immer mehr Saarbrücker und Bürger aus dem Umland das Auto. In den Verkehrsspitzenzeiten zwischen 7 und 8 Uhr sowie zwischen 16 und 17 Uhr im Stau zu stehen, war zwar nicht angenehm, aber Busse und Bahnen kamen auch nicht schneller voran. Das eigene Auto bot wesentlich mehr Komfort, einen Sitzplatz, man konnte Radio hören, bei Regen und Schnee saß man geschützt, und man musste nicht im Kalten auf Busse und Bahnen warten. Zudem symbolisierte das eigene Auto Erfolg und Wohlstand. Und um diesen zu zeigen, parkte manch ein Autofahrer ungeniert mitten auf dem Gehweg, in der zweiten Reihe, meist direkt vor seinem Ziel. Behinderungen anderer Verkehrsteilnehmer nahm man dabei billigend in Kauf.
Mitte der 1950er Jahre hatte diese Entwicklung kaum jemand erwartet, jetzt hatten die Straßenbahnen und Busse mit dieser Konkurrenz zu kämpfen. Dies war besonders schmerzlich, erschwerte diese Entwicklung doch die Senkung der ÖPNV-Defizite, um die sich die Saarbrücker Verkehrsbetriebe bemühten.

123 Paul Thomes, Theo, gebb Gas, Autoerfahrungen – Autobiographien- Automobilität. Zwischen Wirtschaftswunder und Ölkrise, ein Beitrag zur Alltagsgeschichte in der BRD, in: Richard van Dülmen und Edwin Dillmann (Hrsg.), Lebenserfahrungen, St. Ingbert 1996, S. 166ff.
124 Saarbrücker Zeitung vom 2./3. April 1966.

Verringerung der hohen Personalkosten

Bei der Senkung der Defizite spielten, wie bereits erwähnt, die Personalkosten eine bedeutende Rolle. Im Unterschied zu den Straßenbahnzügen ermöglichte der Omnibus den sogenannten Einmannbetrieb, dabei übernahm der Busfahrer neben der Personenbeförderung die klassischen Tätigkeiten des Schaffners. Die Umstellung auf den Einmannbetrieb vollzog sich in einem gleitenden Prozess ab September 1958. Abgeschlossen wurde sie zwei Jahre nach dem Systemwechsel auf den ausschließlichen Omnibusbetrieb im Jahr 1967. Für die Omnibusfahrer bedeutete dies eine erhebliche Mehrbelastung, denn alles sollte zügig gehen, um die Reisegeschwindigkeit zu halten. Die Fahrzeit für die Linie von der Wilhelm-Heinrich-Brücke nach Spiesen verlängerte sich nach der Umstellung auf Einmannbetrieb nur unwesentlich von 43 auf 46 Minuten. Der technische Fortschritt bei den Dieselmotoren machte es möglich, die Fahrzeiten im Wesentlichen zu halten. Die Motoren bewältigten nun auch Steigungen leichter, sie waren erheblich stärker ohne mehr zu verbrauchen. Die Busse ließen sich wesentlich leichter lenken und kuppeln. Gleichwohl erforderten beide Tätigkeiten jetzt von den Fahrern eine hohe Konzentration. Die Kunden wurden angehalten, vorne beim Fahrer einzusteigen und den Fahrpreis passend bereit zu halten.[125]
Im Bemühen, die Busfahrer von den Geldgeschäften im Fahrscheinverkauf zu entlasten, wurde am 10. November 1963 die Mehrfahrtenfahrkarte eingeführt. Sie konnte im Vorverkauf erworben werden, der Fahrgast profitierte von einer Preisermäßigung um 20 Prozent. Ende 1963 wurden bereits 57 Prozent der Betriebsleistung des Unternehmens im Einmannbetrieb erbracht.[126] Diese Entwicklung erklärt den deutlichen Personalabbau bei der Gesellschaft für Straßenbahnen im Saartal. Im Sommer 1967 zählte das Unternehmen nur noch 860 Beschäftigte, 1957 waren es noch 1.257.[127]
Der Einmannbetrieb veränderte auch das Berufsbild des Busfahrers. Reaktions-

Noch kein Einmannbetrieb. Schaffner beim Ein- und Ausstieg. Haltestelle Café KIWIT, Bahnhofstraße, Oktober 1965. (StA SB, Dep. SBN 2097, Foto: GSS)

125 Saarbrücker Zeitung vom 9. September 1967.
126 Stadtarchiv Saarbrücken, Bestand V 20 Nr. 34, Geschäftsbericht 1961, S. 4; Geschäftsbericht 1963, S. 4-6.
127 Saarbrücker Zeitung vom 9. September 1967.

schnelligkeit und fahrerisches Können allein reichten nicht mehr aus, ein kompetenter Umgang mit dem Fahrgast wurde jetzt erforderlich. Durch den Verkauf der Fahrkarten und deren Kontrolle wurde der Kontakt zwischen den Busfahrern und ihren 125.000 Fahrgästen enger und das erforderte veränderte Verhaltensweisen. Immer wieder fungierten Busfahrer als »Blitzableiter«. Kritik am Fahrplan, Unmut über die Fahrpreise oder an anderen, die Busse betreffenden Themen, äußerten die Fahrgäste nun gegenüber den Busfahrern. Der Respekt der Bevölkerung gegenüber den Fahrern hatte nachgelassen und oft war der Ton zwischen Fahrgast und Fahrer unangemessen. So führte die GSS seit Anfang der 1970er Jahre regelmäßig psychologische Schulungen für ihre Busfahrer durch. Persönliches Auftreten, Aussprache und Verhaltensmuster in Konfliktsituationen sollten geübt werden. Zu diesem Zeitpunkt waren 420 Busfahrer im Einsatz, der Fuhrpark zählte 220 Busse, von denen 195 täglich liefen. Karl Heinz Schneider erklärte die neuen Anforderungen gegenüber der Presse: »Wir müssen von unseren Mitarbeitern erwarten, dass sie als aufgeschlossene, denkende und handelnde Persönlichkeiten dem Kunden gegenüber auftreten.«[128]

Forderungen nach Zurückdrängung des Individualverkehrs

In ganz Europa befand sich in den 1960er Jahren der ÖPNV in der Krise. Die Betriebe arbeiteten defizitär – nicht allein in Saarbrücken. Wie in der Landeshauptstadt seit 1959 deutlich zu beobachten, sanken die Fahrgastzahlen, obwohl der Fuhrpark erneuert wurde und damit attraktiver war als je zuvor. Vor allem in den Städten zeichnete sich ein Verkehrsinfarkt ab. Die autogerechte Stadt erwies sich immer mehr als Irrweg. In Metropolen wie Paris war dieses Phänomen besonders drastisch, zwischen 1959 und 1964 war die Personenbeförderung in Metro und Bussen um 38 Prozent gesunken. Die Stadt Paris hatte im April 1969 einen Ausschuss zur Reorganisation des ÖPNV eingerichtet. Er forderte die Einschränkung des Individualverkehrs in der Stadt und die Bevorzugung des ÖPNV, eine deutliche Erhöhung der Tarife, generell die Abschaffung des kostenfreien Parkens sowie eine Sondersteuer für Betriebe im Großraum Paris. Sie sollte für Unternehmen mit mehr als zehn Angestellten gelten und die Einnahmen sollten dem ÖPNV zugute kommen.

Der saarländische Wirtschaftsminister Dr. Reinhard Koch (DPS/FDP) beauftragte im Herbst 1969 den Präsidenten des Hamburger Verkehrsverbundes Max Mroß, die Situation des ÖPNV im Saarland zu prüfen. Angesichts unzureichender Eigenmittel, sinkender Beförderungszahlen und wachsender Defizite trotz erhöhter Tarife setzte der Minister auf grundlegende strukturelle Veränderungen. Koch sah sich durch die Untersuchungen des Hamburger Spezialisten in seinen Überlegungen bestätigt. Der ÖPNV im Saarland sollte zusammenwachsen. Denkbar war die Bildung einer Verbundgesellschaft, mit dem Ziel die Gesellschaft für Straßenbahnen im Saartal, die Neunkircher Straßenbahn, die Kreisverkehrsbetriebe Saarlouis und die Völklinger Verkehrsbetriebe zu einer GmbH zusammenzuführen. Das Land sollte an diesem Unternehmen zu 40 Prozent

---

128 Saarbrücker Zeitung vom 31. Januar 1970. Zu dieser Zeit gab es drei Gruppen von Busfahrerdiensten. Eine Gruppe von 248 Fahrern war im Wechseldienst an allen Wochentagen tätig mit einem Ruhetag am sechsten Einsatztag. Eine zweite Gruppe von 118 Fahrern machte Dienst an allen Werktagen, die dritte Gruppe hatte eine Fünftagewoche. Ihre tägliche Arbeitszeit lag bei 8,6 Stunden, bei der zweiten Gruppe waren es 7,1 und bei der ersten Gruppe 7,3 Stunden. Die durchschnittliche Fahrtzeit pro Tag betrug 5,5 Stunden, der Rest entfiel auf Vorbereitung und Pausen, siehe dazu Saarbrücker Zeitung vom 17. Februar 1970.

Eröffnung des grenzüberschreitenden Linienverkehrs am 2. September 1974 am Grenzübergang Goldene Bremm. Die Linie 30 im Dienste einer gelebten europäischen Identität. (StA SB, Dep. SBN 2246, Foto: GSS)

beteiligt sein und die Saarbrücker Verkehrsbetriebe zu 30 Prozent. Damit verbunden war eine enorme Vereinheitlichungswelle über abgestimmte Fahrpläne, einheitliche Tarife, Fahrkarten und Fahrtausweise bis zu Haltestellen und Fuhrpark.[129] Koch konnte diese Umstrukturierung nicht durchsetzen.

Auch erste Ideen zur deutlichen Zurückdrängung des Individualverkehrs kamen von ihm. Der Verkehr müsse auf den ÖPNV verlagert werden. Dazu sollte etwa in den Innenstädten das Parkverbot ausgedehnt werden, um hier den Verkehr für den ÖPNV flüssiger zu machen. Dies betraf insbesondere engere Straßen. Ferner sprach sich der Minister für die Vorfahrt des ÖPNV beim Ein- und Ausfahren an den Haltstellen aus.[130]

Im Bemühen, den ÖPNV attraktiver zu gestalten, ließ sich die Gesellschaft für Straßenbahnen im Saartal einiges einfallen. Sie versuchte durch ein ganzes Bündel von Maßnahmen den Busverkehr deutlich aufzuwerten.

---

129 Stadtarchiv Saarbrücken, Bestand V 81 Nr. 19. Zur Ablehnung durch die Gewerkschaft ÖTV, siehe Saarbrücker Zeitung vom 14./15. März 1970.

130 Saarbrücker Zeitung vom 18. November 1967.

Ausbau des Netzes

Zu den Vorteilen des Omnibusbetriebes gehörte grundsätzlich, neue Stadtgebiete und wichtige Einrichtungen wie etwa Krankenhäuser an den ÖPNV anzuschließen. So wurde seit Mai 1967 das neu errichtete Krankenhaus auf dem Sonnenberg[131] und ab Mai 1968 das gerade eröffnete Winterbergkrankenhaus angefahren: Dieses moderne Klinikum löste das Bürgerhospital ab und seine Versorgungsfunktion reichte weit über die Landeshauptstadt hinaus.[132] Für das medizinische Personal und vor allem für die Besucher brachte die neue Linie 19 vom Hauptbahnhof zum Winterberg die notwendige Mobilität. Das Winterberg-Klinikum als Krone der Stadt war zu Fuß nur beschwerlich zu erreichen. In Spitzenzeiten hielten sich dort durchaus bis zu 5.000 Personen auf.[133] Seit Sommer 1967 bediente die Linie 12 die Siedlung Füllengarten.[134] Die Anbindung an das Neubaugebiet auf dem Eschberg, das im Wesentlichen in den Jahren 1963 bis 1966 fertig gestellt wurde, übernahmen die Linien 17 und 18. Sie liefen zuerst im Zehnminuten-Takt, ab den 1970er Jahren dann im 15-Minuten-Takt. Die Linie

Der ÖPNV – für Schüler und Studenten unverzichtbar – 1972 in einem MAN-Metrobus der Gesellschaft für Straßenbahnen im Saartal AG. (StA SB, Dep. SBN 2135, Foto: GSS)

131 Saarbrücker Zeitung vom 13./14. Mai 1967.
132 Saarbrücker Zeitung vom 30. Mai 1968.
133 Saarbrücker Zeitung vom 29. Mai 1968.
134 Saarbrücker Zeitung vom 2. August 1967.

10 erschloss im 20- und später im 30-Minuten-Takt den unteren Eschberg.[135] Im Zuge der kommunalen Gebietsreform zum 1. Januar 1974 sollte die Landeshauptstadt deutlich wachsen und im Mai 1974 wurde eine Reihe neuer Linien eröffnet. So fuhr die Linie 45 zum Scheidter Berg und die Linie 44 nach Dübingen. Außerdem installierte man ab 2. September 1974 eine grenzüberschreitende Verbindung von Saarbrücken nach Forbach. Diese Linie 30 war die erste ihrer Art in der Bundesrepublik. Allein bis 1994 sollten 2,5 Millionen Fahrgäste diese nutzen.[136]

Mehr Komfort durch Wartehallen, Zeitgewinne durch Mehrhaltebuchten und Funk

Um den Betriebsablauf in Spitzenzeiten besser zu gestalten, wurden 1965 an einigen Haltestellen sogenannte Mehrhaltebuchten errichtet, um eine zügigere Abfertigung zu fördern und unnötige Staus vor Haltestellen zu vermeiden.[137] Ab Sommer 1966 baute die Gesellschaft für Straßenbahnen im Saartal für ihre Fahrgäste an den Haltestellen überdachte Wartehallen, pro Haltestelle kalkulierte man 3.000,– bis 4.000,– DM.[138] Ende 1967 wurden an den Haltestellen Namensschilder angebracht. Dieser Schritt war überfällig, um vor allem Touristen und ortsfremden Besuchern die Orientierung zu erleichtern.[139]
Um direkte Informationen über Störungen im Betriebsablauf zu erhalten, Verzögerungen zu vermeiden oder sich rechtzeitig auf diese einzustellen zu können, beschloss der Aufsichtsrat der Gesellschaft für Straßenbahnen im Saartal, den Fuhrpark mit Funkgeräten auszustatten. Mit Blick auf Unfälle, Staus, Hochwasser oder Demonstrationen konnte flexibler reagiert werden.[140] Bereits im August 1970 wurde mit der Anschaffung begonnen, bis Dezember 1970 waren bereits 140 Fahrzeuge mit Funk ausgerüstet.[141] Im Alltag sollten diese Geräte helfen, Leben zu retten. Beginnende Brände wurden von Busfahrern ebenso gemeldet wie Verkehrsunfälle.

Erste Busspuren – Ein Schritt für die Vorfahrt des ÖPNV

Der ÖPNV konnte nur aus der Staufalle befreit werden, wenn ihm Sonderrechte zugestanden wurden. Wiesbaden war, wie erwähnt, die erste deutsche Stadt, die bereits 1930 ihren ÖPNV ausschließlich auf Busse umgestellt hatte. Die hessische Landeshauptstadt sollte auch die erste Stadt in der Bundesrepublik sein, die 1968 umfangreich Busspuren einführte. Dies war vor allem rechtlich eine mutige Entscheidung. Der ADAC klagte gegen die Ausweisung solcher Busspuren und gewann den Prozess. Trotzdem war 1970 auch Berlin dem Vorbild Wiesbadens gefolgt. Rechtlich auf der sicheren Seite waren die Kommunen jedoch erst nach einer entsprechenden Änderung der Straßenverkehrsordnung zum 1. März 1971. Im Ausland existierten übrigens bereits seit langem Busspuren, so seit 1940 in Chicago, seit 1959 in Stockholm und seit 1964 auch in Paris.[142] Saar-

---

135 Saarbrücker Zeitung vom 25. Mai 1967 und 2. August 1967. Hinweis von Markus Philipp.
136 Saarbrücker Zeitung vom 3. Mai 1974, 14. Mai 1974 und 3. September 1974 sowie 10./11. Dezember 1994.
137 Saarbrücker Zeitung vom 8./9. Mai 1965.
138 Saarbrücker Zeitung vom 27./28. August 1966.
139 Saarbrücker Zeitung vom 28. November 1967.
140 Stadtarchiv Saarbrücken, Bestand V 81 Nr. 19, Aufsichtsratsbeschluss vom 14. Oktober 1970.
141 Saarbrücker Zeitung vom 12. August 1970.
142 Stadtarchiv Saarbrücken, Bestand V 81 Nr. 19, Vermerk vom 3. Juli 1971; http://haltenraum.com/article/busfahrspur.

brücken folgte nun ebenfalls und richtete zehn Busspuren ein. Am 24. April 1974 wurden sie offiziell in Betrieb genommen. Sie verliefen auf 3,8 Kilometer Länge vom Ludwigsberg zum Halberg, in der Trierer Straße, der Bahnhofstraße und in der Mainzer Straße.[143]

Mehr Kundennähe – Park and Ride und spezielle Zielgruppenangebote

Die Autofahrer bildeten für die Gesellschaft für Straßenbahnen im Saartal eine wichtige und zugleich schwierige Zielgruppe. In den 1970er Jahren kämpften die Saarbrücker Verkehrsbetriebe mit einer ganzen Reihe von Maßnahmen darum, Autofahrer als Kunden zu gewinnen. Anstatt sich an verkaufsoffenen Samstagen beispielsweise durch die kilometerlangen Staus zu quälen, sollte ein Park-and-Ride-System die Weichen für ein stressfreies Einkaufen stellen. Zum Weihnachtsgeschäft 1977 starteten die Saarbrücker Verkehrsbetriebe mit diesem Angebot, das damals in der gesamten Bundesrepublik die Attraktivität des

Ein MAN-SL im Einsatz der Gesellschaft für Straßenbahnen im Saartal in der Bahnhofstraße, ca. 1976. (StA SB, VI Winkler, Fotograf: Klaus Winkler)

ÖPNV erhöhen sollte. Dabei zeigte sich, dass es Zeit brauchte, Gewohnheiten aufzubrechen, denn zunächst war die Resonanz enttäuschend.[144] Park and Ride sollte erst mit der Einführung der Saarbahn in Saarbrücken an Bedeutung gewinnen.[145]

Recht schnell erkannten die Saarbrücker hingegen die Attraktivität der sogenannten »Promille-Busse«. Wohl erstmals an Silvester 1977 boten die Saarbrücker Verkehrsbetriebe einen »Rund um die Uhr-Service« an – ein attraktives Angebot auch im Sinne der Verkehrssicherheit, denn Alkohol am Steuer wurde von den Gerichten nicht mehr als Kavaliersdelikt gesehen.[146]

Die Gesellschaft legte zudem in ihrem Außenauftritt Wert auf Kundennähe. Zu

---

143 Saarbrücker Zeitung vom 25. April 1974.
144 Saarbrücker Zeitung vom 14. Dezember 1977.
145 Hinweis von Markus Philipp.
146 Saarbrücker Zeitung vom 31. Dezember 1977.

Noch wirtschaftlicher als der MAN-Metrobus – sein Nachfolger der Standardlinienbus von MAN. Hier der 1972 beschaffte MAN 750 SL mit der Wagennummer 250. (StA SB, Dep. SBN 2355, Foto: GSS)

diesem Selbstverständnis passte es, Busse außergewöhnlich und bunt zu lackieren, und so fuhr beispielsweise ein in Pop-Art gestaltetes Fahrzeug durch die Straßen.[147]

Der Standardlinienbus – wirtschaftlicher Fahren mit dem MAN SL ab 1972

Nur mit komfortablen und wirtschaftlichen Fahrzeugen konnte der ÖPNV mehr Fahrgäste gewinnen und wirtschaftlich arbeiten. Der Vorstand der Gesellschaft für Straßenbahnen im Saartal beschloss 1969, den Fuhrpark in Etappen kontinuierlich zu erneuern. Dazu mussten pro Jahr 20 bis 30 neue Busse bestellt werden. Innerhalb von zehn Jahren hatten die MAN-Busse zwischen 500.000 und 600.000 Kilometer absolviert. Bilanztechnisch waren die Fahrzeuge nach sieben Jahren abgeschrieben, nach zehn Jahren stiegen die Reparaturkosten so stark an, dass ihr Betrieb unwirtschaftlich wurde.[148] Heute laufen die Fahrzeuge etwa 700.000 Kilometer.[149]

147 Saarbrücker Zeitung vom 1. November 1973.
148 Stadtarchiv Saarbrücken, Bestand V 81 Nr. 19, Vorlage zur Aufsichtsratssitzung vom 7. März 1975.
149 Auskunft von Holger Stahl, Saarbahn.

Einen Schlüssel zur Kosteneinsparung bot die Standardisierung der Busse im ÖPNV. Ein einheitlicher Bustyp eröffnete die Chance, die Kosten für Beschaffung und Unterhaltung (Ersatzteile, Werkzeuge) deutlich zu senken. In den 1960er Jahren begann der Verband Öffentlicher Verkehrsbetriebe ein Lastenheft für einen standardisierten Stadtbustyp zu erstellen.
Der bereits 1968 von MAN erstmals vorgestellte SL, der Standardlinienbus, hielt auch bei der Gesellschaft für Straßenbahnen im Saartal Einzug. Produziert wurde dieser bei den Stadtwerken Mönchengladbach erstmals eingesetzte neue MAN-Typ 750 HO-SL vermutlich ab 1970. Auch Daimler-Benz produzierte mit dem O 305 ebenso wie Büssing und Magirus SL-Modelle, die das Konzept des Standardlinienbusses umsetzten. Preislich gab es überschaubare Unterschiede, Ende 1970 kostete ein Magirus 78.000,– DM, ein Büssing 74.700,–, MAN und Mercedes-Benz bewegten sich bei 74.000,– DM. Dieses neue Modell des Standardlinienbusses markierte gegenüber dem Metro-Bus auch technisch einen Fortschritt. Das Ein- und Aussteigen war deutlich angenehmer, da die Trittstufen niedriger angesetzt waren.[150] Zwischen 1971 und 1972 wurden 62 Busse des Typs MAN SL bestellt. Der MAN SL war in zwei Varianten lieferbar, mit 160 PS oder 192 PS. Ab 1972 wurde nur noch die stärkere Variante hergestellt, der MAN SL 192. Im Dezember 1972 wurden 20 Exemplare dieses Typs an die Saarbrücker Verkehrsbetriebe ausgeliefert, ihre Inbetriebnahme unter der Wagennummer 262 bis 281 erfolgte Ende Januar 1973.[151]
Aus dem SL 192 wurde 1973 der SL 200, der zunächst parallel zum SL 192 im ehemaligen Büssing-Werk in Watenstedt bei Salzgitter gebaut wurde und 1975 den SL 192 ablöste. Er verfügte über 200 PS und sollte mit 5.500 Exemplaren zum erfolgreichsten MAN-Bus werden.
Der SL erwies sich im Alltag als noch zuverlässiger und robuster als der Metrobus. Außerdem war er rostbeständiger als sein Vorgänger. Zunächst kam der MAN SL mit der etwas kantigeren Frontpartie zum Einsatz, erst später in der optisch wesentlich gefälligeren Überlandvariante. Hier war die Frontscheibe abgerundet wie die gesamte Frontpartie.
Bis zum 31. Dezember 1972 liefen bereits 60 MAN SL Fahrzeuge bei der Gesellschaft für Straßenbahnen im Saartal, dazu zwei MAN SL als Vorortlinienbus. Noch bestimmte aber der Metrobus den Fuhrpark mit 140 Fahrzeugen, am 2. Januar 1972 waren es noch 160 Exemplare gewesen. Die Ablösung der Metrobusse war beschlossen, zum 31. März 1974 zählte der Fuhrpark bereits 80 MAN SL, zwei MAN Gelenkbusse und nur noch 135 alte Metrobusse.[152]
Leider nahm die Sachbeschädigung in den Bussen ab den 1970er Jahren deutlich zu. Pro Jahr mussten für die Ausbesserung von aufgeschlitzten Sitzen und anderem Vandalismus 50.000,– DM ausgegeben werden. Deshalb begann man ab 1978 damit, Kunststoffschalen mit einer Sitzauflage einzusetzen. Im Jahr zuvor hatte man in 15 Omnibussen diese neuen Sitze getestet, die mit ihrem Knallorange Farbe in die Busse brachten.[153]

---

150 Johannes Sebastian, Die Ära der Standardbusse (ohne Niederflur), in: Zwischen Kurbel und Lenkrad, S. 80.
151 Stadtarchiv Saarbrücken, Bestand D VII Nr. 49 und D VII Nr. 71.
152 Stadtarchiv Saarbrücken, Bestand D VII Nr. 71.
153 Saarbrücker Zeitung vom 25. Juli 1977.

Gelenkbusse fuhren auf den längeren Strecken vor allem zu Spitzenzeiten wesentlich wirtschaftlicher als Standardfahrzeuge, 1973. (StA SB, Dep. SBN 30, Foto: GSS)

Noch wirtschaftlicher Fahren mit dem Gelenkbus

Die Gelenkbusse stellten eine weitere Innovation dar, die die Wirtschaftlichkeit des ÖPNV zu erhöhen vermochte. Am 26. August 1971 nahm die Gesellschaft für Straßenbahnen im Saartal einen solchen Gelenkbus von MAN für vier Wochen in den Testbetrieb. Eingesetzt wurde das Fahrzeug auf den Sulzbachtallinien 36, 38 und 39 von Spiesen nach Klarenthal. Gegenüber einem Solobus mit Platz für 115 Fahrgäste konnte der 16,4 Meter lange MAN-Gelenkbus 170 Fahrgäste befördern. Getestet wurde insbesondere dessen Wintertauglichkeit, die sich als sehr gut erwies.[154] In anderen Städten setzte man schon lange Gelenkbusse ein, in Düsseldorf lief bereits 1961 der erste Bus dieser Art.[155]

Bei einer Tagesfahrleistung von 150 Kilometern lagen die Betriebskosten eines Gelenkbusses um knapp 20 Prozent über denen eines einfachen Standardlinienbusses, sein Platzangebot war aber um mindestens 50 Prozent höher. Insbesondere auf den gut ausgelasteten Strecken konnte der Gelenkbus einen großen Effizienzgewinn einfahren, bot er doch auch die Möglichkeit, den Fuhrpark zu verringern und Personal einzusparen. Weitere Vorteile bei der Fahrplangestaltung und der Wartung kamen hinzu. Durch die drei Türgruppen bestand zudem die Chance, den Haltestellenaufenthalt zu verkürzen.[156]

Im Herbst 1973 kamen die ersten Gelenkbusse vom Typ MAN SG 192 in den Saarbrücker Fuhrpark mit den Wagennummern 800 und 801.[157] Umfangreichere Beschaffungen von weiteren vier Gelenkbussen im Jahr 1974 und weiteren 14 Fahrzeugen bis Februar 1975 folgten. Ein MAN-Gelenkbus kostete damals etwas mehr als 210.000,– DM.[158] Bis 1977 wurden 30 MAN-Gelenkbusse beschafft.[159] Das Innenministerium förderte die Beschaffung dieser Fahrzeuge mit 750.000,– DM.[160] Die MAN Gelenkbusse waren mit einem Automatikgetriebe von ZF ausgestattet, Typ 3 HM 60. Schon seit der endgültigen und vollständigen Umstellung auf Einmannbetrieb im Jahr 1967 forderten die Belegschaftsvertreter im

154 Saarbrücker Zeitung vom 27. August 1971 und 10. Februar 1972.
155 Günter Kann, Der Busverkehr der Rheinbahn, in: Omnibusjahrbuch 2017, S. 57.
156 Stadtarchiv Saarbrücken, Bestand D VII Nr. 71, Auszug aus »Nahverkehrspraxis«, Nr. 1/1974.
157 100 bewegte Jahre. 1892–1992. Die Geschichte der Gesellschaft für Straßenbahnen im Saartal AG, bearb. von Karl August Schleiden u.a., Saarbrücken 1992, S. 77.
158 Stadtarchiv Saarbrücken, Bestand D VII Nr. 71.
159 Hinweis von Markus Philipp.
160 Stadtarchiv Saarbrücken, Bestand D VII Nr. 71, Vm. 2. Oktober 1973.

Aufsichtsrat, neue Busse mit Automatikgetriebe auszustatten. Diese Forderung unterstützte Oskar Lafontaine als Aufsichtsratsvorsitzender 1975 im Zuge der Einführung der Gelenkbusse für alle Fahrzeuge und verwies dabei auch auf wirtschaftliche Gründe. Die automatischen Getriebe der Gelenkbusse überzeugten im Alltag. Nach 75.000 Kilometern liefen die Automaten in den Gelenkbussen noch problemlos, während bei normalen Schaltgetrieben bei dieser Kilometerleistung ein Kupplungswechsel anstand. Sie verbrauchten auch nicht mehr Diesel als die Versionen mit Schaltgetriebe. So bestellte der Aufsichtsrat 1975 weitere 30 MAN Standardlinienbusse, nun mit Automatik.[161]
Bei der Frage, welcher Gelenkbustyp zum Einsatz kam, konkurrierte MAN mit Mercedes-Benz. Die Fahrzeuge mit dem Stern waren dabei deutlich teurer. Nur 1982 wurde ein Mercedes Bus vom Typ O 305 G in Betrieb genommen mit der Wagennummer 830.[162] Ende 1976 zählte der Fuhrpark der Gesellschaft für Straßenbahnen im Saartal 206 Busse, davon 20 Gelenkbusse. Am Freitag, den 12. November 1976, war der 300. MAN-Bus in Saarbrücken von Georg Heintze, Direktor bei MAN, übergeben worden. Zu diesem Zeitpunkt liefen insgesamt 600 MAN-Omnibusse im Saarland. MAN hatte sich seit Ende der 1950er Jahre zu einem anerkannten Hersteller von Linienbussen entwickelt mit einer Jahresproduktion von damals 2.500 Fahrzeugen.[163]

Entwicklung des Personalbestandes[164]

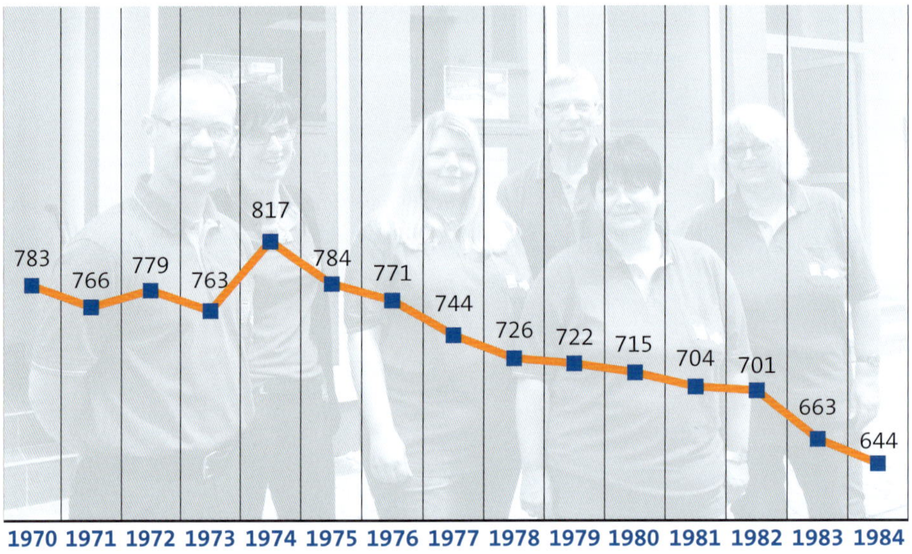

Personal wirtschaftlicher einsetzen

Grundsätzlich bilden die Personalausgaben, wie mehrfach erwähnt, den Löwenanteil bei den Ausgaben des ÖPNV. Durch die deutlichen Tariferhöhungen im Öffentlichen Dienst 1974 stiegen die Personalkosten kräftig, von 14,3 Millionen DM im Jahr 1968 auf 27,1 Millionen DM im Jahr 1974. Zudem musste wegen der Einführung der 40-Stunden-Woche zusätzliches Personal eingestellt werden.

161 Ebd., Bestand D VII Nr. 20, Protokoll GSS Aufsichtsratssitzung vom 2. Mai 1975.
162 Hinweis von Markus Philipp.
163 Saarbrücker Zeitung vom 13./14. November 1976.
164 Stadtarchiv Saarbrücken, Bestand V 80 Nr. 20, Protokoll der Aufsichtratsratssitzung vom 23. April 1975.

Die MAN-Busse bestimmten ab den 1960er-Jahren das Saarbrücker Stadtbild. Hier MAN-Busse in der Reichsstraße beim Hauptbahnhof. Die Aufnahme dürfte 1970/1971 entstanden sein. (StA SB, Dep. SBN 2115, Foto: GSS)

Tages- und Kaffeefahrten im Programm der Gesellschaft für Straßenbahnen im Saartal. Das Programm für 1975 bot folgende Ziele an: Bingen, Koblenz, Heidelberg, Straßburg, Luxemburg, Kell am See, Nunkirchen, Mettlach, Jägersburger Weiher und Bexbach. Ferner Stadtrundfahrten in der Landeshauptstadt. (StA SB, Dok 1111-7)

Ein weiterer Kostentreiber waren die gestiegenen Ölpreise.[165]
In der Folge bemühten sich die Saarbrücker Verkehrsbetriebe durch weitere Optimierung unter anderem des Dienstplans und der Einschränkung des Fahrangebotes in den weniger ausgelasteten Zeiten, den Betrieb mit weniger Personal ohne spürbare Leistungseinbußen zu organisieren. So konnten zwischen 1974 und 1984 fast 20 Prozent des Personals eingespart werden, indem freiwerdende Stellen nicht mehr besetzt wurden.[166]

165 Stadtarchiv Saarbrücken, Bestand V 20 Nr. 34, Geschäftsbericht 1974, S. 12; Stadtarchiv Saarbrücken, Bestand V 20 Nr. 20, Protokoll der GSS- Aufsichtsratssitzung vom 23. April 1975.
166 Stadtarchiv Saarbrücken, Bestand V 80 Nr. 20, WIBERA-Bericht, Anlage, Bl. 20.

Symbole der autogerechten Stadt. Die Wilhelm-Heinrich-Brücke mit der Stadtautobahn aus imposanter Luftperspektive, 1980er Jahre. (StA SB, VI Winkler, Foto: Klaus Winkler)

Politikwechsel – Der ÖPNV im Dienste einer aktiven Umweltpolitik und als Teil der Verkehrsplanung

Trotz der umfangreichen Bemühungen in den 1970er Jahren, den Öffentlichen Personennahverkehr und die Angebote der Gesellschaft für Straßenbahnen im Saartal AG attraktiver zu gestalten, gingen die Fahrgastzahlen weiter zurück. Die internen Sparpotentiale waren ausgeschöpft. Die Menschen nutzten lieber das Auto, Blechlawinen und Abgase beeinträchtigten die Anziehungskraft der Landeshauptstadt immer mehr. Nur über eine grundsätzliche kommunalpolitische Trendwende – weg von der autogerechten Stadt – schienen diese Probleme lösbar. Einen ersten Schritt war Saarbrücken 1973 mit der versuchsweisen Umwidmung der Bahnhofstraße zur Fußgängerzone gegangen. Vom 21. März bis 8. Juni 1973 wurde diese für acht Wochen für den Autoverkehr gesperrt und mit Blumenkübeln geschmückt, nur die Busse hatten freie Fahrt. Die Bevölkerung genoss geradezu euphorisch ihren »autofreien Frühling« ohne Gestank und Abgase in der beliebten Einkaufsmeile. Allerdings störte der rege Busverkehr das Fluniergefühl. Die SPD hätte das Projekt gerne weiter geführt, konnte sich jedoch im Stadtrat nicht durchsetzen. Saarbrücken orientierte sich weiter an der autogerechten Stadt und der Förderung des Individualverkehrs.[167]

167 Hans-Christian Herrmann, Stadtentwicklung im Zeichen der Massenmotorisierung, in: ders. und Ruth Bauer (Hrsg.), Saarbrücken in Fahrt, 125 Jahre Automobil an der Saar, Marpingen 2011, S. 179.

Die Bahnhofstraße als Fußgängerzone im Mai 1973 mit Durchfahrtserlaubnis für Linienbusse. (StA SB, VI GH, Foto: Gerhard Heisler)

Bewusstseinswandel – Grenzen des Verkehrs

Die Einstellung gegenüber dem Automobil sollte sich Ende der 1970er Jahre deutlich ändern. Die zweite Energiekrise 1979/80 sorgte bis in die 1980er Jahre hinein für extrem ansteigende Treibstoffkosten, die Autofahrer fühlten sich dabei nicht nur der OPEC, sondern zunehmend auch der Preistreiberei der Mineralölkonzerne ausgeliefert. Die Umweltbelastungen stiegen und die Zahl der Verkehrstoten bewegte sich weiterhin auf einem hohen Niveau. Anlässlich der Eröffnung der Internationalen Automobilausstellung IAA 1981 sollte Bundespräsident Carl Carstens (CDU) feststellen: »Es gehört nicht zur Freiheit, so schnell zu fahren wie man will«. Die Bundesrepublik war umgeben von Ländern mit Tempolimit. In den Städten beanspruchten die Autos immer größere Verkehrsflächen. Das Umweltbewusstsein stieg, die autokritischen Stimmen nahmen zu, was insbesondere auf die neugegründete Partei Die Grünen zurückzuführen war, die die Zurückdrängung des Individualverkehrs forderte. Seit Beginn der 1980er Jahre wurden in der gesamten Bundesrepublik die bisherigen Generalverkehrspläne kritisch hinterfragt. Der damalige Bundesverkehrsminister Volker Hauff (SPD) setzte wie zahlreiche Kommunen Nordrhein-Westfalens auf eine Verkehrsberuhigung mit Vorrang für Fußgänger, Straßenrückbau und Tempo 30-Zonen bei gleichzeitiger Förderung des ÖPNV.[168]

Der Generalverkehrsplan der Stadt Saarbrücken aus dem Jahr 1978 sah den Bau der West- und Nordtangente vor. Beide Verbindungen wurden von vielen als Lösung für die Verkehrsprobleme der Landeshauptstadt gesehen und neben dem

168 ARD-Brennpunkt vom 17. September 1981.

Auch 1980 im Angebot der Saarbrücker Verkehrsgesellschaft: Ausflugfahrten u. a. in die Pfalz und den Odenwald sowie nach Baden Baden. (StA SB, Dok 1111-11)

ADAC hofften CDU und FDP auf ihre rasche Realisierung. In der Saarbrücker Öffentlichkeit übte neben der Partei Die Grünen das Saarbrücker Bürgerforum Kritik an der autogerechten Stadt. In dem neuen Generalverkehrsplan allein sah es keine Lösung. Man forderte, dass der Verkehr sich den Zielen der Stadtentwicklung unterordne. Eine Zunahme des Verkehrs in der Innenstadt könne nicht unbegrenzt erfolgen. Man befürchtete einen Anstieg des PKW-Bestandes um 5.000 Fahrzeuge. Immer mehr Stimmen forderten, dem Automobil Grenzen zu setzen.

Der neue Weg – Verkehrspolitik als Entwicklungsplanung

Die Saarbrücker SPD setzte diese Stimmung um und entwickelte sie zu einem Markenzeichen ihrer Kommunalpolitik - insbesondere in der Ära von Oberbürgermeister Hans-Jürgen Koebnick. Verkehrspolitik sollte zukünftig die einzelnen Verkehrsarten berücksichtigen, Stadtentwicklung und Verkehr aufeinander abstimmen, so ein Positionspapier der SPD aus dem Jahr 1984. Leitziele waren: die Bedingungen des ÖPNV verbessern, den Individualverkehr in ein Gesamtkonzept einbetten, den ruhenden Verkehr ordnen, Fuß- und Radwegenetz ausbauen, Wohnbereiche beruhigen, innerstädtische Umweltbedingungen verbessern und Straßenquerschnitte zugunsten bisher benachteiligter Nutzergruppen (Fußgänger, Radfahrer, ÖPNV) umverteilen. Diese Ideen fanden Aufnahme in das Kommunalpolitische Programm der SPD Saarbrücken 1984–1989. In einem Zeitraum von fast zehn Jahren begann ein Prozess der Revitalisierung der Innenstadt mit verkehrsberuhigten Zonen, einem umfassenden Parkkonzept mit kostenpflichtigen Kurzzeitparkplätzen und dem verstärkten Abführen des fließenden Verkehrs in die Randbereiche. Diese Politik war nicht unumstritten. Zugleich mussten mit dem ÖPNV alternative Verkehrsangebote entwickelt werden.[169]

Auch das Waldsterben Anfang der 1980er Jahre zwang die Politik zum Handeln – der Dreiwegekatalysator mit Lambdasonde wurde in der Folge bei PKW zur Pflicht. Der Schutz der Umwelt entwickelte sich in den 1980er Jahren auch zum Markenzeichen der Saarbrücker Stadtwerke. Am 2. April 1984 eröffneten diese die erste Zapfsäule für bleifreies Benzin – ein Meilenstein. Saarbrücken war Vorreiter in der Förderung dieses umweltfreundlicheren Kraftstoffs, eine Grundvoraussetzung für den Durchbruch des Dreiwegekatalysators. Bei der Gesellschaft für Straßenbahnen im Saartal ging Ende Januar 1986 eine umweltfreundliche Waschstraße für den Omnibusfuhrpark in Betrieb. Sie nutzte Regenwasser und arbeitete mit einer Wasserrückgewinnung.[170] Eine Vielzahl weiterer Maßnahmen steht für diese starke Orientierung des ÖPNV am Umweltschutz. Dazu gehörte unter anderem, Fahrradfahrern die Benutzung des ÖPNV zu erleichtern und ihnen entsprechende Abstellmöglichkeiten für ihre Räder in Bussen anzubieten.[171]

---

169 Stadtarchiv Saarbrücken, Pressereferentin des OB, Berichte Stadtentwicklung, Stadtforschung, Statistik 10. September 1984.
170 Saarbrücker Zeitung vom 21. Januar 1986.
171 Schleiden, 100 bewegte Jahre, S. 81.

MAN-Gelenkbus mit Möglichkeit zum Fahrradtransport, 1985. Hier Wagen 818, ein MAN SG 192 in neuer blau-weißer Lackierung der Saartal-Linien. (StA SB, Dep. SBN 558, Foto: GSS)

Marketing und PR-Offensive – Die Saartal-Linien: umweltbewusst und serviceorientiert

In den 1980er Jahren verfestigten sich die Probleme des ÖPNV. Die Stahlkrise hatte das Saarland 1977 erschüttert. Auch dies trug zu sinkenden Fahrgastzahlen bei. Zugleich war der Trend zur Individualmotorisierung ungebrochen. Andererseits eröffnete das rasant gewachsene Umweltbewusstsein Chancen für den ÖPNV.

Der ÖPNV musste neue Wege finden, um Kunden zurück zu gewinnen. Marketing sowie Presse- und Öffentlichkeitsarbeit bildeten dabei Arbeitsschwerpunkte, sie gewannen einen noch nie dagewesenen Stellenwert im Unternehmen. So organisierten die Saarbrücker Verkehrsbetriebe unter anderem 1980 einen Tag der offenen Tür. Begeistert bewunderte das überaus zahlreiche Publikum eine von Verkehrsmeister Horst Völkel zusammengestellte Präsentation mit selbst gebauten Straßenbahnmodellen – beeindruckendes Ergebnis einer über 20-jährigen Arbeit.

Im Rahmen der PR- und Marketingoffensive trat man nun öffentlich nicht mehr mit dem sperrigen Namen »Gesellschaft für Straßenbahnen im Saartal AG« aus dem Jahr 1892 auf, sondern wählte einen gefälligeren Namen und nannte sich ab Herbst 1982 Saartal-Linien. Die Saartal-Linien traten als serviceorientierter Dienstleister auf, der sich für die Wünsche seiner Fahrgäste interessierte. Man führte eine große Kundenbefragung durch, die als Grundlage für die Reformen diente.[172] Wichtige Schritte zur Erhöhung der Attraktivität bildeten die Neugestaltungen der Tarife und des Liniennetzes unter der Regie des damaligen Vorstands Norbert Walter. Zur Einführung 1986 verpackte man die Neuerungen marketingorientiert passend zur Jahreszeit als Osterei: so gab es die Saartal-Linien-Schnupper-Karte für freie Fahrt von Karfreitag bis Ostermontag. Am 1. April 1986 traten die neuen Tarife mit den vereinfachten Zonen »Stadt« , »Umland« und »Netz« in Kraft. Kernstück war die Umwelt-Zeitkarte, eine Flächenkarte für einen Monat, die beispielsweise für den Bereich »Stadt« 48 DM kostete – konzipiert nach dem Vorbild der Freiburger Umweltkarte. Flankiert wurden diese

172 Ebd., S. 81.

Nur mit modernen Bussen kann der ÖPNV punkten. Hier ein Blick in den Fuhrpark der 1990er-Jahre mit Renault-Bussen. (Foto: Werner Wunderlich)

Angebote durch Karten für bestimmte Zielgruppen zum Einkaufs- und Freizeitverkehr, wie die »Mondschein-Angebote«. Auch das Design der Karten präsentierte sich modern.

Am 1. Mai 1988 folgte die Neugestaltung des Liniennetzes. Sie bedeutete eine kleine Revolution, da sich die Grundstrukturen des bestehenden Netzes immer noch an den Zeiten der Straßenbahn orientierten. Seit der Stilllegung der Straßenbahn waren über 20 Jahre vergangen und räumliche Entwicklung und Mobilitätsbedürfnisse hatten sich verändert.

Mit einer Liniensystematik mit ausschließlich zweistelligen Liniennummern und Farben zur Orientierung änderte sich zudem das gesamte öffentliche Erscheinungsbild. So waren jetzt beispielsweise die roten Linien 10-19 solche, die den Südwesten der Stadt - Klarenthal und Burbach - mit dem Nordosten - Sulzbachtal, Scheidt, Eschberg - verbanden. Das neue Fahrplanbuch wurde zunächst durch handlichere Quartiersfahrpläne ergänzt, später kamen Fahrpläne einzelner Linien hinzu. Außerdem wurden neue und übersichtlichere Haltestellenschilder der Firma Mabeg eingesetzt, die die alten »Fahnen« ersetzten und bis heute existieren. Die Menschen mussten sich erst an diese Neuerungen gewöhnen und so gab es anfangs viel Kritik. Der Konzern griff diese auf und am 1. November 1988 trat ein korrigierter Fahrplan in Kraft. Die Früchte des Marketings der 1980er Jahre konnten 1989 gefeiert werden. Seit Jahren überschritt man erstmals wieder die Marke von 30 Millionen Fahrgästen, was wiederum zum Thema eines »Dankeschön-Marketings« genutzt wurde.[173]

Das neue Konzept war erfolgreich und sollte in Teilen noch lange nach Einführung der Saarbahn Bestand haben. Am 1. November 2006 wagte man sich an eine erneute Reform des Netzes und Fahrplans, die wiederum nach Protesten am 1. Mai 2007 korrigiert werden musste. Es zeigte sich, dass die Öffentlichkeit die Veränderungen begleitete und die Kunden ihre Meinung artikulierten.

---

173 Erläuterungen von Markus Philipp; ferner Saarbrücker Zeitung vom 26. November 1985, 4. April 1986, 1. Mai 1986, 7. März 1986 und 24. Februar 1987.

Ausbau der Busspuren und erste Ansätze zur computergesteuerten Verkehrsleitung

Um mehr Menschen zum Umstieg auf den ÖPNV zu bewegen, setzte Saarbrücken auf einen umfangreichen Ausbau der Busspuren. Busse sollten ihr Ziel schneller erreichen als das Auto. Ab 1985 wurden für den Ausbau von zehn Kilometern Busspuren in der Innenstadt zehn Millionen DM bereitgestellt. Verbunden war dieses Konzept mit den sogenannten Pförtneranlagen, die den Bussen durch entsprechende Ampelregelungen ein schnelles Wechseln von der Busspur in die reguläre Fahrspur ermöglichten. Das Konzept, dessen Einführung nicht ohne Kritik blieb, nannte sich »Busbeschleunigungsprogramm«.[174] Ein weiteres Instrument, die Reisegeschwindigkeit des ÖPNV zu erhöhen und Verspätungen zu vermeiden, war der Einsatz einer computergesteuerten Verkehrslenkung. Im Frühjahr 1992 startete die neue Saartal-Betriebszentrale.[175]

Umweltfreundliche Busse mit asbestfreien Bremsbelägen, Rußfiltern und alternativen Kraftstoffen

Anfang der 1980er Jahre erkannte man die gesundheitsschädliche Wirkung von Asbest, der vor allem im Baubereich zu Belastungen der Arbeiter führte. Der giftige Stoff konnte aber ebenso durch den Straßenverkehr in die Atemwege gelangen, da Asbest in den Bremsbelägen von Automobilen aller Art enthalten war. Der schwedische Automobilhersteller Saab soll als erster Produzent bereits seit 1980 asbestfreie Beläge verbaut haben. Einen Ersatzstoff für Asbest zu finden, sollte sich als schwierig erweisen. Ab 1984 gelang es, asbestfreie Bremsen zu produzieren, die in ihren Eigenschaften uneingeschränkt überzeugten.[176] Die USA verboten ab 1985 asbesthaltige Bremsbeläge – Europa folgte mit deutlichem Abstand erst 1990. Zur Profilierung des ÖPNV und als aktiver und nachhaltiger Beitrag zum Umweltschutz bot es sich an, eine Vorreiterrolle im Einsatz von Ersatzstoffen zu übernehmen und diese neuen Bremsbeläge in den Busflotten zu verbauen. Schon ab Januar 1985 startete in Saarbrücken ein Modellversuch. Die Saartal-Linien testeten in Kooperation mit dem Bremsbelaghersteller

MAN SL 200, Baujahr 1986. (StA SB, Dep. SBN 25, Foto: GSS)

174 Saarbrücker Zeitung vom 8. November 1985 und 7. März 1986.
175 Saarbrücker Zeitung vom 31. März 1992.
176 http://www.motor-talk.de/forum/bremsbelaege-welche-t1772722.html?page=1.

Kurzfristig französische Busse im Fuhrpark: Renault PR 180.2 aus dem Jahr 1989. (StA SB, Dep. SBN 23, Foto: GSS)

Ein MAN SG 292, Baujahr 1987, am Dudweiler Dudoplatz. (StA SB, Dep. SBN 24, Foto: GSS)

Textar asbestfreie Bremsbeläge. Diese kamen in den Wagen des Typs MAN SL 200 mit den Nummern 872, 874, 877 und 881 zum Einsatz.[177]

Mit Rapsöl und Filter gegen den Dieselruß

Kurze Zeit später nahm sich die Gesellschaft des Themas Lärmemission an. Die Dieselmotoren jener Zeit waren recht laut. Im Januar 1986 begannen die Saartal-Linien daher mit der Motorkapslung. Zunächst wurden 30 der insgesamt 184 Fahrzeuge mit einer solchen, die Lärmemission deutlich reduzierenden Kapselung ausgestattet. Pro Fahrzeug kostete diese Maßnahme 2.630,– DM.

Auch mit Blick auf den Dieselruß engagierte man sich in Saarbrücken gleich mehrfach: Im Jahr 1991 begannen die Saartal-Linien mit Modellversuchen zum Einsatz von Rapsöl. Kooperationspartner war die Universität Kaiserslautern. Im Gelenkbus mit der Wagennummer 108 versorgten Tanks mit 320 Liter Rapsöl den Dieselmotor. Auf die Emissionen wirkte sich dies nachhaltig positiv aus, waren sie doch frei von Schwefel, erzeugten 60 Prozent weniger Ruß und 20 Prozent weniger gasförmige Stoffe wie Kohlenmonoxid. Nachteil einer kompletten Umstellung aller Diesel auf Raps war der damit weltweit unvermeidbare Land-

177 Hinweis von Markus Philipp.

Der MAN SL 202, Nr. 939 war bis 2004 im Einsatz. Hier steht er kurz nach Inbetriebnahme 1987 an der Haltestelle Malstatter Markt. (StA SB, Dep. SBN 556, Foto: GSS)

schaftsverlust und die damit verbundene Belastung im Kontext gigantischer Monokulturen.[178] Zum anderen hatten die Saartal-Linien schon 1990 in Kooperation mit der Universität Kaiserslautern mit der Nachrüstung von Dieselrußpartikelfiltern begonnen.[179]

Saarbrücken als Vorreiter bei den Erdgasbussen

Vor allem Vorstand Willy Leonhardt stand für die Profilierung des Saarbrücker ÖPNV als Säule eines nachhaltigen Umweltschutzes. Leiser als der Dieselmotor und nahezu geruchsfrei war der alternative Erdgasantrieb.

Im Jahr 1994 kamen die ersten 14 Erdgasbusse nach Saarbrücken. Um diese zu betanken, verfügten die Stadtwerke über eine der ersten Erdgastankstellen, die bis 1999 zur größten Europas ausgebaut wurde. Saarbrücken war Pionier bei der Einführung von Erdgasbussen und die engagierteste deutsche Kommune beim Einsatz von Erdgas als alternativem Kraftstoff. Die Umweltbilanz der Erdgasbusse markierte einen Quantensprung: 80 Prozent weniger Kohlenwasserstoffe, 70 Prozent weniger Kohlenmonoxide und 93 Prozent weniger Stickoxide im Abgas.[180]

Seit Juli 1996 war die Saarbrücker Erdgastankstelle öffentlich für alle Bürger zugänglich. Damit unterstützten die Saarbrücker Stadtwerke wie die anderer Städte den umweltfreundlicheren Erdgas-PKW. Bis Juli 2011 rüsteten die Saartal-Linien im Rahmen der Buserneuerung 75 Prozent ihres Fuhrparks auf Erdgas um. Damit erfüllten die Saarbrücker bereits die erst 2008 in Kraft getretene EURO 5 Abgasnorm. Die Saarbrücker Gesellschaft verfügte über die größte Erdgasflotte Deutschlands mit zeitweise über 80 Erdgasbussen.

Während 1994 etwa 500 t/a Abgas-Schadstoffe von den Bussen der Saartal-Linien emittiert wurden, waren es 2001 nur noch 250 t/a. Das saarländische Umweltministerium förderte die Umstellung der Flotte finanziell. Durch die Weiterentwicklung der Einspritzanlagen und der Partikelfilter konnte der Dieselmotor jedoch seine marktführende Stellung behaupten. Seine Motoreigenschaften waren denen der Erdgasfahrzeuge in Verbrauch, Fahrleistung und Zuverlässigkeit überlegen, und zugleich vermochte er strengste Abgasnor-

---

178 Saarbrücker Zeitung vom 25. April 1991.
179 Saarbrücker Zeitung vom 14. März 1990.
180 Saarbrücker Zeitung vom 27. September 1994 und 27. April 1995, Pressemitteilung vom 26. April 1999.

März 1992: Die ersten acht MAN-Niederflurbusse kommen zum Einsatz. Bürgermeisterin Margit Conrad beim Einsteigen. Von rechts: Norbert Walter, Manfred Wagner, Reinhold Kopp und Michael Buckler. (LA SB, Foto: Julius C. Schmidt)

men zu erfüllen. Dabei muss man wissen, dass der Prüfzyklus für LKW und Nutzfahrzeuge deutlich strenger abläuft als der bei Diesel-PKW.

Schon bei niedriger Drehzahl bot der Diesel im Unterschied zum Erdgasfahrzeug ein starkes Drehmoment, was besonders wichtig beim Anfahren im Stadtverkehr und auf Steigungsstrecken ist. Die Erdgasfahrzeuge liefen bergauf deutlich schwerfälliger und langsamer als Dieselbusse.

Erdgasbusse waren nicht allein in der Neuanschaffung deutlich teurer als Dieselfahrzeuge, auch im Alltag entwickelten sie unerwartete Probleme, die ihre Wirtschaftlichkeit in Frage stellten. Schäden an Motoren und Getriebe, die thermisch stark belastet waren, trübten die Bilanz in Hinblick auf Zuverlässigkeit und Robustheit. Ersatzteile waren teuer und hatten relativ lange Lieferzeiten. Die Tanks mussten auf dem Dach angebracht werden, was erhebliche Nachteile in Bezug auf die Karosseriestabilität und das Fahrverhalten mit sich brachte. Vor allem aber der Brand zweier Erdgasbusse im Saarbrücker Betriebshof am 12. Mai 2003 dämpfte die Erdgaseuphorie nachhaltig.[181] Seit 2006 wurden wieder Dieselbusse beschafft.

Mercedes-Busse sind im Sommer 2006 erstmals nach dem Zweiten Weltkrieg wieder beschafft worden: 18 Solobusse vom Typ Mercedes Citaro.[182] Im Jubiläumsjahr 2017 stehen 128 Busse im Fuhrpark, davon 43 Gelenk- und 85 Solobusse. Insgesamt sind 30 Erdgasbusse im Einsatz: 14 Mercedes-Gelenkbusse, zehn MAN Gelenkbusse und sechs MAN Solobusse.

181 Roland Demke, Brände von Erdgasbussen, in: Brandschutz. Deutsche Feuerwehrzeitung 12/2003, S. 893 ff.

182 Hinweis von Markus Philipp.

Mehr Komfort durch Niederflurbusse

Die Öffentlichkeit erwartet von den Fahrzeugen des ÖPNV einen gewissen Komfort. Zahlreiche ältere Menschen und Menschen mit Behinderung nutzen die Angebote des ÖPNV. Für sie ist ein barrierefreier Einstieg besonders wichtig, ebenso für Kinder und Eltern mit Kinderwagen. Erste Fortschritte ermöglichten hier die Niederflurbusse. Per Knopfdruck konnte der Fahrer die dem Bürgersteig zugewandte Seite des Busses um acht Zentimeter Richtung Bordsteinkante senken. Diese Fähigkeit bezeichnet man als »Kneeling«. Bei dieser Technologie mussten alle Aggregate und Verbindungsstränge unter dem Wagenboden angeordnet werden.[183]

Vor allem Die Grünen im Saarbrücker Stadtrat favorisierten die Einführung dieser Fahrzeuge.[184] Ende Februar 1992 kamen die ersten Niederflurbusse in Saarbrücken zum Einsatz, zunächst acht MAN-Busse des Typs NL 202. Bis Ende 1993 sollten 28 MAN-Niederflurbusse den Fuhrpark verstärken. Zum modernen Erscheinungsbild dieser Fahrzeuge zählte auch ihre Fahrtzielangabe in Matrix-Schrift.[185] Heute besteht der Fuhrpark zu 100 Prozent aus Niederflurbussen.

Mehr Sicherheit für Fahrer und Fahrgäste[186]

Die Elektronik hat den Automobilbau in den letzten 20 Jahren nachhaltig verändert, Fahrzeuge umweltfreundlicher und sicherer gemacht. Dies gilt insbesondere für Nutzfahrzeuge. Im Februar 1986 wurden die ersten Busse mit Antiblockiersystem ABS angeschafft, so der Gelenkbus MAN SG 240 H. Heute gehört ABS zum Standard ebenso wie Antischlupfregelung ASR. Die Elektronik spielt zudem bei der Motor- und Getriebesteuerung eine bedeutende Rolle zur Verbrauchs- und Schadstoffsenkung. Die Euro VI-Triebwerke verfügen über ein ausgeklügeltes Abgasnachbehandlungssystem mit Partikelfilter, Adblue-Zusatz und Abgasrückführung – ein System, das ansonsten nur in der Formel 1 zur Anwendung kommt. Dabei wird beim Bremsen Energie gespeichert, die dann beim Beschleunigen wieder zur Verfügung steht. Darüber hinaus erleichtert die Elektronik die Klimatisierung und das Einstellen diverser Teile vom Außenspiegel bis zur Linienanzeige.

Die Fahrersitze sind heute hochmodern mit Luftfederung und Heizung ausgestattet. Standard ist gleichfalls das Automatikgetriebe, 114 Fahrzeuge verfügen dabei über eine ZF-Automatik und 14 über einen Voith-Automaten.

Busse und Bahnen als Klimaschützer

»Der Bus ist unverzichtbar, wenn es darum geht, Klimaziele im Verkehrssektor zu erreichen«, so Andreas Winter, seit 2014 Geschäftsführer der Saarbahn GmbH, wie das Unternehmen seit 2002 heißt. Auf dem 4. Deutschland-Tag des Nahverkehrs 2016 forderten die verschiedenen Verkehrsunternehmen und -verbände, darunter die Saarbahn GmbH, den Bund und die Länder auf, sich angesichts der drohenden Klimakatastrophe stärker für den ÖPNV zu engagieren. Im Mittelpunkt des Aktionstages stand der Bus »als tragende Säule der Mobilität und da-

183 Saarbrücker Zeitung vom 4. August 1990.
184 Saarbrücker Zeitung vom 25. April 1990.
185 Saarbrücker Zeitung vom 4. März 1992.
186 Auskunft von Holger Stahl, Saarbahn.

rüber hinaus als unverzichtbares Instrument für den Klimaschutz«.[187] Die Bundesregierung habe sich in puncto Umweltschutz hohe Ziele gesetzt, bis 2020 sollen die Treibhausgasemissionen um 40 Prozent und bis 2050 um 95 Prozent reduziert werden. Wolle man dies erreichen, sei ein Umdenken im Verkehrssektor dringend erforderlich. Aus Klima- und Umweltschutzgründen führe somit kein Weg am Ausbau des Bus- und Bahnangebotes des ÖPNV vorbei.

Der Bus leistet einen wesentlichen Beitrag auf dem Weg zu einer ausgeglichenen Klimabilanz. Dies zeigt der Vergleich einzelner Verkehrsträger im Personenverkehr, den das Umweltbundesamt vorgelegt hat. Während ein Pkw mit einer zugrunde gelegten Auslastung von 1,5 Personen 142 Gramm an Treibhausgasen pro Personenkilometer ausstößt, fallen beim Linienbus mit einer Auslastung von 21 Prozent lediglich 76 Gramm an. Daraus ergibt sich eine Differenz von 66 Gramm Treibhausgasen pro Personenkilometer. Würden die rund 28 Milliarden Personenkilometer, die laut dem Verband Deutscher Verkehrsunternehmen (VDV) jährlich mit dem Bus gefahren werden, mit dem Pkw zurückgelegt, würde das 1,85 Millionen Tonnen Treibhausgase mehr erzeugen.[188]

Elektromobilität in den frühen 1970er Jahren. Ein MAN-Metrobus mit Batterieantrieb, diese Fahrzeuge kamen in Saarbrücken nicht zum Einsatz. (StA SB, Dep. SBN 2364, Foto: GSS)

Elektrobusse und Hybridantrieb – Ein Blick zurück und in die Zukunft

Den sauberen Weg in die Zukunft sollen neue Entwicklungen zu Elektro- und Hybridfahrzeugen sichern. Bei der Straßenbahn hatte sich der elektrische Antrieb Ende des 19. Jahrhunderts durchgesetzt, einige Jahre später folgten die O-Busse. Stromschienen und Oberleitungen versorgten sie mit elektrischer Energie. Auch in den Anfängen des Automobilbaues spielte der elektrische Antrieb eine bedeutende Rolle, was in Vergessenheit geriet, da er sich gegen den Verbrennungsmotor nicht durchsetzen konnte. Elektrofahrzeuge hatten zu Beginn des 20. Jahrhunderts in den USA einen Anteil von 48 Prozent, gefolgt vom Dampfwagen mit 32 Prozent und den benzingetrieben Motoren mit 20 Prozent. Der Elektroantrieb präsentierte sich in Geräuschentwicklung, Laufkultur und Geschwindigkeit überlegen, sein Problem war damals wie heute die Reichweite. Gleichwohl sollte vor allem im Bereich der Nutzfahrzeuge das elektrische Antriebskonzept bis zum Ersten Weltkrieg eine Rolle spielen. Die Firma Hagen aus Köln produzierte beispielsweise sogenannte Akkutriebwagen für die kaiserliche Post, so einen Elektrobus

187 http://www.damit-deutschland-vorne-bleibt.de/Blickpunkt/Veranstaltungen/Deutschland-Tag-des-Nahverkehrs/2016.

188 http://www.umweltbundesamt.de/themen/verkehr-laerm/emissionsdaten#textpart-1.

mit 18 Sitzplätzen. Auch bei Feuerwehr und Müllabfuhr waren vor dem Ersten Weltkrieg Elektrofahrzeuge im Einsatz. Als Personenwagen für den Stadtverkehr bot die Firma Hagen den batteriegetriebenen »Urbanus« an.[189]

Nach der Einstellung des O-Busbetriebes in den 1960er-Jahren sollte es um die Elektromobilität sehr ruhig werden. Gleichwohl existierten heute vergessene Firmen, die Elektrobusse mit Batterien anboten wie beispielsweise die Wegmann-Akkumulatoren-Omnibusse, die 1951 auf der Internationalen Automobilausstellung IAA in Frankfurt erstmals präsentiert wurden. Da Dieselkraftstoff seinerzeit noch nicht unbegrenzt verfügbar war und zudem relativ teuer, waren Elektrobusse durchaus attraktiv.[190] Dies sollte sich nach der Suez-Krise 1956 rasch und für lange Zeit nachhaltig ändern und dem Diesel-Omnibus zum Durchbruch verhelfen.

Testreihen zu Elektrobussen im Öffentlichen Personennahverkehr wurden erst in den 1970er und 1980er Jahren wieder durchgeführt, befördert durch die erste Ölkrise 1974.

Die Rheinisch-Westfälischen Elektrizitätswerke starteten im Februar 1970 erste Versuche mit einem Metrobus MAN 750 HO. Sie ließen sich von der Idee leiten, das Prinzip der Nachtspeicherheizung auf Autobusse zu übertragen. Die Batterie war dabei in einem Hänger untergebracht. Mitarbeiter der Gesellschaft für Straßenbahnen im Saartal besuchten im Herbst 1970 das neue MAN-Omnibuswerk in Penzberg und informierten sich über die neue Technik der Elektrobusse. Man erkannte zwar deren ökologischen Vorteile, sah jedoch ebenso das gravierende Gewichtsproblem, denn die Batterien wogen fast 5000 kg.[191] In der Folge hielt man sich mit der Beschaffung zurück.

In Mönchengladbach hingegen wagte man das Experiment. 22 Elektrobusse kamen dort 1974 auf Basis des MAN SL 200 zum Einsatz. Zunächst sollte sich der Versuch auf vier Jahre beschränken, letztendlich wurden es fast 15 Jahre. Nach anfänglichen Problemen in der Zuverlässigkeit erfreuten die Fahrzeuge Busfahrer und Fahrgäste mit ihrem hohen Drehmoment, ihrem vibrationsarmen Lauf und dem damit deutlich erhöhten Komfort und ermüdungsfreiem Fahren. Die Betriebskosten erwiesen sich jedoch als sehr hoch. Mit 3,20 DM pro 100 Kilometer lagen sie fast doppelt so hoch wie die der Dieselbusse mit 1,70 DM. Der Elektrobus erforderte zudem eine spezielle Abstimmung seiner Aggregate auf den Elektroantrieb. Aufgrund des hohen Drehmoments der Elektrobusse war die Antriebsachse zu stark belastet, verbunden auch mit einer Reifen-Lebensdauer von nur 20.000 Kilometern.[192]

Die unübersehbare Klimakatastrophe hat in den letzten Jahren die Forschungen zur Elektromobilität enorm intensiviert. Elektrobusse und Hybridbusse befinden sich in der Erprobung. Wachsende Reichweiten stimmen hoffnungsvoll.

Zur Gestaltung eines zukunftsfähigen Öffentlichen Nahverkehrs ist zugleich die Kommunalpolitik gefordert. So wird die Landeshauptstadt Saarbrücken bis zum Jahr 2030 immerhin 100 Millionen Euro in die Mobilität der Zukunft und damit in die Steigerung der Lebensqualität investieren. Der gemeinsam mit den Bürgern erarbeitete Verkehrsentwicklungsplan 2030 (VEP) benennt dazu 100 Maßnahmen. Ihm ist ein eigenes Kapitel gewidmet.

---

189 Jürgen Walter, Unter Strom, in: Omnibus-Jahrbuch 2017, S. 26.
190 Holger Werner, Wegmann-Akkumulatoren-Omnibus, in: Omnibus-Jahrbuch 2017, S. 37–42.
191 Saarbrücker Zeitung vom 6. Oktober 1970.
192 Jürgen Walter, Die Batteriebusse der Gesellschaft für elektrischen Straßenverkehr, in: Omnibus-Jahrbuch 2017, S. 27–33.

Ruth Bauer

»Stark sein wie ein Mann« –

Frauen erobern den Fahrersitz

Aktuell beschäftigt die Saarbahn GmbH 30 Bus- und Saarbahnfahrerinnen und 265 Fahrer.[193] Damit zählen die Frauen zwar zur absoluten Minderheit, dennoch gehören Busfahrerinnen heute zum alltäglichen Bild. Niemand wundert sich über eine Frau in diesem männerdominierten Beruf. Vor rund 40 Jahren sah das noch ganz anders aus und erst recht vor 127 Jahren bei Einführung der Straßenbahn.

»Bitte Abstand halten« – St.-Johann-Saarbrücker Großstadtbilder

Zum Zeitpunkt der Einführung der Straßenbahn Ende des 19. Jahrhunderts stellte sich zunächst nicht die Frage der Frauenerwerbstätigkeit, sondern die Frage, welcher sittlichen Gefährdung junge Mädchen und Frauen durch dieses neue öffentliche Fortbewegungsmittel ausgesetzt seien. Früh morgens und abends barg die Dunkelheit vermeintliche Gefahren. An den Haltestellen mussten sich Mädchen und Jungen meist längere Zeit gemeinsam aufhalten, um auf die Bahn zur Schule zu warten. So etwas gab es bisher nicht. Ferner kam es in der Bahn beständig – wenn auch nicht unbedingt absichtlich – zu Berührungen. Und während der Fahrt störte permanent der dicke Qualm der rauchenden Herren die Damen. Die Abteile waren so vernebelt, dass man oft kaum etwas sah, so die zeitgenössischen Schilderungen. Und auch die Gefahr, sich den feinen Mantel an einer Zigarette zu verbrennen, blieb nicht unerheblich. So soll sich vor allem die Saarbrücker Damenwelt gefreut haben, als im Februar 1891 endlich die kleineren Waggons zum Anhängen in Betrieb genommen werden konnten, die sich durch ihre Eleganz und gute Einrichtung auszeichneten. Man habe sie als »Damencoupés« bezeichnet, wusste die Saarbrücker Zeitung am 12. Februar 1891 zu berichten. Während das Rauchen noch Jahrzehnte üblich blieb, legte man die sittlichen Bedenken relativ schnell ab und Mann und Frau nutzten gemeinsam dieses fortschrittliche Verkehrsmittel – die Straßenbahn.

In der Einführung der öffentlichen Verkehrsmittel sah man zunächst eine sittliche Gefährdung für Mädchen und Frauen, vor allem in der Dunkelheit.
(Aus: 100 bewegte Jahre, S. 17, Foto: Thomas Störmer)

Eine Berufstätigkeit bei der Gesellschaft für Straßenbahnen im Saartal (GSS) schien für Frauen zunächst unvorstellbar. Straßenbahnfahrer, Straßenbahnschaffner sowie alle weiteren notwendigen Betätigungsfelder galten über Jahrzehnte – lediglich unterbrochen durch die beiden Weltkriege – als reine Männerdomäne. Die Arbeit verlangte technische Kenntnisse, war körperlich anstrengend und erforderte höchste Aufmerksamkeit, oft Durchsetzungsvermögen und eignete sich folglich nicht für Frauen – so die gängige Argumentation. Mit der Mobilmachung und dem Einzug der Männer zum Militärdienst während des Ersten Weltkrieges eröffnete sich Frauen nun erstmals die männliche Berufswelt. Die Personalengpässe bei der Saarbrücker Straßenbahn wurden im Verlauf des zweiten Kriegsjahres so groß, dass man, wie in anderen Arbeitsbereichen auch, auf Frauen nicht mehr verzichten konnte, wollte man den Fahrbe-

193 Auskunft Saarbahn GmbH, Stand Februar 2017.

trieb wenigstens einigermaßen am Laufen halten. Hatte man zunächst Männer im Alter von 45 bis 50 Jahren als Aushilfen eingestellt, reichten diese Maßnahmen dennoch nicht aus, um Soldaten, Rotkreuzschwestern und Verwundete neben den normalen Fahrgästen zu befördern oder gar die notwendigen Lebensmitteltransporte durchzuführen.

Augenblicklich eignete sich die Tätigkeit als Schaffnerin durchaus für Frauen, war doch das Verkaufen der Fahrkarten eine recht einfache, leichte und zumutbare Aufgabe, wie geschaffen für Frauen. Selbst das Fahren der Straßenbahn und die dafür erforderlichen technischen Kenntnisse und Fähigkeiten traute man ihnen auf einmal zu. Im Jahr 1916 beschäftigte die GSS drei Fahrerinnen und 65 Schaffnerinnen, 1917 waren es 107 Schaffnerinnen, so die jeweiligen Geschäftsberichte.[194] Ob sich wie in Wien die Saarbrücker Männer anfangs weigerten, ihre Fahrkarten bei Frauen zu lösen, ist nicht belegt. Zumindest zum Ende des Krieges hatte man sich an das Bild der Schaffnerin gewöhnt, nicht allein bei der Saarbrücker Straßenbahn.

Die Schwestern Barbara und Maria Haas arbeiteten beide während des Ersten Weltkrieges bei der GSS, Barabara als Fahrerin, Maria als Schaffnerin. Die beiden über 90-jährigen Damen erinnerten sich sehr gerne an ihre damalige Tätigkeit. (SZ vom 26. April 1991, Foto: Thomas Störmer)

Eine der drei Fahrerinnen, die im Jahr 1916 von des GSS eingestellt wurden, war die zwanzigjährige Barbara Haas, eine der Schaffnerinnen ihre zwei Jahre jüngere Schwester Maria. In einem Interview mit der Saarbrücker Zeitung im April 1991[195] erinnern sich die beiden mittlerweile hoch betagten Damen an diese durchaus anstrengende, aber auch sehr schöne Zeit. »Natürlich waren wir stolz darauf, mit der Straßenbahn unterwegs zu sein [...], keine Hektik, kein Streß und immer Zeit für ein Schwätzchen, sei es mit den Fahrgästen oder den netten Kollegen«, wusste Maria zu berichten. Als Schaffnerin kassierte sie das Fahrgeld, musste die Haltestellen ausrufen und bei der An- und Abfahrt bimmeln.

Barbara meinte indes, als Straßenbahnfahrerin müsste man »stark sein wie ein Mann«. Sie habe schon »ein bißchen Bammel« vor den Weichen gehabt, vor allem am Kreisel am Ludwigsberg mit »seinen vielen verzwickten Weichen«. »Da ist mein Wagen zwei Mal raus gesprungen, aber zum Glück gab es hilfsbereite Kollegen, die ihn wieder auf die Schienen hoben.« Aber, so erzählte sie selbstbewusst, verfahren habe sie sich kein einziges Mal in ihrer zweijährigen Tätigkeit. Am liebsten sei sie jedoch die Strecke nach Sulzbach gefahren, da sei es immer schön geradeaus gegangen. Schmunzelnd erzählten beide, dass es ihnen an Verehrern in diesen beiden Jahren bei der Straßenbahn nicht gemangelt habe, »schließlich waren wir in unseren grauen Uniformen zwei wirklich schicke Mädchen«. Und als Schaffnerin habe sie sogar Trinkgeld bekommen, da hieß es des Öfteren beim Kassieren des Fahrpreises: »De Reschd dürfe se behalle.«

Eine der rund 100 während des Ersten Weltkrieges bei der GSS tätigen Schaffnerinnen war Frau Bier, 1917. (aus: 100 bewegte Jahre, S. 26, Foto: Thomas Störmer)

Nach dem Krieg mussten die Fahrerinnen und Schaffnerinnen ihre lieb gewonnene Arbeit jedoch wieder aufgeben. Die Männer, die aus dem Krieg zurückkehrten, verlangten ihren angestammten Platz zurück. Während Frauen die Entlassung drohte und ein Stück Selbstständigkeit verloren ging, wurde keinerlei Rücksicht darauf genommen, dass einige jetzt eine Familie zu versorgen hatten, da der Ernährer im Krieg geblieben war. Die Geschäftsberichte der GSS der folgenden Jahre erwähnen kein weibliches Personal mehr. Erst 1931 vermerkt die

194 Eine bewegte Geschichte, 1892–2000, Chronik zum städtischen Nahverkehr in Saarbrücken und Umgebung, Saarbrücken 1999, S. 26 und Geschäftsbericht der Gesellschaft für Straßenbahnen im Saartal 1917: »Mit der Einstellung von Frauen wurde fortgefahren. Am Schlusse des Berichtsjahres wurden 14 Wagenschaffnerinnen und 93 Schaffnerinnen beschäftigt, von denen jedoch nur 2 bzw. 12 Frauen von Angestellten sind.«; Stadtarchiv Saarbrücken, Bestand Dok Nr. 436.

195 Saarbrücker Zeitung vom 26. April 1991.

Das Gruppenfoto des Hallenpersonals aus dem Jahr 1925 zeigt acht Frauen, die dort beschäftigt waren, vermutlich zum Reinigen der Wagen. (aus: 100 bewegte Jahre, S. 29, Foto: Thomas Störmer)

Statistik unter insgesamt 643 Bediensteten wieder sechs Frauen. Es ist davon auszugehen, dass es sich hierbei um Hilfsarbeiterinnen in der Wagenhalle beziehungsweise Putzfrauen handelte. 1933 werden fünf Frauen unter den 46 Arbeitern in den Werkstätten gezählt.

Im Verlauf des Zweiten Weltkrieges durften die Frauen erneut die Lücken schließen, oder wie es offiziell hieß »ihren Einsatz im Kriegsdienst« leisten. »Der durch den Krieg bedingte Ausfall an männlichen Arbeitskräften konnte durch den Einsatz weiblicher Kräfte ausgeglichen werden«, so der Geschäftsbericht der GSS des Jahres 1940. Dass man hingegen immer noch Bedenken hegte gegen die Beschäftigung von Frauen, vor allem wegen des Dienstes während der Dunkelheit, kommt im Geschäftsbericht des Jahres 1941 zum Ausdruck: »Der durch weitere Einberufungen zur Wehrmacht entstandene Ausfall an männlichen Arbeitskräften konnte durch Einstellung von weiblichen Kräften behoben werden. Lobender Erwähnung bedarf der vorübergehende Einsatz von 75 Hitler-Jungen. Sie waren uns als Fahrdiensthelfer in den Abendstunden durch ihre vorbildliche Haltung und Leistung eine wertvolle Hilfe.« Leider geben die nachfolgenden Geschäftsberichte keine Auskunft über die Anzahl der beschäftigten Frauen, lediglich Putzfrauen werden jetzt genannt, jedoch ohne Zahlenangabe.

Nach Ende des Krieges hieß es dann wieder: Männer zurück an die Arbeitsplätze und Frauen zurück an den Herd. Dagegen begehrten nun unter anderem die Frauensekretariate der Gewerkschaften auf. Sie lehnten es strikt

Eh sie ihren Dienst antraten, mussten die Frauen eine Schulung absolvieren, in der sie in ihre neue Aufgabe in Theorie und Praxis eingewiesen wurden, 1942. (StA SB Dep. SBN 1340, Foto: GSS)

Schaffnerin zwischen ihren männlichen Kollegen im Jahr 1943.
(StA SB, Dep. SBN 1053, Foto: GSS)

ab, dass weibliches Personal zugunsten von arbeitssuchenden Männern entlassen werden sollte, obwohl es größtenteils genau wie die Männer weiterhin auf einen Verdienst angewiesen war.[196] Der Frauenüberschuss betrug im Saargebiet 82.000. Diesen Frauen müsse die Möglichkeit auf ein auskömmliches Einkommen gegeben werden, für sich und für ihre Familien zu sorgen und so müsse man ihnen die Möglichkeit eröffnen, auch Berufe auszuüben, die bisher nicht für sie vorgesehen waren. Und dies sei keinesfalls nur zur Überbrückung der Zeit zwischen Schule und Heirat notwendig, so ihre Forderung.

Die Realität indes sah anders aus: Die meisten Frauen wurden entlassen, so auch bei der Straßenbahn. Lediglich einigen der Schaffnerinnen eröffnete sich, sofern sie nicht geheiratet hatten, ein Wechsel in den Innendienst oder an die Verkaufsstellen.

Die moralische Verpflichtung der Weiterbeschäftigung hielt nur wenige Jahre an. Und in der Begründung der Kündigung waren die Verkehrsbetriebe allerorts durchaus erfinderisch: Gesundheitspolitische, arbeitspolitische und sittliche Bedenken wurden dabei ebenso angegeben wie Unterleibsbeschwerden durch das Schockeln der Bahn oder fehlende Möglichkeiten der körperlichen Hygiene während der Menstruation.[197] Als Hauptargument gegen die Beschäftigung von Schaffnerinnen galt jedoch die sittliche Gefährdung. Nicht die der Frau, nein die des Mannes! Fahrer und Schaffnerin seien den ganzen Tag zusammen, verließen häufig erst abends, wenn es bereits dunkel sei, zusammen die Straßenbahn und machten sich meist noch gemeinsam auf den Heimweg. Hierdurch gerate womöglich die Ehe des Fahrers in Gefahr.[198]

Bei der Wiederaufnahme ihres Betriebes am 14. April 1945 beschäftigte die GSS 97 Personen, bis zum Dezember stieg die Belegschaft wieder auf 513, darunter 43 Frauen.[199] Ende Januar 1948 werden 77 weibliche Beschäftigte (837 männliche) und Ende Oktober 1948 69 (904 männliche) im Vorstandsbericht des Jahres 1948 angegeben. Für die nachfolgenden Jahre fehlen Aussagen zu Mitarbeite-

Schaffnerinnen während des Zweiten Weltkrieges.
(StA SB, GÖ Ma 36/945 und GÖ Ma 36/947)

196 Ilse Geschke, Sollen Frauen zugunsten von arbeitsuchenden Männern entlassen werden?, in: Die Arbeit, Nr. 12 vom Dezember 1947, S. 15.

197 Irmgard Weyrather, Erfreuliche Bilder deutschen Neuaufbaus - Frauenarbeit in Männerberufen, in: Helmut König, Bodo von Greiff und Helmut Schauer, Sozialphilosophie der industriellen Arbeit, Opladen 1990, S. 132–145.

198 Ebd. In Siegen beispielsweise wurden aus diesen Gründen keine Schaffnerinnen eingestellt.

199 Stadtarchiv Saarbrücken, Bestand Doku Alt 1111, Geschäftsbericht 1947.

rinnen völlig. Erst im Geschäftsbericht 1956 heißt es dann wieder: »Wir sind zur Zeit bestrebt, in gewissem Umfange weibliches Personal einzustellen.« In welchen Bereichen wird nicht gesagt.

Irmgard Weinland, Jahrgang 1920, war eine der Schaffnerinnen, die zwischen den beiden Evakuierungen von 1940 bis 1944 bei der Saarbrücker Straßenbahn zum Einsatz kamen. Die Aufnahme stammt aus dem Jahr 1943. (Foto: privat)

Rechts oben: Stolz präsentieren sich die beiden Schaffnerinnen mit ihren männlichen Kollegen bei derEröffnung der Linie 11 im Jahr 1946. (StA SB, Dep. SBN 1241, Foto: GSS)

Rechts: Eine der wenigen Schaffnerinnen, die ihren Beruf auch Anfang der 1960er Jahre noch ausüben durfte. (StA SB, Dep. SBN 1343, Foto: GSS)

»Is denn widda Krieg« – Die ersten Busfahrerinnen bei den Saartal-Linien

Straßenbahn- oder Busfahrer blieben weiterhin reine Männerberufe und daran sollte sich in den nächsten drei Jahrzehnten nichts ändern. Frauen, die eine Straßenbahn oder einen Bus fuhren, blieben die absolute Ausnahme und benötigten hierfür eine Sondergenehmigung.[200] Erst zu Beginn der 1980er Jahre sollte sich dies allmählich ändern.

200 Jutta Wergen, Frauen in Fahrberufen. Geschlechterstrukturen in Bewegung, Wiesbaden 2005.

Mit der Automatisierung der Bahnen- und Busse sowie der Rationalisierung der Arbeitsabläufe veränderte sich das Berufsbild des Busfahrers. Das Lenken und Beherrschen des Busses wurde körperlich leichter, dafür mussten die Fahrer jetzt die Fahrscheine verkaufen und kontrollieren und weiterhin den Überblick über die ein- und aussteigenden Fahrgäste behalten. Die Beschäftigung als Schaffner oder Schaffnerin gehörte damit der Geschichte an. Für die Frauen allerdings eröffnete sich nun ein neues Berufsfeld.

Der Bund hatte Ende der 1970er Jahre verschiedene Förderprogramme aufgelegt, um das traditionelle Rollenklischee bei der Berufswahl aufzubrechen und jungen Mädchen und Frauen eine Ausbildung oder Umschulung in sogenannten Männerberufen zu eröffnen. Arbeitgeber, die entsprechende Ausbildungsstellen anboten, erhielten finanzielle Zuschüsse.

Im Saarland führte das Arbeitsamt Saarlouis Ende 1979 einen Umschulungskurs für Frauen durch, die zu Berufskraftfahrerinnen für den Personennahverkehr ausgebildet wurden.[201] Die Ausbildung dauerte insgesamt 16 Monate und beinhaltete ein sechsmonatiges Praktikum, in der Regel bei einem privaten Busunternehmen. Die öffentlichen Verkehrsbetriebe lehnten ein solches Praktikum ab. Begründet wurde dies mit diversen Arbeitsschutzvorschriften wie dem Heben von Lasten. Doch die betroffenen Frauen wussten sich zu wehren. Sie baten um Unterstützung auf politischer Ebene, so bei der SPD-Landtagsabgeordneten und Vorsitzenden der Arbeitsgemeinschaft sozialdemokratischer Frauen, Dr. Brunhilde Peter. Diese wandte sich in Schreiben an die Saarbrücker und Saarlouiser Verkehrsbetriebe: »Die Öffnung neuer, bisher Männern vorbehaltener Berufswege auch für Frauen ist heute eine wichtige Chance, Frauen zukunftssichere Berufe zu erschließen. Dabei erweist es sich nicht nur als notwendig, Frauen durch besondere Unterstützung in ihrer einmal getroffenen, in ihrer persönlichen Umgebung noch unüblichen Entscheidung zu einem sogen. Männerberuf zu stabilisieren, sondern gerade diese Frauen auch bei dem Schritt auf den Arbeitsmarkt (hier: zu einer Praktikantinnenstelle) zu berücksichtigen. Andernfalls ist ein Rückschlag bei der gerade erst beginnenden Öffnung neuer Berufswege für Frauen zu befürchten. Von öffentlichen Unternehmen muß dabei ein besonders vorbildliches Verhalten erwartet werden.«

Die GSS, deren Vorsitzender seinerzeit der Saarbrücker Oberbürgermeister Oskar Lafontaine war, sah in ihrem Antwortschreiben die »Verordnung über die Beschäftigung von Frauen auf Fahrzeugen« vom 2. Dezember 1971[202] bisher als unüberwindliches Hindernis für die Einstellung weiblichen Personals im Fahrdienst. Nach dieser durften Frauen nur auf Fahrzeugen beschäftigt werden, die mit Bremshilfe, Lenkhilfe und Sprechfunk ausgerüstet waren. Weil die Kraftom-

---

201 Schreiben der Landtagsabgeordneten Dr. Brunhilde Peter an den Geschäftsführer der Kreisverkehrsbetriebe in Saarlouis vom 26. November 1979. Für die Zurverfügungstellung des Briefes danke ich Markus Philipp, Saarbrücken, ganz herzlich. Initiiert wurden die Schreiben Peters durch Luise Bräuer, der ersten Busfahrerin bei der GSS. Dankschreiben von Luise Bräuer an Peter vom 11. Juli 1980.

202 Am 2. Dezember 1971 trat die Verordnung über die Beschäftigung von Frauen auf Fahrzeugen in Kraft. Sie regelte das Heben und Tragen von Lasten, nicht mehr als 10 kg. Dies war insofern relevant, da Straßenbahnen durch das Ausstreuen von Sand gebremst wurden und dieser Sand früher noch in Behältern mitgeführt und per Hand eingefüllt wurde. Im Lauf der Zeit wurde diese Tätigkeit automatisiert. Außerdem mussten Frauen sich alle zwei Jahre (ihre männlichen Kollegen nur alle drei Jahre) einer medizinischen Untersuchung unterziehen. Zudem wurde die Beschränkung des Einsatzes von Frauen auf erschütterungsarmen Fahrzeugen vorgeschrieben. Diese Verordnung wurde am 6. Juni 1994 durch das Arbeitszeitgesetz abgelöst, seitdem gelten für Männer und Frauen die gleichen Rechte und Pflichten. (Bundesgesetzblatt I, Seite 1957).

Maria Lamest, eine der ersten Busfahrerinnen bei den Saartal-Linien, 2017. (Foto: Saarbahn)

nibusse des Unternehmens bisher noch nicht alle mit einer solchen Lenkhilfe ausgestattet waren, konnte es keine Frauen als Fahrerinnen einstellen, da es die Mitarbeiterinnen nicht gemäß des Dienstplanes auf sämtlichen Fahrzeugen hätte einsetzen können. Seit kurzem seien sie jedoch nach Ausmusterung der letzten Omnibusse ohne Lenkhilfe – im Gegensatz zu anderen saarländischen Nahverkehrsunternehmen – in der glücklichen Lage, sämtliche Anforderungen der Verordnung zu erfüllen. Damit sahen sie auch keine Hindernisse mehr für die Einstellung von Frauen als Omnibusfahrerinnen. Und nun freue man sich, Frauen neue Berufswege zu eröffnen.[203]
Im Frühjahr 1980 bot die Gesellschaft für Straßenbahnen im Saartal AG drei Frauen eine entsprechende Praktikumsstelle an, sogar mit der Zusage einer anschließenden Festanstellung. Für diese Frauen bedeutete die Stelle im Öffentlichen Dienst geregelte Arbeitszeiten und ein festes Gehalt, ganz im Gegensatz zu ihren Kolleginnen, die für private Busunternehmen fuhren.

Silvia Spang und Luise Bräuer waren die ersten beiden Busfahrerinnen, drei Monate später verstärkte Maria Lamest das Damenteam.
Luise Bräuer war 30 Jahre als sie bei den Saartal-Linien, wie die Gesellschaft seinerzeit hieß, ihren Dienst antrat.[204] Sie hatte bisher als Vorarbeiterin bei ZF die Maschinen eingerichtet und eigentlich vor, eine Ausbildung als Maschinenschlosserin zu absolvieren, als das Arbeitsamt ihr die Möglichkeit der Umschulung zur Busfahrerin anbot. Bis zum Renteneintritt lenkte sie voller Leidenschaft ihren Bus. Die ersten zehn Jahre kam ihr die Arbeit vor »wie ein Hobby«, danach

203 Schreiben der Gesellschaft für Straßenbahnen im Saartal AG – Saarbrücken an Dr. Brunhilde Peter, Mitglied des Landtages, vom 10. Dezember 1979. Das Bundesministerium für Bildung und Wissenschaft hatte im Herbst 1978 sein Programm »Mädchen für Männerberufe« aufgelegt, in dessen Rahmen die Gesellschaft bereits ein Mädchen zur KFZ-Schlosserin ausbildete, mit sehr guten Erfahrungen, wie man betonte. Für die Zurverfügungstellung des Briefes danke ich Markus Philipp, Saarbrücken, ganz herzlich.

204 Interview mit Luise Bräuer am 9. Februar 2017, geführt durch die Autorin. Ihre Ausbildung zur Berufskraftfahrerin hat sie bei der DKBI- Hülzweiler absolviert. Der damalige Betriebsleiter der Saartal –Linien unterrichte dort, wodurch der erste Kontakt zu ihrem späteren Arbeitgeber entstand. Durch ihren Kontakt zu Dr. Brunhilde Peter wurde ihr das Praktikum bei der Saartal AG ermöglicht. Man bot ihr nach Beendigung ihrer Ausbildung eine Festanstellung an. Nach zwei weiteren Monaten beim DKBI hat sie dort die Abschlussprüfung abgelegt.

gestaltete sie sich aufgrund veränderter Rahmenbedingungen schwieriger. Sie erinnert sich gut an die ersten Wochen des Praktikums bei den Saartal-Linien und die Reaktion des Betriebsleiters, der nicht müde wurde zu betonen »in meinen Betrieb kommen keine Frauen«. Gerade dieser Ausspruch habe sie motiviert, als erste Frau in diesem Betrieb zu arbeiten. Auch die anfänglichen Reaktionen vor allem der männlichen Fahrgäste sind ihr gut in Erinnerungen geblieben: »Is denn widda Krieg« – diesen Spruch hörte sie immer wieder. Mancher Fahrgast wartete lieber auf den männlich gesteuerten nächsten Bus. Und mit den Frauen wurde dann die »Toilettenfrage« relevant. Bis 1982 gab es an den Endhaltestellen für die Busfahrer keine Toilettenhäuschen. Wie und wo die Busfahrer ihr Bedürfnis erledigten, blieb deren Geheimnis. Kollege Herbert Weinland sorgte in seiner Eigenschaft als Betriebsratsmitglied zusammen mit dem Vorstand schließlich dafür, dass an den Endhaltestellen Toilettenhäuschen aufgestellt wurden, zu denen die Fahrer und Fahrerinnen die Schlüssel erhielten. So profitierten schließlich auch die Männer von der weiblichen Verstärkung.

Maria Lamest trat im Mai 1980 ihren Dienst an.[205] Eher zufällig entdeckte sie im Sommer 1979 die Anzeige in der Saarbrücker Zeitung, in der das Arbeitsamt anbot, Frauen in Männerberufen auszubilden. Sie trug sich schon seit einiger Zeit mit dem Gedanken, ihren kaufmännischen Beruf bei einem Beckinger Busunternehmen aufzugeben und träumte davon, selbst einen Bus zu steuern – »möglichst weit hinaus in die Welt«. Vor großen Fahrzeugen hatte sie keine Scheu, schließlich war sie in einem landwirtschaftlichen Betrieb aufgewachsen und mit solchen vertraut. So begann sie in Hülzweiler beim Deutschen Kraftfahr-Bildungsinstitut (DKBI) ihre Ausbildung zur Berufskraftfahrerin im Personenverkehr. Am 20. Dezember 1980 legte sie ihre Prüfung ab. Lebhaft erinnert sich die heute 60-Jährige an das Praktikum bei den Saartal-Linien: »Streckenkunde war Pflicht, viel Theorie zu Fahrzeugtechnik und Sicherheitsregeln, alle Haltestellen mussten auswendig aufgesagt werden. Die Ausbildung war richtig gut und am Anfang hat auch noch ein Kollege auf uns Anfängerinnen aufgepasst.« In den ersten Wochen fuhr sie nach der Arbeit die Strecke vorsichtshalber noch mal ab, um sich am nächsten Tag nicht zu verfahren.

Sowohl ihre männlichen Kollegen als auch die Fahrgäste beobachteten sie zu Beginn ihrer Tätigkeit genau, im Bus war es oft mucksmäuschenstill, wenn sie fuhr. »Man hatte das Gefühl 220 Prozent geben zu müssen und wurde genau beobachtet, ob man sich auch ja nicht verschaltete.« So lenkten die Frauen die Busse wesentlich gefühlvoller als ihre männlichen Kollegen! Anfangs spürte sie unterschwellig die immer noch vorhandenen Vorbehalte gegenüber Frauen in Männerberufen: »Können die das überhaupt? Ist die Belastung nicht zu groß? Sind die nicht viel zu oft krank? Stiften sie nicht Unruhe, vor allem durch Techtelmechtel? Die ist ja noch viel zu jung!« »Es war total ungewohnt, dass eine Frau einen Linienbus fuhr. Und dann war ich gerade 23 Jahre, da gab es schon mal den einen oder anderen Herrn, der trotz strömenden Regens nicht in meinen Bus einsteigen wollte«, erinnert sie sich. »Frauen brachten Unruhe in die Männerwelt.« Manche ihrer Berufsgenossen fühlten sich in ihrer männlichen Ehre gekränkt. Bald empfanden die Männer die Frauen als Konkurrenz, setzten sie jetzt doch durch ihre Zielstrebigkeit und Genauigkeit neue Maßstäbe.

In den ersten Jahren musste man noch kuppeln und schalten, die Haltestellen

205 Interview mit Maria Lamest am 11. Januar 2017, geführt von Carmen Del Savio, Saarbahn GmbH; Interview mit Maria Lamest am 2. Februar 2017, geführt von der Autorin.

Die erste Saarbahnfahrerin Helena Buchmüller-Schnieber. Das Foto entstand anlässlich ihres Dienstjubiläums im Jahr 2007. (Foto: Saarbahn)

selbst ansagen und den Stempel von Hand weiterdrehen. Die Arbeit empfand sie zu Beginn durchaus als sehr anstrengend. Heute bedeutet es für sie Routine, einen 18 Meter langen Gelenkbus durch den Saarbrücker Stadtverkehr zu manövrieren und mit den Fahrgästen zu kommunizieren. Ihre Entscheidung, Linienbusfahrerin zu werden, hat Maria Lamest in ihrer 37-jährigen Tätigkeit für die heutige Saarbahn GmbH nie bereut. 2020 geht sie in den Ruhestand.
Als dann die Saarbahn 1997 ihren Betrieb aufnahm, stellten Frauen in Männerdomänen keine zu bestaunende Besonderheit mehr dar. Mit der Eröffnung trat Helena Buchmüller-Schnieber ihren Dienst als erste Saarbahnfahrerin an, eineinhalb Jahre später bekam sie zwei Kolleginnen und 2007 waren sie zu siebt.

Markus Philipp

Mehr als nur ein kleines Stück Papier –

die Geschichte des Einzelfahrscheins in Saarbrücken

Eines hat sich in 127 Jahren städtischer Nahverkehr und in 125 Jahren Gesellschaft für Straßenbahnen im Saartal AG/Saarbahn GmbH nicht geändert: Zur Mitfahrt in öffentlichen Verkehrsmitteln bekommt man als Legitimation und Quittung einen Fahrschein beziehungsweise einen Fahrausweis.

Bei näherer Betrachtung ist dieses normal kaum wahrgenommene Stückchen Papier ein Dokument der Zeitgeschichte. Wir können froh sein, dass es immer wieder Leute gab und noch gibt, die diese sonst achtlos weggeworfenen Papierchen bewusst als Sammler oder zufällig, zum Beispiel als Lesezeichen, aufgehoben und somit der Nachwelt erhalten haben. Fahrscheine erzählen Geschichte. Sie zeigen uns die Entwicklung der Tarife, des Linien- oder Teilstreckennetzes, der Preise und die jeweils gültige Währung. Hinzu kommen die grafische und typografische Darstellung, die Entwertungstechnik, die oft auf der Rückseite vorhandene Werbung oder weitere komplementäre Informationen – so ein kleines Stück Papier hat es in sich, betrachtet man es genauer und vergleichend im Laufe der Jahre von 1890 bis 2017.

Diese Zeilen stützen sich im Wesentlichen also auf einzelne, teils zufällige Funde und das Objekt an sich: Die recht umfangreiche Fahrscheinsammlung des Autors – hier insbesondere die Einzelfahrscheine. Als problematisch erweist sich aber tatsächlich die oben getroffene Feststellung bezüglich der gefühlten Unwichtigkeit des Objekts: Ein Einzelfahrschein ist zu profan, als dass er irgendwo systematisch dokumentiert wird. So ist insbesondere aus den Anfangsjahren der Dampfstraßenbahn nichts über das Thema herauszubekommen.

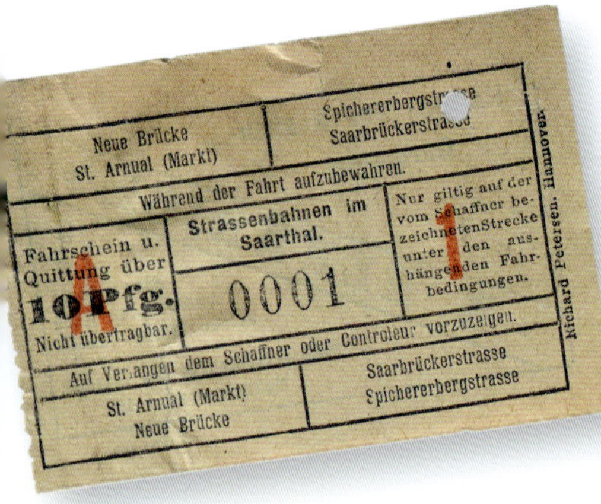

Im Zuge der Elektrifizierung und Netzerweiterung der Gesellschaft für Straßenbahnen im Saartal (GSS) wurde speziell ein Fahrschein für die beiden am 8. Februar 1899 neu eröffneten Linien A St. Arnual – Neue Brücke (Luisenbrücke) und M Saarbrücker Straße (Malstatt) – Spichererbergstraße (Alt-Saarbrücken) ausgegeben, der lediglich die Strecke hin und zurück darstellt. Angaben über Uhrzeit, Datum und ähnliches fehlen noch. Eine Teilstrecke kostete damals 10 Pfennige, der Maximaltarif zum Beispiel von St. Johann bis Luisenthal lag bei 25 Pfennigen.

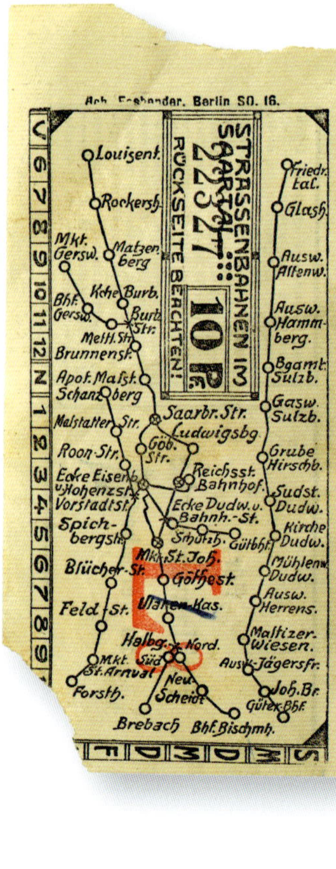

Der »geographische« Fahrschein – Liniennetz und Teilstrecken

Anfang des 20. Jahrhunderts ging man dazu über, auf den Einzelfahrscheinen aus einfachem Papier das rasch wachsende Streckennetz mit seinen Teilstrecken darzustellen. Am Rand des Fahrscheins wurde diese Information mit zeitlichen Angaben flankiert, beispielsweise Uhrzeit und Wochentag der Nutzung. Diese Art der Darstellung hielt sich bis in die Mitte der 1960er Jahre. Meistens wurde der Fahrschein mittels Buntstift durch Abstreichen an der passenden Stelle durch den Schaffner entwertet. Auch das einfache Einreißen des Scheins war eine gängige Entwertungsmethode. Als Entwertungsinstrument kam erst später systematisch die Lochzange hinzu und zwischenzeitlich auch der Stempel. An diesem Typ Fahrschein kann man sehr schön die Ausdehnung des Liniennetzes der GSS nachvollziehen.

Der Fahrschein aus dem Jahre 1908 zeigt, dass die Straßenbahnlinien bereits bis Friedrichsthal, Luisenthal, Gersweiler, Schanzenberg, St. Arnual, Brebach und Schafbrücke (Bf. Bischmisheim!) fuhren. Aufgrund der Länge ist die Sulzbachtalstrecke am Güterbahnhof getrennt worden. Rechts erkennt man die Wochentage und unten die Uhrzeit. Damals war – auch in den Fahrplänen – eine Uhrzeit nur von eins bis zwölf dargestellt, die Zahlen 13 bis 24 waren nicht üblich. Dafür stehen die Kürzel V für Vormittags und N für Nachmittags. Der Fahrgast des abgebildeten Fahrscheins dürfte die Bahn an der Ulanenkaserne (heute Hellwigstraße) verlassen haben. Auf weitere Markierungen hat der Schaffner hier verzichtet.

Begehrte Sammlerstücke: Straßenbahn-Fahrmünzen

In der Zeit zwischen 1910 und 1920 fand Notgeld im Deutschen Reich weite Verbreitung. So gab auch die GSS eine Art Notgeld heraus: Dabei handelte es sich um Messingmünzen zu 5 Pfennig. Bekannt sind drei verschiedene Versionen, eine davon rund, die anderen achteckig. Auf deren Vorder- und Rückseite steht der Betriebsname, auf der Vorderseite je nach Version eine »5« oder »GUT FÜR 5 PFENNIG«. Die Rückseite ziert ein Triebwagen mit Stangenstromabnehmer und offenem Perron. Immer mal wieder tauchen diese Fahrmarken bei Sammlerbörsen oder im Internet auf, für 5 Pfennige sind sie allerdings kaum mehr zu haben.

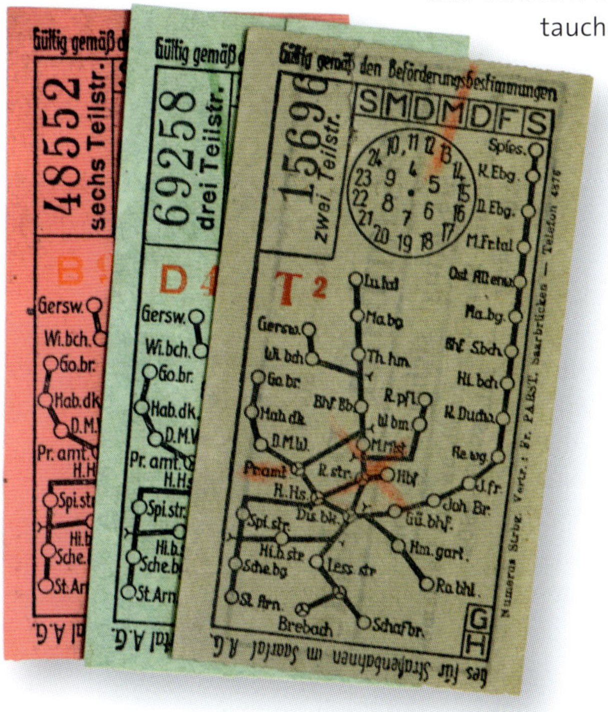

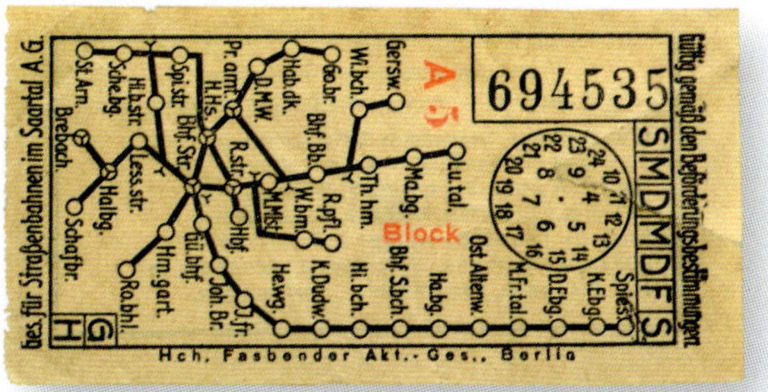

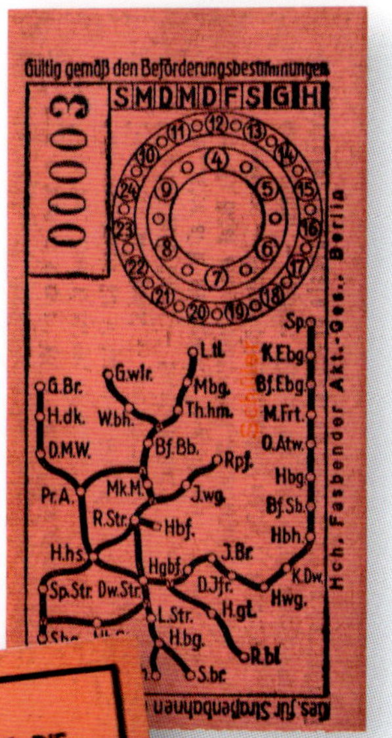

Die Fahrscheine aus der Zeit um 1930 zeigen die Ausdehnung des Liniennetzes: Hinzugekommen sind die Verlängerungen nach Spiesen, zur Goldenen Bremm sowie die Strecken zum Rotenbühl und zum Rastpfuhl. Anzumerken wäre, dass die Strecken nach Ormesheim/Ensheim und Riegelsberg/Heusweiler schon existierten, jedoch nicht von der GSS betrieben wurden, sondern von der Saarbrücker Klein- und Straßenbahn AG beziehungsweise der Riegelsberger Straßenbahn AG. Der Fahrgast, der diesen Fahrschein löste, nutzte eine Karte für zwei Teilstrecken von der Innenstadt zum Proviantamt (heute Betriebshof) an einem Mittwoch um 13 Uhr. Hier tauchen erstmals Uhrzeiten bis 24 Uhr auf. Ein weiteres Merkmal dieser Fahrscheine war die unterschiedliche Papierfarbe für unterschiedliche Teilstreckenzahl. Auch waren bereits Blockfahrscheine und Schülerermäßigungen üblich, was die Abbildungen rechts zeigen.

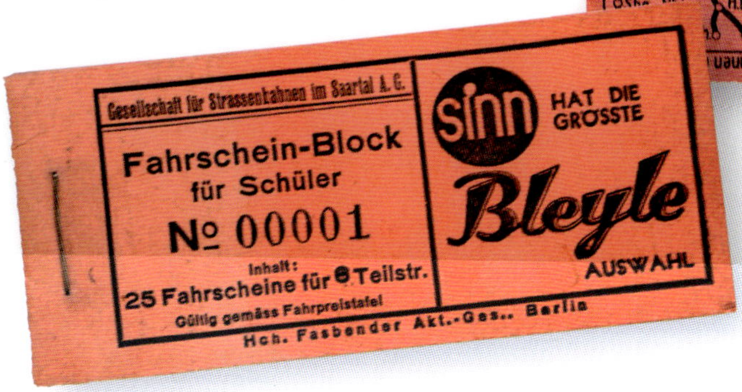

Interessant ist, dass im Busbetrieb eigene Fahrscheine existierten und ein eigenes Tarifsystem Anwendung fand. Stellvertretend seien hier zwei Fahrscheine, die ebenfalls die Ausdehnung des Streckennetzes dokumentieren, aus der Zeit zwischen 1925 (Start des Busbetriebes) und 1935 (Ablösung des Franken durch die Reichsmark) dargestellt.

Erste Versuche mit Fahrscheindruckern

Das modernste hingegen war und ist immer noch der Fahrscheindrucker, der eine Entwertung überflüssig macht, weil er alle notwendigen Angaben direkt auf den Fahrschein druckt. Es ist ein Kuriosum, dass erste Versuche mit Fahrscheindruckern in Saarbrücken um 1930 stattfanden, deren Einführung aber erst 1997 folgte.

Einem Fachartikel vom Oktober 1933 entnehmen wir interessante Details über die ersten Versuche mit diesen modernen Geräten. Der damalige Straßenbahndirektor von Lengerke berichtet: Ausschlag gab 1925 die Einführung des Omnibusses im städtischen ÖPNV. Auf den im Vergleich zur Straßenbahn kleineren Fahrzeugen war es nicht wirtschaftlich, die in der Straßenbahn übliche Trennung von Fahrer und Schaffner beizubehalten. So übernahm der Fahrer auch den Verkauf und die Kontrolle der Fahrausweise. Um ihm das zu vereinfachen, wurden vermutlich ab Ende der 1920er Jahre stationäre Fahrscheindrucker der US-amerikanischen Firma Ohmer Fare aus Ohio montiert. Maximal zehn dieser zwischen sechs und zehn Kilogramm schweren Apparate waren im Einsatz.

Der hier abgebildete Fahrschein wurde am 20. Mai 1929 verkauft, kostete einen Franken und war ein Fahrschein für eine einfache Fahrt, abgekürzt »Eif«. Für einen Umsteigefahrschein stand das Kürzel »Umf«. Weiterhin sind die Nummer des Fahrscheins und Schaffners verzeichnet.

Ein Saarbrücker Konstrukteur namens Hoffmeier erhielt nun den Auftrag, auch für den pendelnden Schaffner in der Straßenbahn ein geeignetes, leichteres Gerät, zu entwickeln. Diese rund 1,6 Kilogramm schweren Geräte wurden testweise von sieben Schaffnern mitgeführt. Im Betrieb zeigten sich beide Drucker stabil und robust, die Abfertigung konnte damit beschleunigt werden.

Abgebildet ist hier ein Fahrschein aus diesem tragbaren Fahrscheindrucker. Er ist schwerer lesbar, da sich die Darstellung auf Teilstrecken- und fortlaufende Nummern beschränkt. Ein Datum dürfte ganz links dargestellt sein.

Gesamtwirtschaftliche Betrachtungen haben das Unternehmen hingegen bewogen, wieder zur klassischen Form der Abreißblöcke und Handentwertung über zu gehen. Die Kosten für Anschaffung, Wartung und Reparatur der Drucker kompensierten den wirtschaftlichen Vorteil schnellerer Abfertigung und einer geringeren Schwarzfahrerquote nach Meinung von Lengerkes nicht. Also wurde wieder abgestrichen, später gelocht, gestempelt und von 1982 bis 1997 selbst entwertet. Für das Vorverkaufs- und Fahrpersonal wurde der Fahrscheindrucker tatsächlich erst 1997 eingeführt, testweise und dann dauerhaft mit Modellen der Firma Almex und mit Einführung des Verkehrsverbundes saarVV im Jahr 2005 bis heute mit Fahrscheindruckern der Firma Atron (zunächst vom Typ FR Compact, aktuell AFR 4).

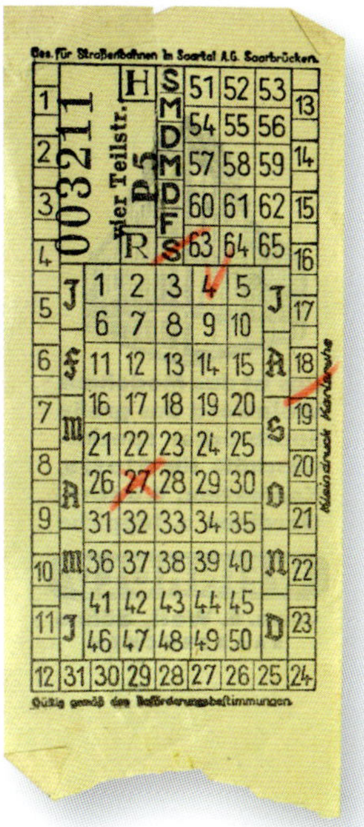

Mit Beitritt des Saargebietes ins Deutsche Reich 1935 kommen Fahrscheine auf den Markt, die am Rand auch die ersten Monatsbuchstaben darstellen: J, F, M, A ... und so fort, und dies in Frakturschrift – einer Schrift, die die Nationalsozialisten erst als typisch deutsch identifizierten, dann aber wieder aus praktischen Gründen abschafften.
Der Inhaber dieses Fahrscheins zahlte 1936 0,25 Reichsmark und bestieg den Wagen an einem Samstag gegen 19 Uhr an der Station mit der Teilstreckennummer 4 (Lessingstraße) und fuhr bis Nummer 27 (Straßenbahnhof Jägersfreude), was genau vier Teilstrecken entsprach, wie der Fahrscheintyp bestätigt. In den 1930er und 1940er Jahren verzichtete man zeitweise auf die Darstellung des Liniennetzes, in der Zeit des Zweiten Weltkrieges auch aus strategischen Gründen.

Anhand der fortschreitenden Teilstreckennummern konnte man dennoch die Ausweitung des Streckennetzes ablesen: Aus dem Jahr 1938 dürfte demnach der Fahrschein rechts unten stammen, der für sechs Teilstrecken galt und die Strecke Riegelsberg – seit 1937 Teil des GSS-Streckennetzes mit den Teilstreckennummern 40 bis 50 – darstellt, die Kleinbahnstrecke nach Ormesheim und Ensheim, die seit 1938 Teil der GSS war, jedoch noch nicht.
Bevor die Riegelsberger Straßenbahn zur GSS gehörte, bedurfte es eines Zusatzfahrscheins, um die Linien der GSS in die Innenstadt bis zum Neumarkt zu nutzen.

Der Einzelfahrschein mit der Darstellung des Saarbrücker Stadtwappens (links) aus dem Jahr 1938 geht in den Teilstreckennummern nun schon bis 100 und bezieht einige neue Omnibusstrecken mit ein wie zur Bellevue, nach Güdingen Unner, nach Scheidt oder Klarenthal.

Ein weiterer Einzelfahrschein (rechts) aus den frühen 1940er Jahren zeigt nun Teilstreckennummern bis 120, die für die Strecke nach Ormesheim und die kurzzeitig betriebene Strecke bis Dechen (Neunkircher Straßenbahn) stehen. Mit Annektierung von Elsass-Lothringen wurde die Linie der Forbacher Straßenbahn (Goldene Bremm–Marienau–Kleinrosseln) in das Netz der GSS integriert, was Nummern bis 130 mit sich brachte.

In den 1940er Jahren wurde zeitweise auf ein sehr minimalistisches Modell von Fahrscheinen zurückgegriffen, was wie oben erwähnt, dem Krieg geschuldet sein dürfte. Diese Art Fahrschein wurde auch nach 1945 noch behelfsmäßig verwendet. Interessant ist hier, dass erstmals ein Stempel bei der Entwertung auftaucht. Ein Original dieses Stempeltyps ist auf der Abbildung zu sehen.

In der Wiederaufbauzeit kamen weitere Fahrscheintypen zum Einsatz. Man bediente sich wieder Farbmarkierungen, um die unterschiedliche Zahl an Teilstrecken erkennbar zu machen. Die Preise lagen 1948 bei zehn Francs für eine Teilstrecke und 30 Francs für mehr als zehn Teilstrecken. Der abgebildete Fahrschein kostete 20 Francs. Zur Entwertung taucht hier mit einer Ausnahme um 1930 das erste Mal eine Lochzange auf. Eine auffällige Besonderheit sind hier ebenso die Buchstaben, die die benutzte Strecke bezeichnen:

Mitte, St. **A**rnual, **B**ürgerhospital, **E**nsheim, **F**orsthaus Deutschmühlenweiher, **G**üdingen, **H**eusweiler, **L**uisenthal, **O**rmesheim, **R**otenbühl, **S**chafbrücke, **Sp**iesen.

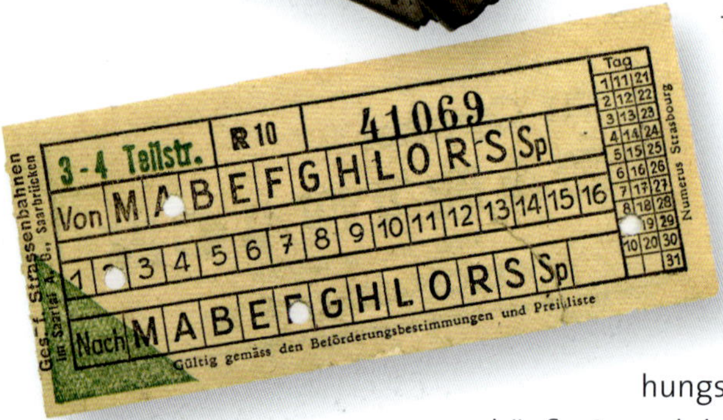

Ab 1949 dominierten nun wieder für mehr als ein Jahrzehnt Einzelfahrscheine mit der Darstellung des Linien- beziehungsweise des Teilstreckennetzes. Hier wechselten die Varianten häufig, je nachdem welche Straßenbahnstrecken auf Omnibus umgestellt wurden oder welche Omnibusstrecken hinzukamen oder verlängert wurden. Quadratische Kästchen bezeichnen eine Straßenbahnlinie, runde Kästchen hingegen eine O-Bus- oder Omnibusstrecke. Hier ist die meiste Dynamik zu beobachten.

Ein Beispiel:

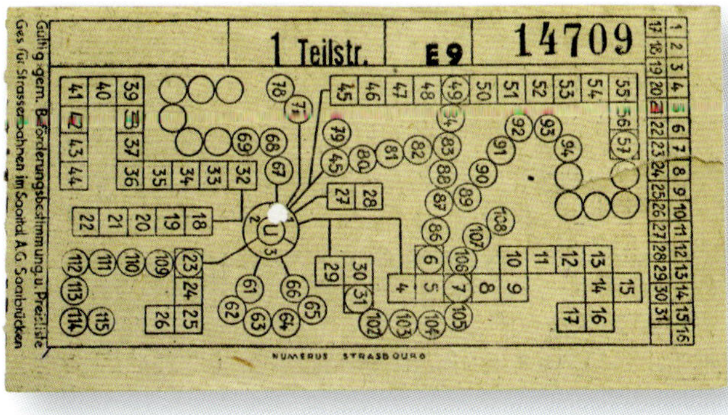

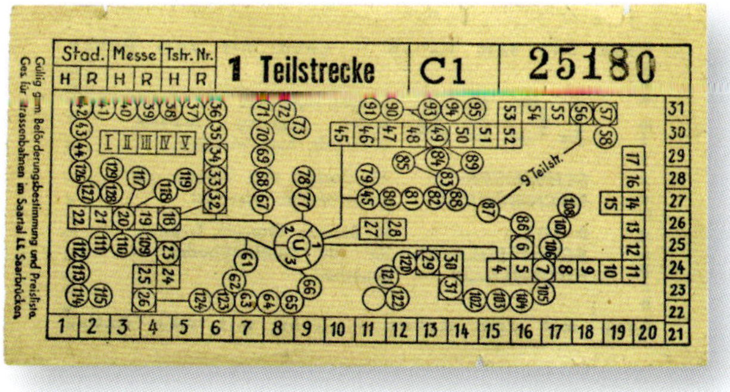

Die beiden hier dargestellten Fahrscheine stellen das Wachstum des Liniennetzes, vor allem das des Omnibusses, deutlich dar. Beim jüngeren rechten Fahrschein aus der Mitte der 1950er Jahre fällt auf, dass die Strecke nach Heuweiler auf O-Bus umgestellt wurde und schon Sondertarife für Fußballspiele und Messeveranstaltungen existierten.

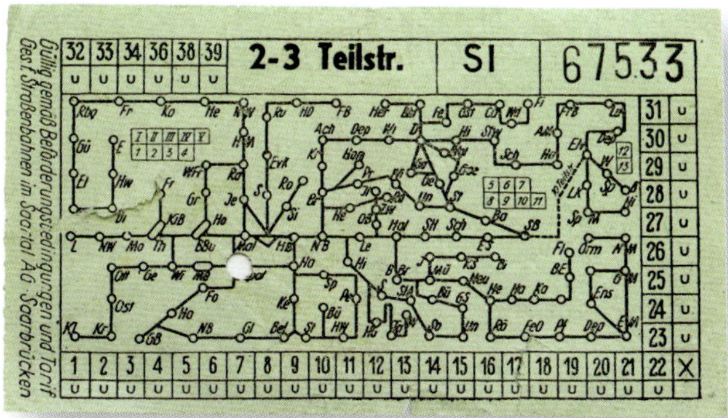

Die letzten »geographischen Fahrscheine« von 1958 bis 1963 ersetzen noch die Teilstreckennummern durch Kürzel, was dem Laien die Orientierung vereinfacht, eine Unterscheidung nach Verkehrsmittel jedoch nicht ermöglicht. Es war die Zeit, als eine Straßenbahnstrecke nach der anderen auf den Busbetrieb umgestellt wurde.

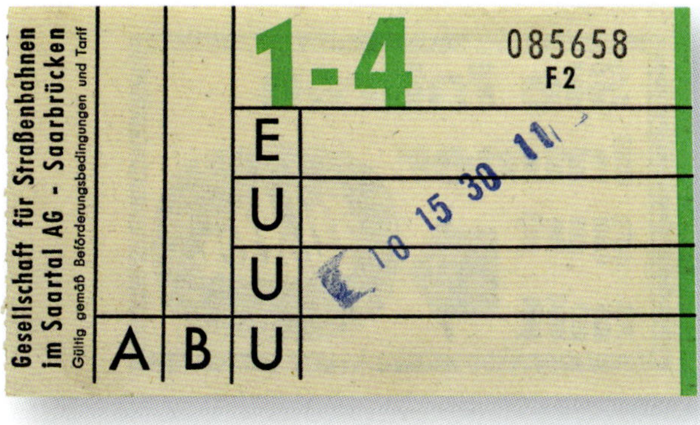

Im November 1963 löste dann der Stempel die Lochzange ab und ein neuer Typ Einzelfahrschein wurde ausgegeben. Die Anzahl der Teilstrecken und Inhalt und Position des Stempels gaben Auskunft über die Gültigkeit (E = Einstieg, U = Umstieg).

Diese Art Fahrschein wurde auch als Urversion des heutigen Jobtickets genutzt – in diesem Falle mit Sonderstempel für die Bergleute der Grube Camphausen.

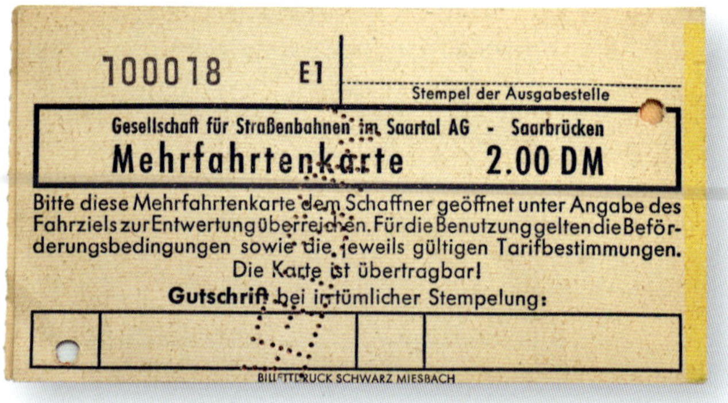

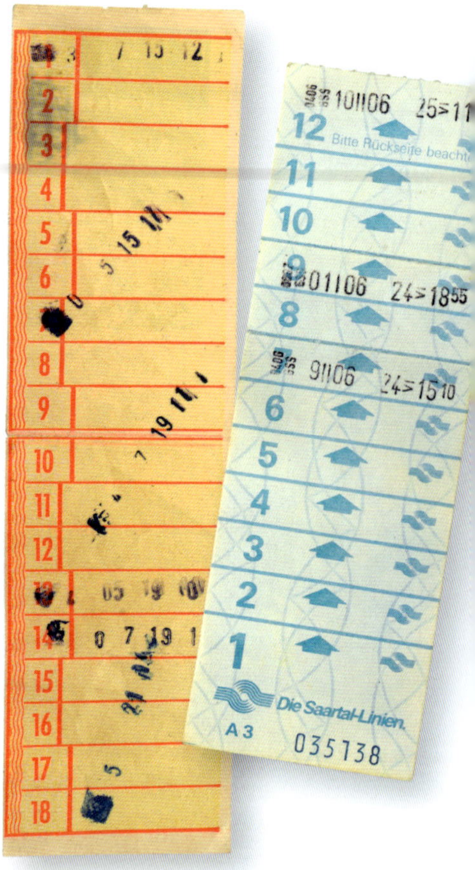

Zwischen die Einzel- und Dauerkarten schoben sich in den 1960er Jahren die ersten Mehrfahrtenkarten für Gelegenheitsnutzer, die sogenannten Streifenkarten (Abb. oben und rechts). Diese wurden bis 1986 ausgegeben und dann durch Viererkarten ersetzt. Die letzte Art von Streifenkarten gab es schon im neuen Design und mit dem Produktnamen »Saartal-Linien« (Abb. rechts außen).

Die Einzelfahrscheine der 1970er Jahre orientierten sich an einer neuen Art der Entwertung mittels eines neuen Handstempeltyps (Abbildung). Diese Stempel benutzten die Fahrer auf ihrem Kassentisch zur Entwertung der Fahrscheine. 1982 wurde dann die Selbstentwertung eingeführt. Mit dem begleitenden Marketingslogan »Selbst entwerten bringt schneller voran« wurden die Fahrgäste »umerzogen« und an jeder Tür Selbstentwerterkästen installiert. Somit wurde zwischenzeitlich der Einstieg auch an den hinteren Türen erlaubt. Just zu dieser Zeit gastierte der Schweizer Kabarettist Franz Hohler beim Gesellschaftsabend des SR und machte den Slogan der Saartal-Linien spontan zum Teil seines kabarettistischen Beitrages. Die beiden hier abgebildeten Fahrscheine desselben Typs zeigen Handstempel und Entwerterstempel.

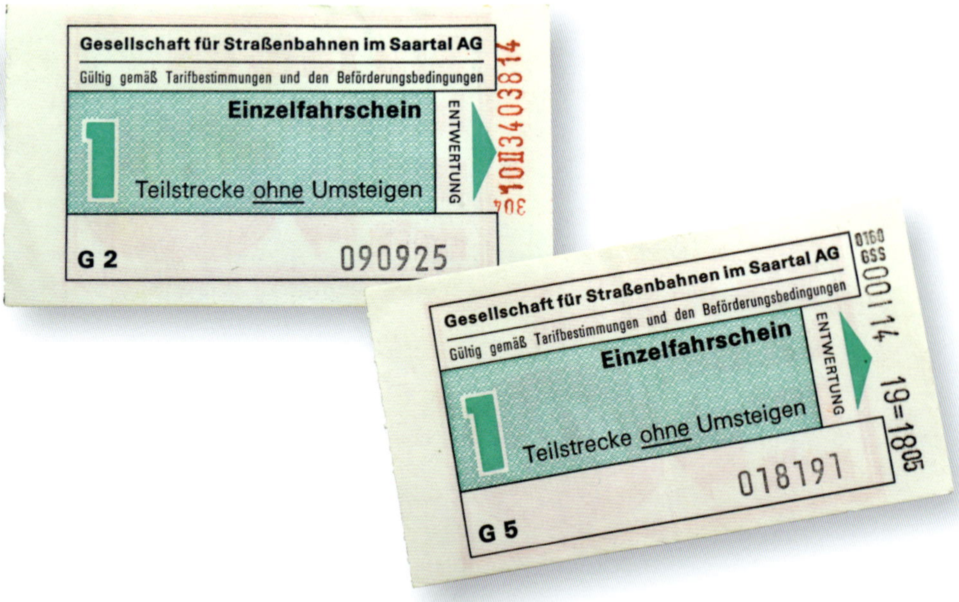

Kurz darauf, 1982, wurden die Einzelfahrscheine optisch aufgewertet, was zukunftsweisend war: Farbe und Typisierung mittels Buchstaben machen das Layout ansprechender.

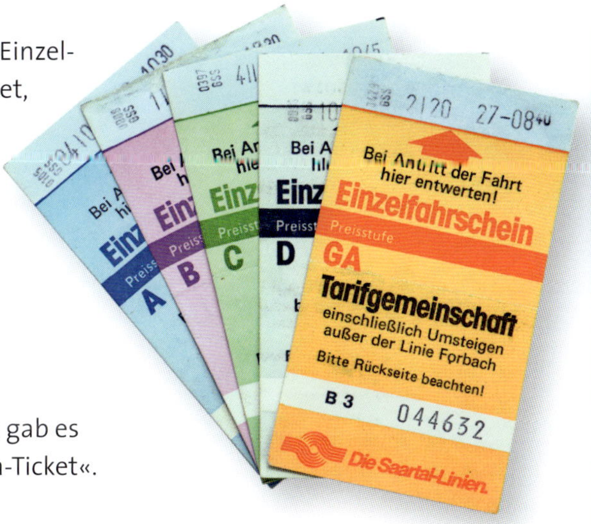

Auch für Sonderveranstaltungen gab es etwas, zum Beispiel das »Stadion-Ticket«.

An Ostern 1986 überraschten die Saartal-Linien ihre Fahrgäste mit einem besonderen Ei: Die alten Teilstrecken beziehungsweise Zonen wurden durch stark vereinfachte Bereiche ersetzt: Stadt, Umland, Netz. Dieses zukunftsweisende und einfache Tarifsystem brachte auch hier neue Fahrscheine mit sich, die sich am 1982 entwickelten Typus orientierten (A/B, C, D, GA, GB) und das Angebot an Tageskarten (S, N, U) mit einschlossen.

Die wachsende Konkurrenz durch das Auto war schon lange nichts Neues mehr, aber aufgrund des gestiegenen Umweltbewusstseins mussten die Verkehrsbetriebe potentiellen Neukunden etwas bieten. Dazu gehörten Sondertickets, deren Angebot ausgeweitet wurde: Bäder-Ticket, ParkBus-Ticket, Stadion-Ticket, Zoo-Ticket, Messe-Ticket oder die Kauf-Karte mit Bons zum Einlösen in Saarbrücker Geschäften seien als Beispiele erwähnt.

Mehrere Tariferhöhungen brachten in den 1990er Jahren immer wieder neue Fahrscheinarten der oben genannten Art für Einzel-, Vierer- und Tageskarten hervor, bis 1997 – wie bereits erwähnt – der entscheidende Einschnitt kam: Die Einführung des Fahrscheindruckers. Links ist ein Testfahrschein der ersten Druckergeneration dargestellt.

Da zeitgleich die Saarbahn in Betrieb ging, gab es ein besonderes Papier, das die Logos der nun zwischenzeitlich parallel existierenden Unternehmen GSS (»Saartal-Linien«) und Saarbahn im Hintergrund darstellt.

Das für den Fahrscheindruck benutzte Thermopapier bedingt leider eine nachlassende Lesbarkeit im Lauf der Jahre. Fahrscheine aus Automaten und als Viererkarten mussten noch selbst entwertet werden, Fahrscheine, die beim Fahrer gekauft wurden, nicht mehr.

Für den Fall, dass die Technik versagt, führt jeder Fahrer bis heute »Notfahrscheine« mit sich, die kurz vor und nach der Einführung des Euros so aussahen.

Mit der Einführung des Euro am 1. Januar 2002 änderte sich für den Fahrgast zunächst wenig, jedoch auch dieses geschichtsträchtige Ereignis wird durch die Einzelfahrscheine dokumentiert.

Mit der Einführung des saarländischen Verkehrsverbundes saarVV am 1. August 2005 endet zu einem Großteil die Ära der für Saarbrücken spezifischen Einzelfahrscheine, da die Tarife jetzt durch einen landesweit gültigen Tarif ersetzt wurden. Übrig gebliebene Haustarife wie der der Kurzstrecke liegen noch im Verantwortungsbereich der Saarbahn GmbH. Schon früh erkannte man seitens der GSS die Möglichkeit, die Rückseite der Fahrscheine als Werbefläche zu vermarkten. Nicht nur Grafik und Lyrik, sondern auch die werbenden Firmen sind inzwischen teils Geschichte. Die hier abgebildeten Beispiele stammen aus der Zeit zwischen 1920 und 1980.

(Alle Fotos: Thomas Störmer)

125
20
125 Jahre Gesellschaft für Straßenbahnen im Saartal
20 Jahre Saarbahn in Saarbrücken
STRASSENBAHNREKLAME
FORTSCHRITT
UND TRADITION
Seit 1892 bewegen wir Saarbrücken.
SAARBRÜCKEN
Saarbrücken Hauptbahnhof
Saarbahn
Im Unternehmensverbund mit
Stadtwerke Saarbrücken
SAAR BRÜ CKEN
Ein Unternehmen der Landeshauptstadt SAARBRÜCKEN
www.saarbahn.de

Marie Luise Strohm-Georg

20 Jahre Saarbahn –

eine Erfolgsgeschichte

Ein Konzept für die Zukunft – Entscheidung für die Saarbahn

Im Zuge eines immer stärker wachsenden motorisierten Individualverkehrs (MIV) mit dem Auto als Hauptverkehrsmittel verlor der Bus als Verkehrsmittel insbesondere seit Beginn der 1970er Jahre auch in Saarbrücken zunehmend an Attraktivität. Dies spiegelte sich im Rückgang des Fahrgastaufkommens wieder, das im Jahr 1984 mit nur noch 25 Millionen Fahrgästen den absoluten Tiefstand seit 1945 erreichte. Zum Vergleich: 1970 lagen die Saarbrücker Fahrgastzahlen noch bei 40 Millionen.[206]

Um dieser Entwicklung erfolgreich entgegenzuwirken, gab die Gesellschaft für Straßenbahnen im Saartal AG (GSS) 1984 eine Studie zur Liniennetzoptimierung (DIANA) in Auftrag, mit deren Hilfe ein modernes, attraktives und kundenorientiertes Nahverkehrsangebot erstellt wurde.[207] Liniennetzoptimierung, gesteigerter Fahrkomfort, günstige Preisgestaltung, ein vereinfachtes Tarifsystem, eigene Busspuren und Pförtneranlagen mit Vorrang für den Bus ließen diesen wieder zu einem attraktiven Verkehrsmittel werden und brachten die Trendwende. Rasch stellten sich die gewünschten Erfolge ein und die Fahrgastzahlen stiegen wieder an. Bereits 1989 lag das Fahrgastaufkommen bei rund 30 Millionen und erhöhte sich bis 1995 auf 37,3 Millionen.[208]

Ende der 1980er Jahre fuhren in der Morgenspitze 109 Busse durch die Saarbrücker Bahnhofstraße. (Foto: GSS)

So erfreulich diese Entwicklung einerseits auch war, zeigten sich andererseits schon zum Ende der 1980er Jahre ihre Grenzen. Das klassische Bussystem war an seiner Leistungsgrenze angelangt und nicht mehr in der Lage, einen weiteren Fahrgastanstieg auf Dauer zu bewältigen. Ein Kapazitätsausbau auf Basis eines reinen Bussystems hätte vor allem im innerstädtischen Bereich unweigerlich zu einem Verkehrschaos geführt.

Hinzu kam zum einen, dass die ÖPNV-Anbindung von Saarbrücken an seine Peripherie, aus der der tägliche Pendlerstrom beständig anwuchs, weiterhin ungenügend war. Auch war der Saarbrücker Verkehrsraum durch die Topographie und den Wald derart eingeengt, dass die Einrichtung weiterer Busspuren (vorhandene zwölf Kilometer, geplant waren weitere vier Kilometer), die ein schnelleres Vorankommen der Busse gegenüber dem Individualverkehr gewährleisten sollten, nur begrenzt möglich war.

Zum anderen sollte die Saarbrücker Innenstadt stärker vom Autoverkehr entlastet werden, um für Anwohner, Handel und Gewerbe attraktiver zu werden. Von zentraler städteplanerischer Bedeutung war dabei die Umwandlung ihrer Hauptverkehrsachse, der Bahnhofstraße, in eine Fußgängerzone. Damit entfiel eine zentrale Achse des Bussystems.[209]

Sollte die Zielsetzung der Verkehrs- und Stadtplaner zur Verbesserung der Umwelt- und Lebensqualität erreicht und ein prognostizierter Anteil von 20 Prozent des motorisierten Individualverkehrs, also rund 120.000 Personenfahrten

206 100 bewegte Jahre 1892–1992. Die Geschichte der Gesellschaft für Straßenbahnen im Saartal AG (Saartal-Linien), S. 81.

207 Ebda, S. 81 f.

208 Eine bewegte Geschichte 1892–2000. Chronik zum städtischen Nahverkehr in Saarbrücken und Umgebung, Saarbrücken 1999, S. 96.

209 S-Print, Ausgabe 08, Oktober 2007, S. 1.

täglich, auf den Umweltverbund von ÖPNV (90.000 Fahrten), Fuß- und Radverkehr (30.000 Fahrten) verlagert werden, hätte dies an Werktagen für die GSS einen Fahrgastzuwachs von über 60 Prozent gegenüber dem damaligen Stand bedeutet. Dies wäre auf der Basis eines reinen Busverkehrssystems nicht mehr zu bewältigen gewesen.[210]

Entwicklung eines neuen Verkehrskonzeptes – eine richtungsweisende Entscheidung

Eine Neuordnung des Öffentlichen Personennahverkehrs in Saarbrücken mit dem Ziel eine höhere Produktivität zu erreichen, erwies sich demnach Anfang der 1990er Jahre als dringender denn je für die Verkehrs- und Stadtplaner.
Eine eigens eingesetzte Arbeitsgruppe, die sich aus Vertretern der Landeshauptstadt, der Verkehrsgemeinschaft Saar, Consulting Unternehmen und dem Münchner Verkehrswissenschaftler Dr.-Ing. Kirchhoff zusammensetzte, empfahl nach intensiven Beratungen und unter Berücksichtigung aller Rahmenbedingungen im April 1991 die stufenweise Wiedereinführung eines schienengebundenen Nahverkehrssystems – nach dem Vorbild des Karlsruher Modells – unter Mitbenutzung des Schienennetzes der Deutschen Bahn außerhalb der Stadt mit dem Bus als Zubringer zur Schiene und als eigenständiges Teilsystem. Dies stellte die sinnvollste und effizienteste Lösung der vorhandenen Verkehrsprobleme dar und entsprach zugleich einer zeitgemäßen, stärker ökologisch ausgerichteten Verkehrspolitik.[211]
Diese Empfehlung war nicht nur für die Saarbrücker Verkehrsplanung relevant, sondern sie führte 1992 auch auf Landesebene zur Entwicklung eines neuen Verkehrsplanes. Darin wurde vor dem Hintergrund der Regionalisierung des Schienen-Personen-Nahverkehrs und den veränderten Bestimmungen zur finanziellen Förderung öffentlicher Projekte im Rahmen des Gemeindeverkehrsfinanzierungsgesetzes (GVFG) das Ziel gefasst, eine Nahverkehrserschließung für die gesamte Region zu entwickeln und – vor allem im Hinblick auf das Einstellen des DB-Betriebes auf vielen regionalen Strecken zu Beginn der 1990er Jahre – entsprechend der vorliegenden Empfehlung ein schienengebundenes ÖPNV-System unter Mitbenutzung des vorhandenen bzw. reaktivierbaren Schienennetzes einzuführen. Dieses System sollte zum Rückgrat des regionalen Öffentlichen Personennahverkehrs werden.
Im Februar 1992 gab der Saarbrücker Stadtrat grünes Licht für die Aufnahme der Planungen zur Einführung einer Stadtbahn für Saarbrücken und die Region und übernahm zugleich eine Bürgschaft in Höhe von 12 Millionen DM zur Finanzierung der bereits zwei Monate später anlaufenden Planungsarbeiten. Mit diesem Ratsbeschluss wurde das »Projekt Saarbahn« offiziell aus der Taufe gehoben, an dessen Konzeption und Realisierung auch das damalige Vorstandsmitglied der GSS, Norbert Walter, maßgeblich beteiligt war. Der Aufsichtsrat der GSS hatte bereits im Dezember 1991 in einer Grundsatzentscheidung dem Projekt zugestimmt und im Juni 1992 die Stadtbahn Saar GmbH (SBS) als Planungs-, Bau- und Betriebsgesellschaft für das Infrastrukturgroßprojekt gegründet.

210 Stadtbahn Saar GmbH (Hrsg.), Mobil in die Zukunft, Saarbrücken 1996, S. 3.
211 Eine bewegte Geschichte 1892–2000. Chronik zum städtischen Nahverkehr in Saarbrücken und Umgebung, Saarbrücken 1999, S. 89.

Im darauffolgenden Jahr verabschiedete der Saarbrücker Stadtrat ein neues Verkehrskonzept mit dem Ziel, die Innenstadt vom motorisierten Individualverkehr deutlich zu entlasten. In diesem Verkehrskonzept wurde die Saarbahn als zentrale Achse im ÖPNV konzipiert. Die für die Planung und vor allem für die finanzielle Förderung des Projektes Saarbahn entscheidende Zustimmung des Landes erfolgte im November 1993.[212] Damit waren alle Weichen für das Großprojekt gestellt.

Saarbrücken war die erste deutsche Stadt, die den kompletten Neubau eines Schienennahverkehrssystems beschloss, das weder an Stadt- noch Landesgrenzen endete, sondern eine komplette Region für den Nahverkehr erschloss. Diese Entscheidung bildete den Startschuss für eines der größten Infrastrukturprojekte in der Geschichte des Saarlandes und leitete aus verkehrspolitischer und ökologischer Sicht eine Wende für Saarbrücken und die Region ein. Die nun durchgeführten Erhebungen und Planungen identifizierten bald die Strecke von der französischen Nachbarstadt Sarreguemines über Saarbrücken, Riegelsberg und Heusweiler bis zur Stadt Lebach als Kernstück des Projektes und definierten sie folgerichtig als Ausbaustufe I.

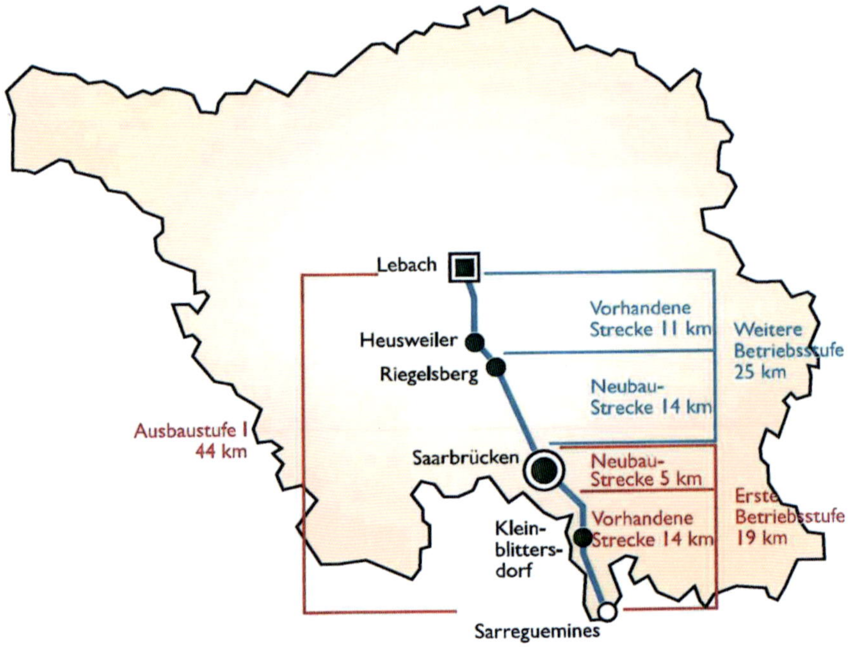

Kosten und Finanzierung

Im April 1992 erhielt die aus der Rail Consult und der ehemaligen Verkehrs Consult Karlsruhe bestehende Planungsgemeinschaft Stadtbahn den Auftrag zur Beratung und zur Bearbeitung der im Rahmen der Projektrealisierung anfallenden Aufgaben. Ab 1996 führte die Rail Consult diese Aufgaben alleine weiter.

Die Gesamtinvestition für die Ausbaustufe I in Höhe von 542 Millionen DM sollten sich die drei Finanzierungspartner Bund, Land und Stadtbahn Saar GmbH teilen. Der Bund sollte 214 Millionen DM, das Land 225 Millionen DM und die

212 Stadtbahn Saar GmbH (Hrsg.), Mobil in die Zukunft, Saarbrücken 1996, S. 25.

Stadtbahn Saar, an der die Landeshauptstadt Saarbrücken und die Stadt Lebach beteiligt sind, 103 Millionen DM einbringen. Die finanzielle Unterstützung des Bundes erfolgte auf der Grundlage des 1991 geänderten GVFG, das erstmals auch eine Förderung von Schienenfahrzeugen vorsah.[213]
Im ersten Finanzierungsantrag an das Bundesverkehrsministerium entfielen 368 Millionen DM auf den Streckenbau. Dieses Kostenvolumen wurde im Änderungsantrag vom 6. Juli 1997 auf 418,4 Millionen DM aufgestockt. Die Gründe für diese Erhöhung lagen in Preisindizierungen seit 1992, einem vierspurigen statt wie ursprünglich geplant zweispurigen Ausbau der Haltestelle Hauptbahnhof sowie in zusätzlichen Kosten, die aus Auflagen der Genehmigungsbehörden im Rahmen des Planfeststellungsverfahrens resultierten.

Die Anteile der Investoren am Streckenbau änderten sich daraufhin wie folgt:

Bund:	**240,3 Millionen DM**	**57,4 Prozent**
Land:	**120,1 Millionen DM**	**28,7 Prozent**
SBS:	**58,0 Millionen DM**	**13,9 Prozent**[214]

Die Ausbaustufe I gliederte sich in etwa ein Drittel neu zu bauende, ein Drittel zu erneuernde und ein Drittel bestehende Strecken:[215]

1 Kilometer SNCF[216]
15 Kilometer Strecke der Deutschen Bahn,
16 Kilometer Stadtbahnstrecke (Neubaustrecke) und
12 Kilometer Köllertalstrecke.

Die Finanzierung der Schienenfahrzeuge sollte zu 75 Prozent das Land übernehmen, die restlichen 25 Prozent das Unternehmen selbst.
Das Saarbahn-Projekt verfolgte von Anfang an zwei Ziele: eine Stadtbahn für Saarbrücken und ein Schienensystem für das Saarland zu schaffen, das kundennah und modern auch unter wirtschaftlichen Vorteilen nutzbar sein sollte. Darüber hinaus setzten die Planer von Anfang an auch einen europäischen Akzent, indem sie die Saarbahn mit der Verbindung ins französische Sarreguemines als grenzüberschreitendes Euro-Projekt konzipierten.

Die Zwei-System-Technik – eine gelungene Verbindung von Eisenbahn und Straßenbahn

Zur Verwirklichung dieser Ziele mussten zwei Rahmenbedingungen erfüllt werden: erstens musste das eingesetzte Fahrzeug den Betrieb mit zwei unterschiedlichen Stromsystemen – 750 V Gleichstrom im innerstädtischen Straßenbahnbetrieb und 15 kV Wechselstrom mit einer Frequenz von 16,7 Hertz im

213 Stadtbahn Saar GmbH (Hrsg.), Mobil in die Zukunft, Saarbrücken 1996, S. 9.
214 Eine bewegte Geschichte 1892–2000. Chronik zum städtischen Nahverkehr in Saarbrücken und Umgebung, Saarbrücken 1999, S. 91.
215 Die Kosten für einen Kilometer Neubaustrecke im innerstädtischen Bereich lagen bei 21,7 Millionen DM (zum Vergleich: der durchschnittliche Neubaupreis eines Straßenbahnkilometers lag um etwa 5–10 Millionen DM höher und der Preis für eine Kilometer U-Bahn konnte 100 Millionen DM erreichen). Ebda, S. 92.
216 In den 1980 er Jahren wurde der ca. ein Kilometer lange Streckenabschnitt auf französischer Seite nach Sarreguemines mit der Fahrspannung der Deutschen Bahn ausgestattet. Dies ermöglichte den grenzüberschreitenden Betrieb der Saarbahn.

Ein Blick aus dem Fahrerstand der Saarbahn. (Foto: Saarbahn)

Bahnbetrieb ermöglichen – und zweitens mussten vorhandene und reaktivierbare Bahnstrecken im Saarland genutzt werden, um Kosten zu sparen und die Inanspruchnahme zusätzlicher Flächen für den Streckenbau so gering wie möglich zu halten.

Das setzte voraus, dass Gleise und Fahrzeuge auch im Straßenbahnbereich über die Regelspurweite herkömmlicher Eisenbahnen von 1.435 mm statt 1.000 mm verfügten. Die Entscheidung für die Regelspurbreite eröffnete der Saarbahn die Option, allein im Großraum Saarbrücken rund 160 Kilometer Eisenbahnschienen inklusive vieler Neben- und Güterverkehrsstrecken nutzen zu können, was insgesamt trotz der Mehrkosten für die Zwei-System-Technik zu einer günstigen Kosten-Nutzen-Relation beitrug.[217]

Das von der Saarbahn eingesetzte Fahrzeug des kanadischen Herstellers Bombardier Eurorail setzte mit der weltweit erstmaligen Kombination von Zweisystem- und Niederflurtechnik neue Maßstäbe im Nahverkehr. Bei der Vorstellung am 25. Oktober 1996 beim Hersteller in Brügge, dem sogenannten Roll out, stieß diese Neuheit auf großes Interesse. Die Saarbahn wurde nicht nur zum Prototyp für vielseitige und moderne Stadtbahnsysteme, sondern auch zu einem bedeutenden Image-Faktor für das Land.[218]

Die Saarbahn bietet höchste Sicherheit und Komfort

Das Zweirichtungsfahrzeug mit Zwei-System-Technik für Gleichstrom und Wechselstrom verfügt über einem Niederfluranteil von 48 Prozent. In der Fahrzeugmitte befindet sich der Transformator unter dem Fahrzeugboden, sodass dieser Fahrzeugteil hochflurig ausgerichtet ist. Bei einer Motorisierung von 960 kW beträgt die technisch mögliche Höchstgeschwindigkeit 100 km/h, betrieblich erlaubt sind jedoch nur 90 km/h. Das Fahrzeug hat eine Länge von 37 Meter, eine Breite von 2,65 Metern und eine Höhe von 3,88 Metern (bei eingezogenem Stromabnehmer). Sein Leergewicht beträgt 55,6 Tonnen, das zulässige Gesamtgewicht liegt bei 81,6 Tonnen. Bei einem Verhältnis von vier Personen pro Quadratmeter stehen den Fahrgästen 96 Sitz- und 147 Stehplätze zur Verfügung.

---

217 Ohne diese technische Möglichkeit wäre die Bahnstrecke nach Sarreguemines nach den Plänen der DB AG stillgelegt worden.

218 Die Saarbahn. Eine Festschrift zum Start am 24. Oktober 1997, S. 13.

Die niedrige Höhe des Fahrzeugbodens (Niederflurtechnik) bietet beim Einstieg den nötigen Komfort und Barrierefreiheit: Bahnsteigkante und Fahrzeugboden befinden sich auf gleichem Niveau. In den Niederflurbereichen gibt es eigene Zonen für Rollstuhlfahrer, Kinderwagen und Fahrräder. Lautsprecheransagen und Displays im Fahrzeuginnern informieren über den nächsten Halt und das Ziel. Linienbänder im Bereich der Türen geben einen Überblick über die Haltepunkte der befahrenen Strecke.
Als sogenannte Tram-Train muss die Saarbahn hinsichtlich der Sicherheit sowohl die Vorgaben im Straßenbahn- als auch im Eisenbahnbetrieb erfüllen. Einerseits muss das Fahrzeug leicht sein, um weniger Energie zu verbrauchen, schneller bremsen und beschleunigen zu können, andererseits bringt die Zweisystem-Technik zusätzliches Gewicht. Dies erfordert einen ausgewogenen Kompromiss zwischen »Leichtigkeit« und »Bahn-Fähigkeit«.
Die Kopfwagen mit einem Gerippe aus Stahl halten einem Druck von 60 Tonnen stand. Die Frontscheiben sind aus schussfestem Sicherheitsglas und widerstehen einem mit 260 km/h aufprallenden Gegenstand von einem Kilogramm Gewicht. Darüber hinaus sorgt der Allradachsenantrieb für eine gute Beschleunigung und drei voneinander unabhängig wirkende Bremssysteme[219] garantieren sicheres Bremsen und kurze Bremswege. Dabei wird ein Teil der Bremsenergie in das Energiesystem zurückgeführt und wieder nutzbar gemacht. Alle Türen verfügen über mehrere Schutzsysteme gegen das Einklemmen von Personen und können im Notfall von Hand geöffnet werden. Moderne Außenkameras

219 Es handelt sich dabei um Motor-, Magnetschienen- und Federspeicherbremsen.

übernehmen die Funktion der Außenspiegel. Die Handlungen der Triebfahrzeugführer werden permanent von technischen Systemen überwacht. Sollte sich ein Störfall in sicherheitsrelevanten Funktionsbereichen, wie etwa im Bremssystem ereignen, tritt automatisch eine Sicherheitseinrichtung in Kraft und das Fahrzeug hält an.[220]

Beim Fahrzeug-Design konnten die Saarbrücker mitentscheiden und unter verschiedenen Vorschlägen wählen. Von 1997 bis 2008 prägte dieses von den Bürgern mitentwickelte und 1997 mit dem europäischen Designer-Preis ‚Binder Award'[221] ausgezeichnete Design die Kernmarke, bis die Saarbahn-Fahrzeuge als rollende Werbeträger erschlossen wurden.

Die Realisierung

Nachdem der Aufsichtsrat der GSS und der Saarbrücker Stadtrat der Einführung eines modernen Stadtbahnsystems zugestimmt hatten, begannen bereits im April 1992 die Planungen mit ersten Überlegungen zur Trassenführung. Bereits im Dezember 1993 lagen die Pläne zum Planfeststellungsverfahren für die innerstädtische Streckenführung von Brebach bis zur Pfarrer-Bungarten-Straße (Kirche St. Josef) vor, die im Oktober 1994 genehmigt wurden. Die Planung und ihre Genehmigung durch Stadt und Land bildeten die Voraussetzung für die Projekt-Förderung. Nachdem Bund und Land ihre Finanzierungen Anfang 1995 zugesichert hatten, erfolgte im Juni 1995 der offizielle Spatenstich.

Der Bau der Saarbahn fiel dabei zeitlich mit vielen anderen Baustellen in der Landeshauptstadt zusammen, unter anderem mit dem Bau der Fußgängerzone in der Bahnhofstraße. Tausende Kubikmeter Erde, Baumassen und Beton mussten bewegt und gegossen, Kilometer von Leitungen, Rohren, Kabeln und Schienen verlegt werden, und das inmitten einer Stadt, in der die Verkehrsadern einer Großregion zusammenlaufen und in die Tag für Tag tausende Pendler hinein- und hinausströmen. Nicht selten kam es während der Arbeiten zu unplanmäßigen Verzögerungen, wenn beispielsweise Trümmerschutt aus dem Zweiten Weltkrieg etwa in der Kaiserstraße und in der Klausenerstraße vorgefunden wurde, oder Rohre und Leitungen anders verliefen, als nach den entsprechenden Plänen zu erwarten gewesen war. Kurzum: Vom ersten Spatenstich bis zur Jungfernfahrt waren planerische und logistische Höchstleistungen gefordert, und vor allem viel Toleranz und Verständnis von Anwohnern und Verkehrsteilnehmern, Unternehmen und letztlich auch allen am Bau der Saarbahn Beteiligten.

Die Wetterkarte!
Die Zeit der Tiefdruckgebiete, die Eis und Schnee mit sich bringen, ist wieder eingekehrt. Da empfiehlt es sich, Saarbahn+bus zu nutzen, um sicher und zuverlässig ans Ziel zu kommen. Zum Beispiel mit der UmweltZeit-Karte. Für einen Monat, für drei Monate (Mobilitätsabo) oder im Jahresabo.
Das Saarbahn-Infoangebot: Hotline: 06 81 / 587-20 75, Kundenzentrum: 06 81 / 50 03-377, Internet: www.saarbahn.de

S-Press
Ausgabe Dezember 1998 Nr. 7
Das Saarbahn-Magazin

Ein Land kommt weiter mit der Saarbahn

Modern, bequem, kundenorientiert: Mit der Saarbahn bietet der öffentliche Personennahverkehr im Saarland ein attraktives Verkehrssystem. Diese neue Qualität werden wir ausbauen. Wir werden die Saarbahn in die Fläche bringen. Das heißt: zügiger Ausbau der Strecke nach Lebach: damit werden die Wege vom mittleren und nördlichen Saarland in den Saarbrücker Raum noch kürzer. Wir werden auch schnellstmöglich die Aufnahme des Saarbahn-Verkehrs Richtung Saarlouis hinbekommen und neue Trassen bauen, wo ein großes Fahrgastpotential besteht. Die Saarbahn ist eine hervorragende und kostengünstige Alternative zum Auto mit all seinen negativen Folgen für die Gesellschaft, die menschliche Gesundheit und die Umwelt. Deshalb werden wir als Landesregierung das Projekt forcieren und auch künftig finanziell unterstützen. So kommt das Land weiter.

Heiko Maas
Minister für Umwelt, Energie und Verkehr

Mit der Saarbahn in die Saarbrücker City

Kaum eine andere Stadt in Deutschland verfügt über eine mit Saarbrücken vergleichbare Zentralität. Relativ zu ihrer Größe bietet die Stadt sehr viele Arbeitsplätze für das Umland an. Doch die täglichen Pendlerströme waren bisher immer nur äußerst schwer in den Griff zu bekommen. Jetzt bietet die Saarbahn erstmals eine attraktive Alternative zum privaten Pkw. Die große Entlastung der Einfallstraßen in die Stadt ist uns allerdings mit der Inbetriebnahme des ersten Bauabschnitts noch nicht gelungen. Wichtig ist jetzt der schnelle weitere Streckenausbau. Mit Nachdruck muss der zweite Bauabschnitt realisiert werden, damit wir die wichtigen Verbindungen Richtung Lebach und Richtung Völklingen herstellen können. Den ersten Schritt zum ökologischen Umbau unseres Verkehrssystems haben wir schon getan.

Hajo Hoffmann
Oberbürgermeister der Landeshauptstadt Saarbrücken

Umfrage-Ergebnisse

Eine Umfrage, die Anfang September im Auftrag der Saarbahn durchgeführt wurde, offenbarte jetzt, dass die Riegelsberger geteilter Meinung sind. Keine Seite hat eine eindeutige Mehrheit im Ort. So begrüßen 42 % die Saarbahn ausdrücklich, weitere 7% begrüßen die Einführung der Saarbahn, wenn bestimmte Bedingungen erfüllt sind, wie z. B. die Busanschließung der Ortsteile. 46 % lehnen die Einführung der Saarbahn ab. 5% sind weder dafür noch dagegen, sondern wägen sowohl Vorteile als auch Nachteile gegeneinander ab.
Ziel der zukünftigen Arbeit wird es sein, durch Informationen weitere Vorbehalte abzubauen und zu einer noch breiteren Zustimmung zu kommen – was möglich erscheint.

Die Haltung der Öffentlichkeit zur Saarbahn wird von den Befragten wesentlich schlechter vermutet als sie in Wirklichkeit ist: 58% glauben, daß die Saarbahn in Riegelsberg abgelehnt wird, weitere 28% dass sie teils begrüßt/teils abgelehnt wird. Nur 9% glauben, daß die Saarbahn in Riegelsberg eher begrüßt wird. Die Zustimmung ist auch nach Altersgruppen verschieden: Befragte unter 25 Jahre und über 65 Jahre stimmen dem Projekt eher zu als die Gruppe der 25-65 Jahre alten Befragten. Ein positiver Zusammenhang besteht auch zwischen der Verkehrsmittelwahl der Befragten und der Zustimmung: Regelmäßige ÖPNV-Nutzer sind mit großer Mehrheit für den Bau der Saarbahn.

- 1 -

Umfangreiche Presse- und Öffentlichkeitsarbeit

Begleitet wurden die gesamten Bauarbeiten von einer umfangreichen Informations- und Öffentlichkeitsarbeit. Durch Informationsveranstaltungen, das Saarbahn-Magazin »S-Press« und die »Info-Schiene«, das Saarbahn Info-Mobil sowie Flug- und Faltblätter wurden die Bürgerinnen und Bürger, vor allem die direkt von den Baumaßnahmen betroffenen Anlieger, Geschäftsleute und Zulieferer, über die einzelnen Bauabschnitte immer auf dem Laufenden gehalten.

---

220 Stadtbahn Saar GmbH (Hrsg.), Mobil in die Zukunft, Saarbrücken 1996, S. 21.

221 Die Saarbahn. Eine Festschrift zum Start am 24. Oktober 1997, S. 14.

Am 28. Juni 1995 erfolgte der Spatenstich zum ersten Bauabschnitt in der Saarbrücker Mainzer Straße. (Foto: Saarbahn)

Der damalige saarländische Ministerpräsident Oskar Lafontaine, der Saarbrücker Oberbürgermeister Hajo Hoffmann und der parlamentarische Staatssekretär im Bundesverkehrsministerium, Manfred Carstens, verlegen am 28. Juni 1995 symbolisch die erste Schiene. (Foto: Saarbahn)

Bauarbeiten am Saarbrücker Hauptbahnhof, 1996. (Foto: Saarbahn)

Mit großem Interesse verfolgten die Saarbrücker Bürgerinnen und Bürger am 24. Oktober 1997 die Jungfernfahrt der Saarbahn. (Foto: Saarbahn)

Die Saarbahn auf ihrem Weg nach Sarreguemines. (Foto: Saarbahn)

Der Winter 1996/97 führte durch seine tiefen Temperaturen zu einer Bauverzögerung. Dennoch konnte die erste Betriebsstufe der Ausbaustufe I, die Strecke von Sarreguemines bis in die Saarbrücker Ludwigstraße, nach einer Bauzeit von nur zwei Jahren und fünf Monaten am 24. Oktober 1997 offiziell mit einem großen Fest eröffnet werden.

Zwischen der Grundsatz-Entscheidung zur Einführung eines modernen Stadtbahn-Systems und der Inbetriebnahme des ersten rund 19 Kilometer langen Streckenabschnittes waren weniger als sechs Jahre vergangen.

Saarbrücken war damit die erste deutsche Stadt, die – grenzüberschreitend – den Neubau eines Schienennahverkehrssystems in Zwei-System-Technik auf vorhandenen und neuen Gleisen realisiert hat.

Bereits die begeisterte Reaktion der Saarbrücker Bevölkerung auf die ersten Testfahrten mit den Fahrzeugen kurz vor der offiziellen Eröffnung zeigte deutlich, welches Potential das neue Verkehrsmittel eröffnete. Die Inbetriebnahme der Saarbahn war der erste und zugleich wichtigste Schritt zu einem neuen Saarbrücker Verkehrskonzept, das sich zum Ziel gesetzt hat, von den damals täglich 600.000 Pkw-Fahrten in Saarbrücken (Ziel- und Quellverkehr, Binnenverkehr und Durchgangsverkehr) in den nächsten Jahren 120.000 auf Bus, Schiene und unmotorisierten Verkehr zu verlagern (rund 90.000 Fahrten auf Bus und Schiene und etwa 30.000 Fahrten auf Rad- und Fußverkehr).

Kontinuierlicher Ausbau – die Saarbahn macht sich auf den Weg

Nach der Inbetriebnahme des ersten Streckenabschnitts zwischen dem französischen Sarreguemines und der Haltestelle »Ludwigstraße« in der Saarbrücker Innenstadt im Herbst 1997, fand ein kontinuierlicher Ausbau statt. Bereits im Juni 1998 begannen die Bauarbeiten zur zweiten Betriebsstufe, die der Saarbahn den Weg für die Fahrt über das obere Malstatt bis zum Siedlerheim auf dem Saarbrücker Rastpfuhl bereiten sollte.

Die Realisierung dieser Strecke erforderte umfangreiche Bauarbeiten, um die Bahnlinie Saarbrücken Hauptbahnhof – Saarbrücken-Burbach zu überbrücken. Dabei musste die bestehende Notbrücke neben der Pfarrkirche St. Josef abgerissen und durch eine neue Brückenkonstruktion ersetzt werden. Diese sollte nicht nur den Saarbahn-Verkehr aufnehmen, sondern auch Fußgängern und Radfahrern zur Verfügung stehen. Die neue Stahlverbundbrücke mit einer freien Spannweite von 54 Metern stellte einen Meilenstein beim Saarbahn-Bau dar. Ihr Mittelteil besteht aus zwei parallelen Stahlhohlkästen. Von Widerlager zu Widerlager erstreckt sich die Brücke über 80 Meter. Ihre Konstruktionshöhe beträgt 2,90 Meter, die Gesamtbreite 12,60 Meter.

Von der bisherigen Saarbahn-Endhaltestelle »Ludwigstraße« bis zur ersten Haltestelle im Oberen Malstatt dem »Cottbuser Platz« wurden insgesamt 425 Meter Schienen neu verlegt.

Parallel hierzu lief der Bau des Anschlussgleises in Richtung Messegelände. Der Anschluss an den sogenannten »Saardamm« im Bereich der Josefbrücke eröffnete der Saarbahn weitere Perspektiven, beispielsweise die Nutzung der DB-Strecke links der Saar. Für den Bau der neuen Brücke, einer Anbindung an den »Saardamm« sowie der Haltestelle »Cottbuser Platz« waren Investitionen in Höhe von 25 Millionen DM erforderlich.

Saarbahn vor der Pfarrkirche St. Josef. Hier überwindet die Saarbahn eine Steigung von fast sieben Prozent. (Foto: Saarbahn)

Nach nur einjähriger Bauzeit wurde am 31. Juli 1999 mit der Haltestelle »Cottbuser Platz« der neue Teilabschnitt vom damaligen saarländischen Ministerpräsidenten Reinhardt Klimmt in Betrieb genommen.
Auch der weitere Streckenausbau verlief planmäßig, sodass bereits 20 Monate später, am 12. November 2000, die Neubaustrecke zwischen »Cottbuser Platz« und »Siedlerheim« auf dem Saarbrücker Rastpfuhl eröffnet werden konnte. Mit dieser Strecke erhielt einer der größten Stadtteile von Saarbrücken über die drei Haltestellen »Pariser Platz/St. Paulus«, »Rastpfuhl« und »Siedlerheim« Anschluss an die Saarbahn.

Saarbahn an der Haltestelle Siedlerheim. (Foto: Saarbahn)

Der Bau der 1,95 Kilometer langen Trasse erforderte während der Bauphase eine aufwändige Umleitung für den Verkehr, da im Zuge des Streckenneubaus auch der gesamte Straßenraum der Lebacher Straße neu gestaltet wurde. Die Investitionen für den Streckenausbau und die Einrichtung der drei neuen Haltestellen beliefen sich auf insgesamt rund 38 Millionen DM. Vor allem der morastige Untergrund im Bereich des Rastpfuhls verursachte dabei einen hohen Kostenmehraufwand.

Nach nur einem weiteren Jahr Bauzeit erreichte die Saarbahn am 24. September 2001 über die Haltestelle »Heinrichshaus« ihre neue vorläufige Endhaltestelle »Riegelsberg Süd« und brachte damit für diese Gemeinde eine neue Qualität für die zentralen überörtlichen Verbindungen. Gleichzeitig wurde ein System kleiner, flexibler Ortsbusse in Betrieb genommen, das die einzelnen Wohngebiete in dichten Takten an die Saarbahn und an das Zentrum von Riegelsberg anknüpfte. Für die 3,9 Kilometer lange, parallel zur BAB A1 verlaufenden Neubaustrecke zwischen Hubert-Müller-Straße und Riegelsberg Süd waren zwei neue Brückenbauwerke erforderlich: die niveaufreie Kreuzung Hubert-Müller-Straße und die Verlängerung der Geh- und Radwegüberführung bei Von-der-Heydt. Hier wurde neben dem Saarbahn-Haltepunkt auch ein P-&-R-Platz eingerichtet. Die Haltestelle »Riegelsberg Süd« wurde als Verknüpfungspunkt zwischen Saarbahn und Bus ausgebaut. Die Gesamtkosten für diesen Bauabschnitt lagen bei rund 42,6 Millionen DM.

Der Ausbau durch Riegelsberg bis Heusweiler

In den darauffolgenden Jahren stand die Erschließung der Strecke »Riegelsberg Süd« bis »Walpershofen/Etzenhofen« an. Geplant war die Fertigstellung dieses Teilstücks bereits für das Jahr 2007, doch zahlreiche Einspruchsverfahren von Anwohnern sorgten anfangs für Verzögerungen.

Am 4. Dezember 2003 gab das saarländische Oberverwaltungsgericht schließlich grünes Licht für den Weiterbau der Trasse durch Riegelsberg in Richtung Lebach, sodass im Sommer 2004 die Bauarbeiten zum 4,8 Kilometer langen Teilabschnitt von »Riegelsberg Süd» bis »Walpershofen/Etzenhofen» starten konnten. Es war viel Überzeugungsarbeit von Seiten des Unternehmens und aller Saarbahnbau-Beteiligten notwendig, um schließlich das »Ja« der Riegelsberger Bevölkerung für den Bau der Saarbahntrasse zu erhalten. Dazu wurde eine eigene Kampagne rund um das Saarbahn-Maskottchen »Bahni« entwickelt, um die Riegelsberger Bürgerinnen und Bürger umfassend über die geplanten Baumaßnahmen zu informieren und für die Saarbahn zu gewinnen. [222]

Ende 2007 konnten zwar die Bauarbeiten abgeschlossen werden, eine Teilinbetriebnahme dieses fertiggestellten Steckenabschnitts zwischen »Riegelsberg

222 Die Nutzung intelligenter Signalprogramme zur Steuerung der einzelnen Verkehrsströme und -arten hatte die Riegelsberger Bürgerinnen und Bürger schließlich von der Saarbahntrasse durch die Saarbrücker Straße überzeugt.

Bauarbeiten in der Saarbrücker Straße in Riegelsberg, 2006. (Foto: Saarbahn)

Süd» und »Walpershofen/Etzenhofen« wurde seitens der Saarbahn allerdings zu dieser Zeit aus wirtschaftlichen Gründen ohne finanzielle Beteiligung der Gemeinde Riegelsberg abgelehnt. Hinzu kam, dass nach Vorlage des endgültigen Planfeststellungsbeschlusses für die Köllertalstrecke im März 2008 mangels konkreter Ausführungs- und Detailplanung bis Lebach weitere Verzögerungen unausweichlich waren. Beides führte dazu, dass das gesamte Saarbahnprojekt wieder vermehrt in der öffentlichen Kritik stand. Daher kann der Bauabschnitt »Riegelsberg Süd« – »Walpershofen/Etzenhofen« als der wohl schwierigste in der Geschichte der Saarbahn bezeichnet werden.

Das Bau- und Bürgerbüro der Saarbahn in Riegelsberg (2004–2008). (Foto: Saarbahn)

Mit einem komplett neuen Projektteam sowie einer angepassten Organisation in 2008 ist es dem Unternehmen gelungen, die fehlenden Detailplanungen und damit die im Jahr 2009 vorgestellte Zeitplanung für die letzten beiden Bauabschnitte vorzulegen und im Anschluss ohne größere Verzögerungen zu realisieren. In dem Zusammenhang konnten dann auch die langwierigen Verhandlungen mit einem Landwirt erfolgreich zu Ende gebracht werden, der regelmäßig seine über 100 Kühe auf die andere Seite der Bahnstrecke bringen musste und hierfür eine Unterführung forderte.

Nachdem sich die Saarbahn auch mit dem Land und der Gemeinde Riegelsberg auf eine gemeinsame Finanzierungsvereinbarung zu einer vorzeitigen Inbetriebnahme der Saarbahn durch Riegelsberg verständigt hatte, konnte am 26. September 2009 der Betrieb zwischen »Riegelsberg Süd« und »Walpershofen/Etzenhofen« mit sieben neuen Haltestellen aufgenommen werden: »Wolfskaulstraße«, »Riegelsberg Rathaus«, »Riegelsberg Post«, »Riegelsberghalle«, »Güchenbach«, »Gisorstraße« sowie »Walpershofen/Etzenhofen«.

Nach anschließender rund zweijähriger Bauzeit, in der umfangreiche Erd-und Gleisbauarbeiten sowie die Neuerrichtung von zwei Brücken und die Sanierung von Eisenbahnüberführungen in Walpershofen und Heusweiler stattfanden, wurde schließlich am 1. November 2011 auch der 2,8 Kilometer lange Streckenabschnitt von »Walpershofen/Etzenhofen« bis »Heusweiler Markt« mit vier weiteren Haltestellen eröffnet: »Walpershofen Mitte«, »Walpershofen Mühlenstraße«, »Heusweiler Schulzentrum« und »Heusweiler Markt«.

Parallel zum Ausbau der Strecke bis Heusweiler Markt starteten zum Jahresbeginn 2011 bereits die Tiefbauarbeiten für den weiteren Ausbau der Saarbahn-Strecke bis Lebach-Jabach, die eine große Herausforderung für die Bau-

26. September 2009: Eröffnung der Saarbahnstrecke von »Riegelsberg Süd« bis »Walpershofen/Etzenhofen«, hier Haltestelle »Riegelsberg Rathaus«. (Foto: Saarbahn)

unternehmer darstellte. Es galt eine über 100 Jahre alte Bahnstrecke für den modernen Saarbahnbetrieb zu reaktivieren. Dafür musste aufwendig geprüft werden, ob die bestehenden Erd- und Brückenbauwerke noch den aktuell gültigen Anforderungen zur Tragfähigkeit genügten. Nachdem die Bauwerke detailliert untersucht und Bauwerksproben (Bohrkerne) genommen worden waren, wurde deutlich, dass diese Konstruktionen bei Ansatz der aktuellen Vorschriften weitaus umfangreicher saniert werden mussten als ursprünglich geplant.
Doch nicht nur die Brücken, sondern auch die Dämme mussten statisch überprüft werden. Die Überprüfung der Dammbauwerke ergab, dass in einzelnen

Saarbahn-Haltestelle Heusweiler Schulzentrum. (Foto: Saarbahn)

Bereichen die Dammneigung zu steil war und abgeflacht werden musste. In Fällen, in denen aufgrund der zu geringen Trassenbreite auf dem Damm eine Verbreiterung erforderlich, diese jedoch aufgrund der örtlichen Gegebenheiten nicht möglich war, errichtete man Steilböschungen. Da einige Baustellenbereich teilweise nur von außen über Straße und Wege angefahren werden konnten, musste ein Großteil der Logistik und Erdtransporte über die Trasse abgewickelt werden. Neben den Trassenbauarbeiten wurden außerdem die zwei größten Bauprojekte des gesamten Saarbahnausbaus in Angriff genommen: Die Reaktivierung des Spitzeichtunnel und des Eiweiler Viadukts.

Gemeinsam zum Erfolg: Das Saarbahn-Team bringt die Bahn nach Lebach. (Foto: Saarbahn)

Bauarbeiten im 476 Meter langen Spitzeichtunnel. (Foto: Saarbahn)

Im Herbst 2012 waren die Tiefbauarbeiten inklusive Rohbauarbeiten an den Haltestellen und Entwässerungsarbeiten weitgehend abgeschlossen. Die Gleisbauarbeiten waren größtenteils bis Anfang Januar 2013 fertiggestellt.
Im Anschluss erfolgten die Arbeiten zur betriebstechnischen Ausrüstung. Neben den Bauarbeiten zur Errichtung der Oberleitung gehörten hierzu unter anderem die Arbeiten für die Leit- und Sicherungstechnik.
Aufgrund der hohen Sicherheitsanforderungen, die vergleichbar mit denen einer Eisenbahnstrecke der DB AG sind, hatten die Planungen für diese Gewerke einen sehr langen Vorlauf. Parallel hierzu mussten die Nachrichten- und Netzleittechnik sowie die Ausrüstung der Haltestellen geplant, aufgebaut und abgenommen werden.

Die Saarbahn erreicht Lebach

Am 5. Oktober 2014 wurde schließlich nach rund dreieinhalb Jahren Bauzeit die neue Strecke von »Heusweiler Markt« bis »Lebach-Jabach« in Betrieb genommen. Die komplette Neuanlage der knapp zwölf Kilometer langen Köllertalstrecke konnte vollumfänglich in dem Zeitplan, den sich das Projektteam gesetzt hatte, realisiert werden.
Die Strecke der Linie S1 Sarreguemines – Lebach bedient seither insgesamt 43 Haltepunkte, von denen die Haltestellen »In der Hommersbach«, »Kirschhof«, »Eiweiler«, »Eiweiler Nord«, »Landsweiler Süd«, »Landsweiler Nord« und »Lebach Süd, zuletzt eingerichtet wurden. Die Haltestellen »Lebach« und »Lebach-Jabach« bestanden bereits. Im Bahnhof Lebach fährt die Saarbahn auf der 1,2 Kilometer langen bestehenden DB-Strecke bis »Lebach-Jabach« weiter.
Das Investitionsvolumen für die Reaktivierung bzw. in weiten Teilen Neubau der Köllertalstrecke von »Walpershofen/Etzenhofen« bis »Lebach-Jabach« betrug

Die saarländische Ministerpräsidentin Annegret Kramp-Karrenbauer gab am 5. Oktober 2014 zusammen mit den Geschäftsführern der Saarbahn, Peter Edlinger und Andreas Winter sowie dem Staatssekretär des Ministeriums für Wirtschaft, Arbeit, Energie und Verkehr, Jürgen Barke, höchstpersönlich den Startpfiff zur Jungfernfahrt der Saarbahn nach Lebach. (Foto: Saarbahn)

insgesamt 83 Millionen Euro, von denen 66 Millionen Euro von Bund und Land aufgebracht wurden. Die Planungskosten in Höhe von 8,5 Millionen Euro übernahm die Stadtbahn Saar GmbH (ab 2015 Saarbahn Netz GmbH [Erläuterung hierzu im Kapitel Betriebsübergang]), die sich zudem auch mit zehn Prozent an den Baukosten beteiligte.

Die Saarbahn hat in der Ausbaustufe I von Sarreguemines bis Lebach rund 98 Millionen Euro in einen modernen, leistungsfähigen ÖPNV investiert. Rechnet man zur Gesamtinvestition des Verkehrsunternehmens noch die Zuschüsse von Bund und Land von rund 255 Millionen Euro hinzu, ergibt sich einschließlich des Baus der neuen Saarbahn-Werkstatt in Brebach ein Investitionsvolumen in Höhe von insgesamt 360 Millionen Euro. Hiermit wurde ein wesentlicher Beitrag zur Neuordnung des Verkehrsgefüges im Saarland geleistet.

Haltestellen Stadtbahn / Arrêts Stadtbahn

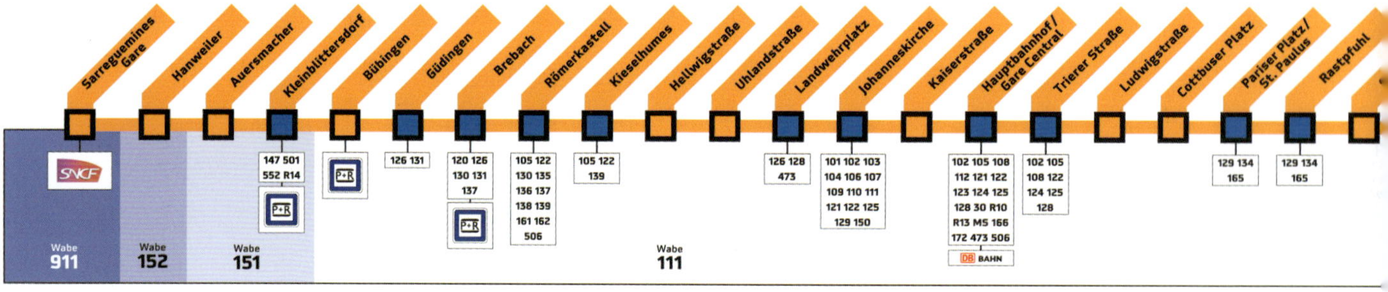

Anschlüsse / Correspondances

Betrieb und Technik

Betriebliche Regelwerke

Da die Saarbahn sowohl auf innerstädtischen Strecken als klassische Straßenbahn unterwegs ist, als auch auf den Schienen der Deutschen Bahn verkehrt, unterliegen Bau, Betrieb und Personal unterschiedlichen Bestimmungen. Gleich vier Regelwerke finden bei der Saarbahn Anwendung: Während für die Neubaustrecken (Straßenbahnbetrieb) die Bau- und Betriebsordnung für Straßenbahnen (BOStrab) gilt, ist auf den Bahnstrecken die Eisenbahn-Bau- und Betriebsordnung (EBO) maßgebend. Im Bereich der französischen Staatsbahn SNCF wird der Betrieb mit dem entsprechenden Regelwerk der SNCF durchgeführt. Außerdem findet im EBO-Bereich der Köllertalstrecke die »Sammlung Betrieblicher Vorschriften (SbV)« Anwendung. Die Kenntnis und jeweilige Anwendung dieser Regelwerke erfordert für das Fahrpersonal eine anspruchsvolle und umfassende Ausbildung, die in drei Monaten größtenteils hausintern durchgeführt wird.

Streckenführung

Mit Ausnahme der Köllertalstrecke und einigen Teilabschnitten der Ortsdurchfahrt Riegelsberg ist die gesamte Neubaustrecke zweigleisig. Je nach straßenbaulicher Situation befinden sich die Gleise in Straßenmitte oder auf besonderem oder unabhängigem Bahnkörper neben der Fahrbahn. Die Gleisabstände betragen 3,05 Meter, oder – wenn Mittelmasten für die Oberleitung erforderlich sind – 3,50 Meter. Der kleinste Kurvenradius liegt im innerstädtischen Bereich bei 30 Metern und die maximale Längsneigung beträgt sieben Prozent (Riegelsberg). Zur Geräuschminderung ist die Saarbahn-Trasse im innerstädtischen Bereich als feste Fahrbahn ausgebildet, wobei das eingepflasterte Gleis elastisch gelagert ist, sodass die Saarbahn hier sanft »wie auf Gummi rollt«. Zwar ist der Gleiskörper optisch abgehoben von der Straße, die Bordsteinhöhe von nur acht Zentimeter ermöglicht jedoch ein problemloses Überfahren mit dem Pkw. An den Kreuzungsbereichen liegen Fahrbahn und Gleis auf gleichem Niveau. Außerhalb geschlossener Ortschaften wurde ein offener Schotterbau mit Schwellen und Schienen verwendet. Der Streckenabschnitt im innerstädtischen Bereich mit 750 Volt Gleichstrom wird gespeist aus dem lokalen Versorgungsnetz über sogenannte Unterwerke, die sich im Abstand von zwei bis drei Kilometer entlang der Strecke befinden.[223]

223 Stadtbahn Saar GmbH (Hrsg.), Mobil in die Zukunft, Saarbrücken 1996, S. 21 ff.

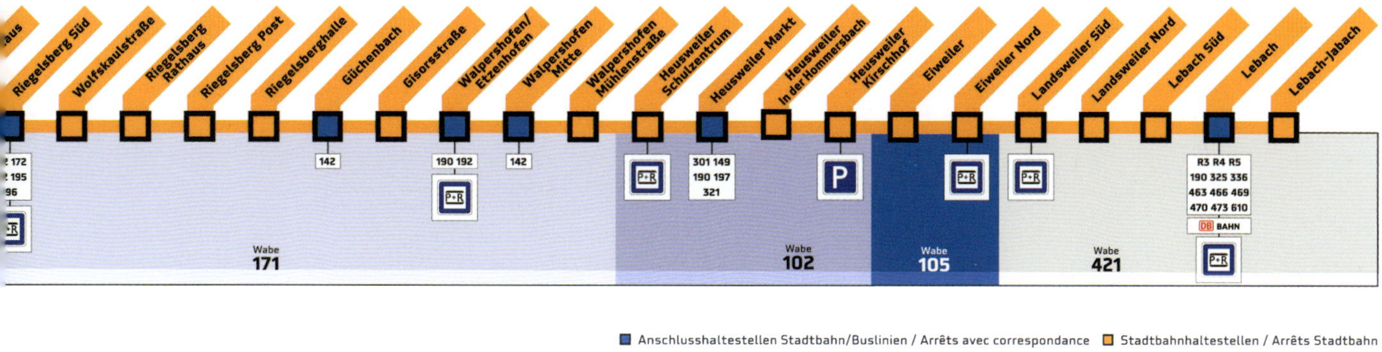

Systemwechselstelle

Der Übergang zwischen den Stromsystemen von Straßenbahn- und Eisenbahn findet auf einer sogenannten »Systemwechselstelle« statt, die zwischen der Haltestelle »Römerkastell« und dem Bahnhof Brebach liegt. Über eine 400 Meter lange Rampe am Römerkastell wird der Übergang von der 750 Volt-Gleichstrom- zur 15 kV Wechselstromversorgung (16,7 Hertz) der Deutschen Bahn AG geschaffen. Auf einem 90 Meter langen spannungslosen Abschnitt schaltet das Fahrzeug während der Durchfahrt automatisch um.[224]

Kommunikation zwischen Fahrzeug und Strecke

Zur Kommunikation nutzt die Saarbahn auf den Neubaustrecken den Betriebsfunk der Saarbahn, auf der Bahnstrecke den DB-Zugbahnfunk.
An Kreuzungen und Fußgängerüberwegen werden die Licht-Signal-Anlagen mittels Funktelegramm aus den sich nähernden Saarbahn-Fahrzeugen auf »Grün« gestellt. Dabei sorgt der grundsätzliche Vorrang der Saarbahn vor dem motorisierten Individualverkehr (MIV) für ein zügiges Vorankommen. Die verkehrsabhängige Steuerung dieser Anlagen gewährleistet sowohl für die Saarbahn als auch für den MIV einen optimalen Betrieb mit möglichst geringen Wartezeiten auf beiden Seiten.[225] Die Weichen werden per Funk gesteuert und mit Elektromotoren gestellt.
Während im BOStrab-Bereich auf Sicht gefahren wird, koordinieren bei den eingleisigen Abschnitten, wie etwa in Riegelsberg oder auf der Köllertalstrecke Fahrsignalanlagen das Passieren der in beide Richtungen fahrenden Saarbahnen und geben die Strecke wechselweise frei.

Die Haltestellen – zeitgemäß und attraktiv

Fahrgastunterstände, entworfen vom britischen Stararchitekten der Reichstagskuppel Sir Norman Foster, eine dynamische Fahrgastinformation, Fahrkartenautomaten, Notrufeinrichtung und ebenerdige Zugänge kennzeichnen die Haltestellen der Saarbahn, die mit einer Länge von 75 Metern ausreichend Platz für eine Doppeltraktion bieten.
Ausgenommen an der Oberen-Saar-Strecke verfügen alle Haltestellen über ein Blindenleitsystem, das zu den Einstiegsbereichen leitet, die durch eine profilierte Oberfläche gekennzeichnet sind. Die Zugänge zu den Haltestellen sind über Ampeln oder Überwege gesichert.[226]
Die Grundidee, Plätze mit herausgehobener Funktion auch mit besonders attraktiven Haltestellen zu gestalten, führte dazu, dass in Saarbrücken die Haltestellen »Johanneskirche« und »Hauptbahnhof« besonders gestaltet wurden.
Im innerstädtischen Bereich liegt der mittlere Saarbahn-Haltstellenabstand bei 360 Metern. Die Haltestellen »Hauptbahnhof« für die Bus- und Bahnpendler aus dem Umland, die Haltestelle »Johanneskirche« als Verknüpfung mit der Achse Dudweiler – Alt-Saarbrücken, die Haltestelle »Römerkastell« für die Fahr-

---

224 Von Brebach bis Hanweiler und weiter bis in den Bahnhof Sarreguemines wird die Elektrifizierung der DB AG mit 15 KV Wechselstrom genutzt.

225 Die Saarbahn. Ein Nahverkehrskonzept für die Zukunft.

226 Von den 544 Bushaltestellen in Saarbrücken sind 83 mit einem Hochboard ausgestattet. Davon haben 38 einen taktilen Streifen am Fahrbandrand für sehbehinderte Fahrgäste eingelassen. An stark frequentierten Bushaltestellen und wichtigen Umsteigepunkten wie etwa am Saarbrückern Hauptbahnhof und am Rathaus sind auch dynamische Fahrgastinformationsanzeigen in Betrieb.

Oben: Ein wichtiger Bus- und Bahnverknüpfungspunkt ist die Haltestelle Hauptbahnhof.

Links: Seit Februar 2017 steht an der Saarbahn-Haltestelle Johanniskirche ein WLan-Hotspot zur Verfügung. (Fotos: Saarbahn)

gäste aus Brebach, Kleinblittersdorf und die Haltestelle »Riegelsberg Süd« sind die wichtigsten Verknüpfungspunkte zwischen Bus und Saarbahn.
Um den Fahrgästen einen höhengleichen Einstieg in die Fahrzeuge zu ermöglichen, liegt die Bahnsteighöhe an den Haltstellen der Neubaustrecke gemäß BOStrab 35 Zentimeter über der Schienenoberkante. Die Bahnsteighöhe auf der EBO-Strecke von Brebach bis Sarreguemines liegt 38 Zentimeter über Schienenoberkante.
In Kleinblittersdorf fahren die Busse parallel an den Bahn-und Bussteig heran, sodass die Fahrgäste ebenerdig zwischen Bus und Bahn wechseln können. Außerdem ist der Bahnhof mit einem Wartegebäude sowie überdachten Fahrradplätzen ausgestattet. Die aktuellen Planungen sehen vor, dass auch die Haltepunkte »Bübingen« und »Güdingen« einen neuen Bahnsteig mit behindertengerechtem Zugang erhalten.
In Von-der-Heydt entstand ein Saarbahn-Haltepunkt mit einem P-&-R-Platz. Die Haltestelle »Riegelsberg Süd« wurde als Verknüpfungspunkt zwischen Saar-

Saarbahn-Haltestelle Saarbrücken-Landwehrplatz. (Foto: Saarbahn)

bahn und Bus ausgebaut. Ihr westlicher Bahnsteig, der zugleich Busbahnsteig ist, wurde fast vollständig überdacht.[227]

Busse als Saarbahn-Zubringer sowie als eigenständiges Teilsystem

Für den Saarbahnbetrieb auf der Linie S1 wurden insgesamt 28 Fahrzeuge angeschafft, 22 davon kommen in der Verkehrsspitze zum Einsatz. Das Fahrgastaufkommen bei der Saarbahn liegt bei rund 40.000 Fahrgästen am Tag.[228] In der Hauptverkehrszeit verkehrt die Bahn im 7,5-Minuten-Takt zwischen den Haltestellen Siedlerheim und Brebach, im 15-Minuten-Takt nach Kleinblittersdorf und Heusweiler und im 30-Minuten-Takt nach Sarreguemines und Lebach. In der Normal- und Schwachverkehrszeit wird dieser Takt auf 15, 30 oder 60 Minuten ausgedehnt. Im morgendlichen Schülerverkehr sowie in der Mittagsspitze werden Doppeltraktionen eingesetzt, sonst Einzelwagen.

Mit dem Ausbau der Saarbahnstrecke fiel dem Bus eine neue Rolle im gesamten Nahverkehrskonzept zu: Er verkehrt zwischen Gemeinden und Stadtteilen, fährt als Quartiersbus und dient als Zubringer zur Saarbahn. Dabei werden Bus und Bahn taktgenau aufeinander abgestimmt, um optimale Fahrpläne und Anschlüsse zu ermöglichen. Rund 100.000 Fahrgäste nutzen täglich die rund 200 Busse (davon etwa 75 von privaten Auftragsunternehmen).[229]

Seit der Inbetriebnahme der Saarbahn 1997 stiegen die Fahrgastzahlen auf rund 43 Millionen in 2016[230] an. Die Saarbahn beförderte bislang rund 218 Millionen Fahrgäste.

Die Busflotte – modern und umweltbewusst

Als kommunales Verkehrsunternehmen, das sich der ökologischen Daseinsvorsorge der Bürgerinnen und Bürger verpflichtet sieht, legt die Saarbahn auch bei ihrer Busflotte großen Wert auf Umweltschutz. Daher haben beim System Bus Ökonomie und Ökologie stets den gleichen Stellenwert.

2017 verfügt die Saarbahn über 128 Busse der Marken MAN und Mercedes (43 Gelenk-und 85 Solobusse). Davon werden 30 Fahrzeuge mit Erdgas betrieben. Seit 2009 wurden jedes Jahr durchschnittlich zehn neue Fahrzeuge angeschafft und Busse älteren Baujahrs sukzessive ausgemustert. Sie 2014 erfüllen alle Fahrzeuge die Euro-6-Norm und leisten damit einen wichtigen Beitrag zur Umsetzung des Luftreinhalteplans der Landeshauptstadt. Im Jahr 2015 wurden über

227 S-Print, Ausgabe 08, Oktober 2007, S. 6.
228 Stand 31. Dezember 2016.
229 Stand 31. Dezember 2016.
230 Dabei entfallen rund 30 Millionen auf den Bus und 13 Millionen auf die Saarbahn.

drei Millionen Euro in die Busflotte investiert.
Zur Reduzierung des Dieselkraftstoffverbrauchs und der CO2-Emissionen ihrer Busse setzt die Saarbahn seit 2016 außerdem auf intelligente Motorsteuerungen, die den Verbrauch an Dieselkraftstoff um durchschnittlich knapp fünf Prozent senken sollen.[231] Seit Januar 2017 sind die ersten zehn Fahrzeuge entsprechend umgerüstet und erfolgreich im Einsatz. Bis Sommer 2017 soll knapp die Hälfte des Fuhrparks mit der intelligente Motorsteuerung ausgestattet werden.

Ebenerdiger Zustieg dank Niederflurtechnik. (Foto: Saarbahn)

Niederflurtechnik – mehr Komfort für Fahrgäste

Alle Busse der Saarbahn sind mit modernster Niederflurtechnik ausgestattet. Darüber hinaus verfügen die Busse über eine sogenannte Kneeling-Funktion, was bedeutet, dass die Fahrzeuge an Haltestellen einstiegsseitig um etwa sieben Zentimeter abgesenkt werden können. Dies ermöglicht den nahezu ebenerdigen Zu- und Ausstieg an den Bushaltestellen.
Über 40 Prozent des gesamten Fuhrparks sind außerdem vollklimatisiert.

Hohe Sicherheitsanforderungen

Wesentlicher Bestandteil des 2005 bei der Saarbahn eingeführten Qualitätsmanagementsystems (QMS) sind die Dokumentationen nach der Qualitätsnormen ISO 9001:2008 und ISO 14001:2004 und der Kundendienstleistungsnorm DIN EN 13816:2002. In regelmäßig stattfindenden Audits wird die Einhaltung dieser Normen zur Absicherung der hohen Sicherheitsanforderungen kontrolliert.

231 Saarbahn-Pressemitteilung 24. Januar 2017. Bei einer jährlichen Laufleistung von etwa 55.000 Kilometern entspricht dies 1.500 Liter Dieselkraftstoff je Fahrzeug, die gespart werden.

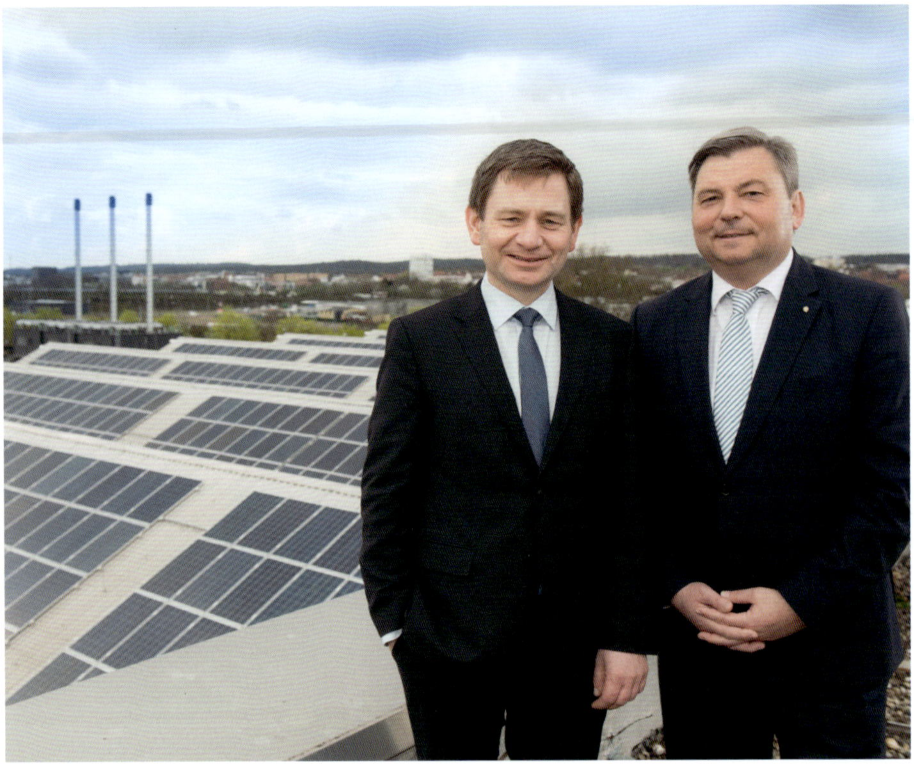

Die Geschäftsführer der Saarbahn, Andreas Winter und Peter Edlinger bei der Einweihung der Photovoltaikanlage am 7. Mai 2016. (Foto: Saarbahn)

Klimaschutz wird groß geschrieben

Das Unternehmen investiert jedoch nicht nur in einen umweltfreundlichen und sicheren Fuhrpark, sondern auch in sauberen Strom. Hierzu wurde auf dem Dach des Busbetriebshofes in Alt-Saarbrücken für rund 240.000 Euro eine Photovoltaikanlage installiert, die in Spitzenzeiten über 1.300 kWh täglich liefert. Die Anlage besteht aus 800 Solarmodulen und ist 200 kWp stark. 90 Prozent des hier produzierten Stroms werden vom Unternehmen selbst genutzt, der Rest wird ins Netz der Stadtwerke Saarbrücken eingespeist.[232]

Die neue Saarbahn-Werkstatt

Mit der Inbetriebnahme der ersten Saarbahn-Teilstrecke im Herbst 1997 erfolgte die Instandhaltung der anfangs 15 und seit 2001 insgesamt 28 Saarbahnfahrzeuge im angemieteten Werk Ost der Deutschen Bahn AG in der Dudweiler Landstraße in Saarbrücken. Diese Betriebsstätte galt jedoch von Beginn an als Übergangslösung. Ziel war es, eine eigene Werkstatt für die Saarbahn zu errichten.

Der nach Ausstattung und Größe geeignete Ort für diese neue Werkstatt wurde 2009 schließlich am Bahnhof Brebach gefunden. Nach 38-monatiger Bauzeit wurde die neue Saarbahn-Werkstatt am 3. September 2012 offiziell eingeweiht. Die Bereiche Wartung, Instandhaltung, Reparatur, Reinigung und Abstellung konnten hier gebündelt werden. An vier Arbeitsplätzen überwachen 23 Mitarbeiter in der Betriebssteuerzentrale den Fahrbetrieb von Bus und Saarbahn im gesamten Streckennetz sowie die Stromversorgung der Fahrleitungen. Von Brebach aus startet auch der Außendienst (Saartal 1) der Betriebssteuerzentrale.

232 Pressemitteilung der Saarbahn vom 6. Mai 2016.

Oben: Dank ihrer ansprechenden Außengestaltung prägt die neue Saarbahn-Werkstatt den Bahnhofsbereich in Brebach und stellt eine gelungene Aufwertung des Umfeldes dar.

Links: Die offizielle Eröffnung vollzogen der damalige Minister für Wirtschaft, Arbeit, Energie und Verkehr, Heiko Maas, die Saarbrücker Oberbürgermeisterin und Aufsichtsratsvorsitzende der Stadtbahn Saar GmbH, Charlotte Britz, und der zuständige Referatsleiter im Bundesministerium für Verkehr, Bau und Stadtentwicklung, Dr. Dieter Glück, gemeinsam mit den Geschäftsführern der Stadtbahn Saar GmbH, Peter Edlinger und Norbert Reuter. (Fotos: Saarbahn)

Für den Bau wurden rund 26 Millionen Euro investiert, 21,5 Millionen Euro für das Betriebsgebäude und weitere 4,5 Millionen Euro für die Abstellanlage. Damit ist die Werkstatt neben dem Saarbahnbau das wichtigste Infrastrukturprojekt der Saarbahn Netz GmbH.[233]

---

233 Pressemitteilung der Saarbahn vom 3. September 2012, S-Print, Ausgabe 11, Juli 2010, S. 10, S-Print, Ausgabe 06, August 2006. Gefördert wurde die Maßnahme durch Bund und Land (Betriebsgebäude: 75 Prozent aus Landesmitteln; Abstellanlage: 60 Prozent aus Bundesmitteln, 30 Prozent aus Landesmitteln).

Vertrieb und Marketing

Das Saarbahn Service Center

Zur Optimierung der Kundenorientierung und des Services wurde 2016 das Saarbahn Service Center (SSC) in der Saarbrücker Innenstadt errichtet. Hier informieren mehr als 20 Mitarbeiterinnen und Mitarbeiter über Tarife und Fahrpläne, stellen Abonnements aus und verkaufen Tickets.[234] Die Saarbahn bietet spezielle Tarifangebote an, etwa das Neubürgerticket, das EventTicket und das JobTicket.[235]

Mitarbeiterinnen und Mitarbeiter des Saarbahn Service Centers. (Foto: Saarbahn)

Das (((eTicket

Mit saarVV-Verbundstart in 2005 führte die Saarbahn als erstes Verkehrsunternehmen bundesweit ein elektronisches Ticketsystem auf Grundlage der VDV[236] Kernapplikation ein.[237] Im Zuge dessen wurden alle Jahresabonnenten mit einer entsprechenden Chipkarte ausgestattet und erstmals konnten auch Schüler und Auszubildende eine entsprechende Jahreskarte erwerben. Aktuell arbeitet das Unternehmen an der Umsetzung der Ausbaustufe 2b, um die technischen Voraussetzungen dafür zu schaffen, dass neben den Jahreskarten auch Wochen- und Monatskarten sowie Barfahrscheine auf den Chipkarten abgebildet und unterschiedlichen Bezahlverfahren (Pre- und Postpaid) eingeführt werden können.

234 Zum Ticketkauf stehen außerdem 72 Fahrkartenautomaten und 51 Vorverkaufsstellen im Bedienungsgebiet der Saarbahn zur Verfügung (Stand 2017).
235 Näherer Informationen zu den einzelnen Angeboten der Saarbahn finden sich unter www.saarbahn.de.
236 Verbund Deutscher Verkehrsunternehmen.
237 Pressemitteilung der Saarbahn vom August 2015.

Die Saarbahn – einfach ausgezeichnet

1999 erhielten die Städte Saarbrücken und Sarreguemines auf der »Mobicity« in Paris für das grenzüberschreitende Projekt Saarbahn einen Innovationspreis. Die internationale Jury der »Union Internationale des Transports Publics (UITP)« würdigte neben der technischen Neuerung die Saarbahn als ein Beispiel dafür, wie der öffentliche Nahverkehr in Europa auch über Landesgrenzen hinweg effizient und attraktiv gestaltet werden kann.[238]
Für ihr »Engagement um die Verlängerung der Saarbahn in Riegelsberg« hat die Saarbahn GmbH zusammen mit der Gemeinde Riegelsberg 2010 den Fahrgastpreis vom deutschen Fahrgastverband PRO BAHN erhalten.[239]
2013/2014 wurde die Saarbahn mit dem Projekt »Mobia-Mobil bis ins Alter« im bundesweiten Innovationswettbewerb »Ausgezeichnete Orte im Land der Ideen« als Preisträger geehrt und erhielt im Jahr 2015 den deutschen Alterspreis der Robert Bosch Stiftung. Ziel des Projektes war es, Maßnahmen zu entwickeln, um Senioren und Menschen mit Handicap bei der Nutzung des ÖPNV in Saarbrücken zu unterstützen.[240] Aufbauend auf den Ergebnissen des Projektes »Mobia« koordiniert das Unternehmen seit Ende 2015 das auf fünf Jahre angelegte vom Bundesministerium für Bildung und Forschung (BMBF) gefördert Projekt »mobisaar«, um den Mobia-Service weiterzuentwickeln und in mehreren Schritten auf das gesamte Saarland auszudehnen.

Im Januar 2014 nahmen der damalige Minister für Soziales, Gesundheit, Frauen und Familie Andreas Storm, die Oberbürgermeisterin von Saarbrücken Charlotte Britz und der Generalbevollmächtige für Verkehr Manfred Backes den Preis der Jury entgegen. (Foto: Saarbahn)

238 Eine bewegte Geschichte 1892–2000. Chronik zum städtischen Nahverkehr in Saarbrücken und Umgebung, Saarbrücken 1999, S. 95. Entgegengenommen haben den Preis der Saarbrücker Oberbürgermeister Hajo Hoffmann und sein Saargemünder Amtskollege René Ludwig.
239 Pressemitteilung der Saarbahn vom 29. März 2010.
240 Pressemitteilung der Saarbahn vom 25. November 2015.

MOBILITÄT GESTALTEN,
MENSCHEN VERBINDEN
SEIT 125 JAHREN
Wir gratulieren der Saarbahn zum Jubiläum
VDV Südwest

Betriebsübergang von der Gesellschaft für Straßenbahnen im Saartal auf Saarbahn und Stadtbahn

Der Öffentliche Personennahverkehr in Saarbrücken hat sich seit Mitte der 1980er Jahre stark verändert. Nach außen ist es zunächst die Saarbahn selbst, die auffällt und eine neue Dimension im öffentlichen Verkehr aufzeigt. Intern haben sich die Saarbrücker Verkehrsbetriebe vor dem Hintergrund einer künftigen Liberalisierung des europäischen Verkehrsmarktes neu positioniert, denn ähnlich wie im Energiebereich werden auch auf dem Verkehrsmarkt langfristig bisherige lokale Monopole für Betriebe der öffentlichen Hand verschwinden. Zugleich lässt der gemeinsame EU-Markt große, leistungsfähige ÖPNV-Anbieter entstehen, die europaweit tätig werden und die Gesamtheit des Marktes bedienen. Damit wird sich die Struktur der deutschen ÖPNV-Anbieter grundlegend ändern. Dies gilt insbesondere für die kleinen und mittleren Betriebe in kommunaler Hand. Sie werden künftig einem deutlich steigenden Wettbewerb ausgesetzt sein. Diese Entwicklung wird durch den Sparzwang öffentlicher Haushalte in den nächsten Jahren noch beschleunigt.
Im Hinblick auf die bevorstehende Wettbewerbssituation auf dem ÖPNV-Markt hat die Saarbahn schon frühzeitig Maßnahmen eingeleitet, um ihre Wettbewerbsfähigkeit nachhaltig zu stärken und weiterhin eine aktive Rolle bei den sich ändernden Marktbedingungen spielen zu können. Inwieweit diese Maßnahmen jedoch im harten Ausschreibungsmarkt tragfähig sind, lässt sich heute jedoch noch nicht abschließend beurteilen.
Einen wesentlichen Schritt in diese Richtung stellt der 2002 erfolgte Betriebsübergang der traditionsreichen, jedoch von alten Strukturen geprägten Gesellschaft für Straßenbahnen im Saartal AG – Saartal-Linien auf die jungen, modernen Unternehmen Saarbahn GmbH als Betreibergesellschaft von Bus und Bahn und Stadtbahn Saar GmbH als Infrastrukturgesellschaft dar.
Die Stadtbahn Saar GmbH wurde 1992 gegründet und befasst sich mit Planung, Bau und Betrieb des Stadtbahn-Systems in der Saar-Region. Der Betrieb der Werkstätten und Infrastruktureinrichtungen im Bahn- und Busbereich sowie Marketing und Vertrieb fallen ebenfalls in ihren Zuständigkeitsbereich. 2015 wurde die Stadtbahn Saar GmbH im Rahmen der neuen Stadtwerkekonzern-Markenstrategie in Saarbahn Netz GmbH umfirmiert.
Die Saarbahn GmbH, gegründet 1996, ist für die Durchführung des Öffentlichen Personennahverkehrs im Bereich des Regionalverbandes mit Schwerpunkt Saarbrücken zuständig. Planungsaufgaben sowie die Koordination und Betreuung von Auftragsunternehmen sind ebenfalls hier angesiedelt.
Die GSS hält seither lediglich noch die Immobilien.

Seit 2005 gemeinsam stark – der saarländische Verkehrsverbund

saarVV
Hier steig' ich ein!

Ein Schritt zur Verbesserung des Öffentlichen Personennahverkehrs im Saarland stellte die am 1. August 2005 erfolgte Gründung des saarländischen Verkehrsverbundes (saarVV) dar. Zehn saarländische Verkehrsunternehmen (zum Beispiel aus Saarbrücken, Neunkirchen, Saarlouis, Völklingen, Saar-Pfalz-Bus GmbH, DB Regio AG und private Unternehmen) schlossen sich damals mit dem Ziel zusammen, eine Angebotsverbesserung und eine Steigerung der Fahrgastzahlen durch ein einheitliches Tarifsystem, aufeinander abgestimmte Bus- und Bahnlinien sowie eine Anschlusssicherung zu erreichen.[241]
Die Schaffung dieses Verkehrsverbundes war ein wesentliches Ziel der saarländischen Verkehrspolitik, in der es darum geht, die einzelnen Verkehrsmittel auf intelligente Weise aufeinander abzustimmen und so umweltschonend größtmögliche Mobilität für die Bürgerinnen und Bürger zu erreichen und eine gute Alternative zum Individualverkehr anzubieten. Die Saarländische Nahverkehrsservice GmbH (SNS) koordiniert die Aufgaben des saarVV, übernimmt dabei unter anderem das Management des Verbundtarifs und dient als Schnittstelle zwischen Kunden, Verkehrsunternehmen und den politischen Gebietskörperschaften.

Die Saarbahn als Rückgrat des saarländischen Nahverkehrs

Das Konzept des Verkehrsentwicklungsplanes (VEP) des Saarlandes sieht die Saarbahn als Rückgrat des künftigen saarländischen Nahverkehrs vor. Bereits in der ersten Ausbaustufe der Saarbahn hat sich gezeigt, dass mit dem Bau eines modernen Stadtbahnsystems eine sinnvolle und nachhaltige Investition in zeitgemäße und kompakte ÖPNV-Strukturen erfolgt ist. Bereits der Betrieb auf der Ausbaustufe I führte zu einer teilweise Verlagerung der Pendlerströme auf die Schiene und dadurch zu einer spürbaren Entlastung der Straßen und der Umwelt. Mit der Anbindung der umliegenden Städte und Gemeinden an die Landeshauptstadt stellt die Saarbahn einen wichtigen Baustein dar, um zwei vorrangige Stadtentwicklungsziele zu erreichen: zum einen den Klimaschutz zu fördern und zum anderen Saarbrücken als Oberzentrum verkehrlich optimal mit der Region zu vernetzen, denn die Saarbahn bedient nicht nur mit der Achse Römerkastell – Siedlerheim die verkehrlich aufkommensstärkste Strecke der Landeshauptstadt, sondern bindet diese auch an die regional bedeutsamen Netze an und bedient im Regionalverband und darüber hinaus nachfragestarke Achsen.
In dieser positiven Entwicklung sieht auch die Landesregierung eine Bestätigung ihres finanziellen Engagements und ihres Kurses zum weiteren Ausbau der Infrastruktur für den ÖPNV. Täglich befördern die Busse und Bahnen rund 140.000 Fahrgäste.
Vor allem für die Gemeinden Riegelsberg und Heusweiler sowie die Stadt Lebach brachte der Saarbahn-Anschluss eine deutliche Verbesserung im Nahverkehr. Über ein örtliches Netz von Zubringerbussen sind inzwischen auch die einzelnen Ortsteile sowohl mit dem Gemeindezentrum als auch mit der Saarbahn optimal vernetzt. Dieses Ortsbusnetz trägt damit auch zu einer innerörtlichen Verkehrsentlastung bei.

241 S-Print, Ausgabe 05, April 2006, 2017 zählt der saarVV 16 Partner

Weitere Ausbaupläne der Saarbahn

Mit der Einführung der Saarbahn ist nicht nur ein Lösungsansatz zur Bewältigung der Verkehrs- und Umweltprobleme im Großraum Saarbrücken gefunden worden. Es wird auch gezeigt, dass im Europa der Regionen ein modernes Stadtbahnsystem vor Ländergrenzen nicht mehr Halt machen muss. Das größte Infrastrukturprojekt seit dem Autobahnbau in den fünfziger Jahren und dem Saarausbau gibt dem Saarland eine neue wirtschaftliche und technologische Perspektive.

Die Zielsetzung des gesamten Saarbahn-Projektes war es, eine neue Form von Mobilität im Saarland zu erreichen, bei gleichzeitigen Einsparungen vor dem Hintergrund der Bahn-Regionalisierung. Mit der Vollendung der Linie 1 ist es gelungen, die bestehende Lücke zwischen dem grobmaschigen Bahnnetz und dem Bussystem zu schließen. Zugleich wurden für die Saarbahn neue Optionen geschaffen.

Die Ausbaustufe I beinhaltet neben der Linie 1 von Sarreguemines nach Lebach auch einen rund 1,1 Kilometer langen Teilabschnitt mit drei Haltestellen im Westen von Saarbrücken zur Anbindung der Strecke an den Haltepunkt Burbach der Deutschen Bahn (Rotfeldkurve). Dadurch lassen sich beispielsweise Saarterrassen, Festplatz, Unteres Malstatt und Burbach erschließen. Die Planung zu dem Vorhaben liegt im Entwurf vor, die Baukosten sind im bestehenden Antrag nach dem GFVG enthalten und vom Bundesverkehrsministerium, welches die Baukosten zu 60 Prozent fördert, grundsätzlich bewilligt.

Außerdem gehört ein rund 1,8 Kilometer langer Streckenabschnitt mit drei oder vier Haltestellen nach Neuscheidt (BMW Niederlassung Saarbrücken) oder Schafbrücke zur ersten Ausbaustufe. Dadurch könnte der Saarbrücker Osten mit Teilen des Eschbergs (Saarbasar) und Schafbrücke erschlossen werden. Für das Teilstück bis Neuscheidt liegt die Planung bereits im Entwurf vor.

Es wurde auch die Möglichkeit geprüft, in Burbach auf die Bahngleise der Deutschen Bahn in Richtung Völklingen zu gelangen, um in der Ausbaustufe II mit der Linie S2 die Strecke zwischen Völklingen mit einer eventuellen Weiterführung bis Saarlouis und in der anderen Richtung bis nach St. Ingbert zu bedienen. Hierbei ist zu berücksichtigen, dass die Gesamtplanungen teilweise aus den 1990er Jahren stammen und diesbezüglich natürlich auch neuen Rahmenbedingungen bei zukünftigen Weiterentwicklungen Rechnung getragen werden muss.

Eine weitere Anbindung an das Bahnnetz der Deutschen Bahn, der Anschluss an den »Saardamm« im Bereich der Josefsbrücke ist bereits fertiggestellt und eröffnet der Saarbahn weitere Perspektiven wie beispielsweise die Nutzung der DB-Strecke links der Saar.

Technische Lösungen für den grenzüberschreitenden schienengebundenen ÖPNV in der Saar-Lor-Lux-Region sind also gefunden. Jetzt muss noch die politische Entscheidung zur Umsetzung und zur Finanzierung der Betriebskosten getroffen werden.

Verkehrsentwicklungsplan 2019

Das Saarland erhält 2019 einen neuen Verkehrsentwicklungsplan für den Öffentlichen Personennahverkehr (VEP-ÖPNV). Neben dem ÖPNV-Gesetz, das im Januar 2017 in Kraft getreten ist, stellt dieser zukünftige Verkehrsentwicklungsplan nicht nur einen wichtigen Baustein für einen nachhaltigen Nahverkehr im

Saarland dar, sondern ist vor allem die Grundlage für eine längerfristige strategische Entwicklungsplanung im Bereich ÖPNV.
Die Ziele des bisher gültigen Verkehrsentwicklungsplanes aus dem Jahr 1997 wurden inzwischen weitgehend umgesetzt. Da sich vor allem im Zuge der Liberalisierung die verkehrspolitischen Rahmenbedingungen stark verändert haben, bietet eine grundlegende Aktualisierung des VEP-ÖPNV sowohl die Chance, die umweltfreundliche Mobilität zu stärken, als auch der demografischen und technischen Entwicklung Rechnung zu tragen.
Für die wissenschaftlich begleitete Neuaufstellung des VEP-ÖPNV ist ein intensiver Planungs- und Abstimmungsprozess vorgesehen, in den alle wichtigen Akteure und Interessensvertreter des saarländischen ÖPNV eingebunden sind.
Die Entwicklung des neuen Planes soll im Frühsommer 2018 abgeschlossen sein und in ein Maßnahmen- und Umsetzungskonzept münden, das sich auf den überregionalen ÖPNV (alle Schienenstrecken einschließlich Saarbahn und alle Regionalbuslinien in Aufgabenträgerschaft des Landes) bezieht, darüber hinaus jedoch auch Vorgaben für den örtlichen ÖPNV macht und somit eine Klammer bildet, für die regionalen Nahverkehrspläne der Landkreise und Städte als Aufgabenträger.
Bis 2019 ist die finanzielle Unterstützung des Saarbahnbetriebs auf den nach Allgemeinen Eisenbahngesetz (AEG) betriebenen Streckenabschnitten zwischen Saarbrücken-Brebach und Sarreguemines sowie zwischen Etzenhofen und Lebach durch das Land gesichert. [242]
Gerade vor dem Hintergrund der im Gesetz über den Öffentlichen Personennahverkehr im Saarland hervorgehobenen Bedeutung des Schienen-Personen-Nahverkehrs vor dem straßengebundenen ÖPNV sehen wir die Suche nach einer nachhaltigen Finanzierungslösung auch für die BOStrab-Strecken der Saarbahn als ein klares Zeichen für den Stellenwert des Öffentlichen Personennahverkehrs in der Region.

242 Im Rahmen seiner Zuständigkeit für den Eisenbahnbetrieb fördert das Land nur die Teilabschnitte, die nach dem AEG betrieben werden. Der Streckenabschnitt Römerkastell bis Walpershofen-Etzenhofen ist jedoch als Straßenbahnstrecke definiert, der nicht in die Zuständigkeit des Landes fällt und daher auch keinen gesetzlichen Anspruch auf Förderung

Rückblick – Vorstände der Gesellschaft für Straßenbahnen im Saartal AG:

Leonhardt, Willy (1. Jan 1983 bis 31. Dez 1994)
Walter, Norbert (1. Nov 1982 bis 31. Okt 2002)
Buckler, Michael (1. Jan 1988 bis 15. Mai 1994)
Heinrich, Dr. Franz (1. Juni 1994 bis 25. Feb 2008)
Keudel, Dr.Walter (1. Okt 1995 bis 31. Mai 2003)
Dörr, Christoph (1. Juli 2005 bis 13. Sep 2007)
Attig, Dr. Dieter (1. Jan 2008 bis 31. Dez 2011)
Edlinger, Peter (1. Jan 2008 bis heute)
Reuter, Norbert (6. Juni 2009 bis 31. Dez 2013)
Severin, Dr. Thomas (16. März 2012 bis heute)
Winter, Andreas (1. Mai 2014 bis heute)

Vorstand des Stadtwerke Saarbrücken Konzerns Dr. Thomas Severin und Peter Edlinger. (Foto: Saarbahn)

Rückblick – Geschäftsführung Saarbahn Netz GmbH:

Heinrich, Dr. Franz (23. Juni 1994 bis 25. Feb 2008)
Keudel, Dr.Walter (1. Okt 1995 bis 31. Mai 2003)
Walter, Norbert (13. Okt 1992 bis 31. Okt 2002)
Dörr, Christoph (1. Juli 2005 bis 14. Sep 2007)
Attig, Dr. Dieter (1. Jan 2008 bis 31. Dez 2011)
Edlinger, Peter (1. Jan 2008 bis heute)
Reuter, Norbert (1. Feb 2009 bis 31. Dez 2013)
Winter, Andreas (1. Mai 2014 bis heute)

Rückblick – Geschäftsführung Saarbahn GmbH:

Keudel, Dr. Walter (31. Mai 1996 bis 31. Mai 2003)
Heinrich, Dr. Franz (31. Mai 1996 bis 25. Feb 2008)
Walter, Norbert (31. Mai 1996 bis 31. Okt 2002)
Dörr, Christoph (1. Juli 2005 bis 14. Sep 2007)
Attig, Dr. Dieter (1. Jan 2008 bis 31. Dez 2011)
Edlinger, Peter (1. Jan 2008 bis heute)
Reuter, Norbert (1. Feb 2009 bis 31. Dez 2013)
Winter, Andreas (1. Mai 2014 bis heute)

Der Aufsichtsrat der Gesellschaft für Straßenbahnen im Saartal AG setzt sich aus folgenden Mitgliedern zusammen (Stand März 2017):

Vertreter der Landeshauptstadt Saarbrücken:

Oberbürgermeisterin der Landeshauptstadt Saarbrücken Charlotte Britz, Aufsichtsratsvorsitzende
Stadtverordneter Winfried Jung, Stellvertretender Vorsitzender
Stadtverordneter Torsten Reif, Stellvertretender Vorsitzender
Stadtverordnete Susanne Adams
Stadtverordneter Karl Brixius
Stadtverordneter Gerd Hirschmann
Stadtverordneter Hermann Hoffmann
Stadtverordneter Günther Karcher
Bürgermeister Ralf Latz
Stadtverordnete Elisabeth Rammel

Der Aufsichtsrat der Saarbahn Netz GmbH setzt sich aus folgenden Mitgliedern zusammen (Stand März 2017):

Vertreter der Landeshauptstadt Saarbrücken:

Oberbürgermeisterin der Landeshauptstadt Saarbrücken Charlotte Britz, Aufsichtsratsvorsitzende
Stadtverordneter Lothar Schnitzler, Stellvertretender Vorsitzender
Stadtverordneter Michael Bleines
Beigeordneter Thomas Brück
Stadtverordnete Karin Burkart
Stadtverordnete Kristine Commerçon
Stadtverordnete Edith Eckert
Stadtverordnete Gabriele Herrmann
Stadtverordneter Gerd Hirschmann
Stadtverordneter Günther Karcher
Stadtverordneter Thomas Kruse
Stadtverordneter Harald Müller
Stadtverordneter Rainer Ritz
Stadtverordneter Philipp Schneider
Stadtverordnete Anke Schwindling
Stadtverordnete Rûken Tosun

Vertreter der Stadt Lebach:
Bürgermeister Klauspeter Brill
Vertreter der Arbeitnehmer:
Hagen Trier, Siegfried Sax
Vertreter der SW GmbH:
Dr. Thomas Severin, Geschäftsführer, Sprecher der Geschäftsführung

Der Aufsichtsrat der Saarbahn GmbH setzt sich aus folgenden Mitgliedern zusammen (Stand März 2017):
Vertreter der Landeshauptstadt Saarbrücken:
Oberbürgermeisterin der Landeshauptstadt Saarbrücken Charlotte Britz, Aufsichtsratsvorsitzende
Stadtverordneter Philipp Schneider, Stellvertretender Vorsitzender
Stadtverordnete Susanne Adams
Stadtverordneter Karl Brixius
Beigeordneter Thomas Brück
Stadtverordnete Karin Burkart
Stadtverordnete Edith Eckert
Stadtverordneter Gerd Hirschmann
Stadtverordneter Hermann Hoffmann
Stadtverordneter Günther Karcher
Stadtverordneter Thomas Kruse
Stadtverordneter Herbert Meyer
Bürgermeister Thomas Redelberger
Stadtverordneter Lothar Schnitzler
Stadtverordnete Anke Schwindling
Stadtverordnete Claudia Stader
Stadtverordnete Rûken Tosun

Vertreter der Arbeitnehmer:
Frank Blanck, Markus Lauer
Vertreter der SW GmbH:
Dr. Thomas Severin, Geschäftsführer, Sprecher der Geschäftsführung

Der Betriebsrat Saarbahn Netz GmbH besteht aus folgenden Mitgliedern (Stand März 2017):
Hagen Trier, Betriebsratsvorsitzender
Siegfried Sax, Stellvertretender Vorsitzender
Hartmut Dehnen, Andrea Gelpke, Charly Groß, Michael Nieser, Claudia Stader

Der Betriebsrat Saarbahn GmbH besteht aus folgenden Mitgliedern(Stand März 2017):
Karlheinz Schmidt, Betriebsratsvorsitzender
Markus Lauer, Stellvertretender Vorsitzender und SBV (Schwerbehindertenvertreter)
Frank Blanck, Michael Bleines, Eva Cassaro, Waldemar Leichner, Markus Morsing, Ruprecht Rohe, Albert Ruby
Bernd Schneider, Frank Weber

Fahrgastbeirat Saarbahn
1996 wurde der Fahrgastbeirat der Saarbahn als eine unabhängige Vereinigung engagierter Nutzerinnen und Nutzer von Bus und Bahn in Saarbrücken gegründet. Die 16 Mitglieder, die aus allen Teilen des Bedienungsgebietes der Saarbahn kommen, arbeiten ehrenamtlich. Der Fahrgastbeirat trifft sich zweimal jährlich und befindet sich aktuell in seiner neunten Tätigkeitsperiode.

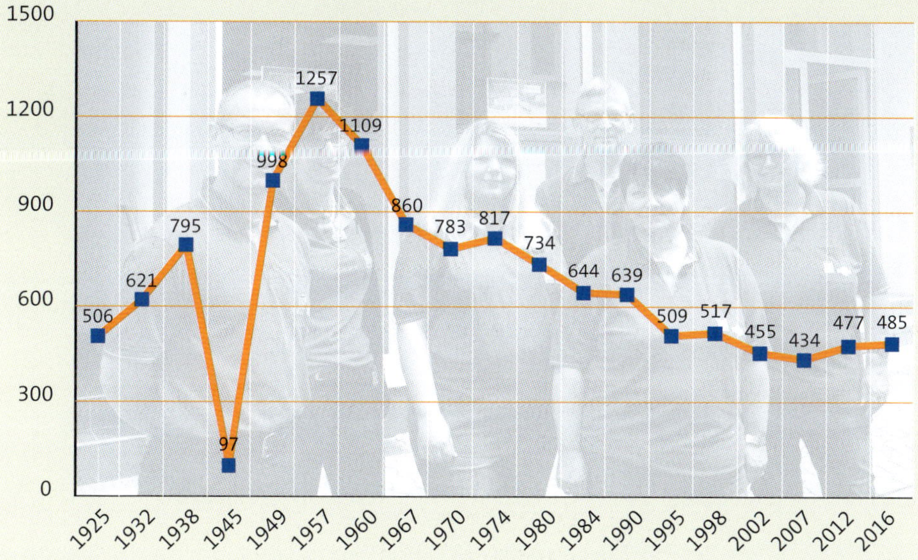

Entwicklung Personalbestand von GSS (1925–2002) und von Saarbahn, Saarbahn Netz (ab 2002).

Die Gesellschaft für Straßenbahnen im Saartal und die Saarbahn leisten einen aktiven Beitrag zur Gestaltung des gesellschaftlichen Umfeldes und des sozialen Zusammenhalts ihrer Mitarbeiterinnen und Mitarbeiter:

Stadtwerke Männerchor

Im April 1926 gründeten sangesfreudige Straßenbahner den »Männerchor der Straßenbahner Saarbrücken«. Unter dem Vorsitz von Franz-Josef Wagner zählt der Stadtwerke Männerchor heute rund 30 begeisterte Sänger, die gemeinsam unter der musikalischen Leitung von Natalya Chepelyuk musizieren.

Sportkameradschaft Straßenbahn Saarbrücken

1932 legten fußballbegeisterte Straßenbahner den Grundstein zur »Sportkameradschaft Straßenbahn Saarbrücken« (SKS) mit dem Ziel, innerhalb des Betriebes in Kameradschaft bei Sport und Spiel zusammenzufinden. Neben der Fußballabteilung gibt es heute auch noch eine Abteilung für Tischtennis. Aktuell zählt die Sportkameradschaft rund 240 Mitglieder.

Pensionärs-Verein der Saartal-Linien, der Saarbahn und der Saarbahn Netz

Gegründet wurde der Pensionärs-Verein 1950. Der Verein zählt 320 Mitglieder und wird seit 2017 von Arthur Kohler geführt.

Betriebsfeuerwehr

Im April 1949 wurde die Betriebsfeuerwehr mit 18 Kollegen der Gesellschaft für Straßenbahnen im Saartal AG als »Löschgruppe für Straßenbahnen im Saartal AG« ins Leben gerufen. Seit September 2012 wird die 12 Mann starke Betriebsfeuerwehr der Saarbahn Netz GmbH von dem Löschmeister Sebastian Dejon und dem Oberlöschmeister Alfred Schneider geleitet.

Hans-Christian Herrmann

Für ein attraktives Saarbrücken –

der Saarbrücker Verkehrsentwicklungsplan 2030[243]

Saarbrücken ist Landeshauptstadt, Dienstleistungsmetropole und Industriestandort und dazu Medien-, Universitäts- und Einkaufsstadt. Mobilität ist deswegen eine Megaaufgabe, die neben der Stadt das ganze Saarland betrifft und entscheidend für die Lebensqualität der Menschen und die Zukunftsfähigkeit von Saarbrücken ist.

Oberbürgermeisterin Charlotte Britz hat deshalb einen Verkehrsentwicklungsplan (VEP) erarbeiten lassen mit einer Entwicklungsperspektive bis zum Jahr 2030. Dieser VEP hat eine grundlegende Bedeutung für die Stadtentwicklung. Dabei berücksichtigt er alle Verkehrsarten (Rad- und Fußverkehr, ÖPNV und Kfz-Verkehr) und bietet innovative Ansätze der Verkehrsentwicklung. Er versteht sich als integriertes Planungskonzept, ist somit verkehrsmittelübergreifend angelegt und deckt sowohl den Personen- als auch den Güterverkehr sowie alle Verkehrszwecke ab.

In den vergangenen Jahren hat ein Team aus Mitarbeitern der Stadtverwaltung, Verkehrsexperten und Vertretern öffentlicher Institutionen am Verkehrsentwicklungsplan gearbeitet. Der VEP wurde nicht bürokratisch geplant und verfügt, sondern in einem breit angelegten Dialog zwischen Bürgerinnen und Bürgern und den Experten abgestimmt. Dazu gehörten beispielsweise Bürgerwerkstätten, Stadtrundgänge und auch die Möglichkeit über die neuen Medien, Planungen zu bewerten und zu kommentieren.

243 Der Beitrag basiert auf dem Verkehrsentwicklungsplan, umfangreichen Manuskripten und zahlreichen Informationen von Heidrun Stern (StA 61) und der Pressestelle der LHS SB.

Anlässlich ihres Neujahrsempfangs 2017 erläuterte Oberbürgermeisterin Britz ihre Überzeugung: »Wir müssen mehr attraktiven öffentlichen Raum für die Menschen schaffen. Ein wesentlicher Baustein für gelingende Stadtentwicklung ist eine zukunftsfähige Verkehrsplanung.«
Saarbrücken soll gesünder und leiser werden. Die Menschen sollen im Mittelpunkt des städtischen Lebens stehen. Dafür beabsichtigt die Landeshauptstadt 100 Millionen Euro bis zum Jahr 2030 in die Mobilität der Zukunft und damit in die Steigerung der Lebensqualität zu investieren.

Bekenntnis für ein lebenswertes, gesünderes und leiseres Saarbrücken

Eine Analyse der Verkehrsverhältnisse unterstreicht die Notwendigkeit dieser Planung. Der Anteil des Autoverkehrs in Saarbrücken bewegt sich mit 56 Prozent im Vergleich zu anderen Großstädten auf sehr hohem Niveau. Saarbrücken als Landeshauptstadt, Verwaltungsmetropole, Universitätsstadt, Einkaufszentrum und Industrie- und Dienstleistungsstandort wird täglich von 140.000 Einpendlern besucht. Ihr Mobilitätsbedürfnis gilt es mit den Rahmenbedingungen für eine attraktive Stadt durch Innovationen und Investitionen in den Verkehr zu harmonisieren.
Die derzeitigen Verkehrsströme mindern die Lebensqualität. Das Umweltbewusstsein der Menschen wächst und wie Britz feststellt, »ebenso der Wunsch, ein ‚gesundes' Leben frei von Umweltgiften und Lärm zu führen. Der Klimawandel erfordert ein Umdenken – auch auf lokaler Ebene, bei uns in den Städten.«
Neben den Herausforderungen des Klimawandels gilt es auch den demografischen Wandel zu berücksichtigen. Die Bevölkerung wird immer älter, Inklusion und Barrierefreiheit gewinnen zunehmend an Bedeutung. In einer alternden Gesellschaft wird es nach Einschätzung der Oberbürgermeisterin zugleich immer wichtiger, auch die jungen und kreativen Köpfe zu halten, um im Wettbewerb mit anderen Städten bestehen zu können. Saarbrücken kommt dabei für das Saarland eine Führungsrolle zu, von der auch die zukünftige Attraktivität des Bundeslandes abhängen wird.
Im Zeitalter der Digitalisierung und des wachsenden Online-Handels verändern sich auch die Anforderungen an eine moderne Einkaufsstadt. Die Frage der Aufenthaltsqualität in einer Stadt gewinnt an existenzieller Bedeutung. »Wir müssen die Lebensqualität der Menschen, die in den Städten wohnen, noch stärker in den Mittelpunkt rücken und den öffentlichen Raum gesünder, leiser, lebenswerter gestalten« – so das Bekenntnis der Oberbürgermeisterin und das erfordert nach ihrer Einschätzung: »Wir wollen mit einer zukunftsfähigen Mobilität die Interessen aller Verkehrsteilnehmer in Einklang bringen und die verschiedenen Verkehrsmittel wie ÖPNV, Rad oder Auto aufeinander abstimmen, so dass sie komfortabel allein oder in Kombination nutzbar sind.«

Freiräume für die Menschen in der City – Intelligente Verkehrslenkung

Freiräume und beste Rahmenbedingungen für attraktive Räume in der City sind Räume mit wenig Verkehr. Um diese zum Wohnen wie auch für Handel und Gewerbe attraktiven Räume entstehen zu lassen, ist eine intelligente Verkehrslenkung gefragt, die die Interessen der Menschen mit den Mobilitätsbedürfnissen in Einklang bringt. Dieses Ziel verfolgt das Projekt der kleinen Innenstadtumfahrung. Eine solche Umfahrung zwischen Hauptbahnhof und Meerwiesertalweg parallel zur Schienentrasse würde den Innenstadtbereich deutlich entlasten. Die Straßen in der City zwischen Bahnhofstraße, Rathaus und Johanneskirche würden frei von Autos. Wo heute noch der Verkehr fließt, könnte neuer Lebens- und Aufenthaltsraum entstehen. Dazu soll im ersten Schritt die grundsätzliche Realisierbarkeit geprüft werden.

Ein weiteres Projekt zur Entlastung der Menschen - insbesondere in Alt-Saarbrücken, Burbach und Malstatt - und zur Förderung der Wirtschaft ist der Vollanschluss der Messe an die Autobahn. Dieses Projekt wird die Landeshauptstadt gemeinsam mit dem Verkehrsministerium angehen.

Stärkung der umweltfreundlichen Mobilität

Neben der Innenstadtumfahrung braucht Saarbrücken eine Stärkung der umweltfreundlichen Verkehrsmittel. Diese veränderte Mobilitätskultur soll nicht zwangsweise verordnet werden, sondern verlangt Investitionen in die Infrastruktur und den ÖPNV.

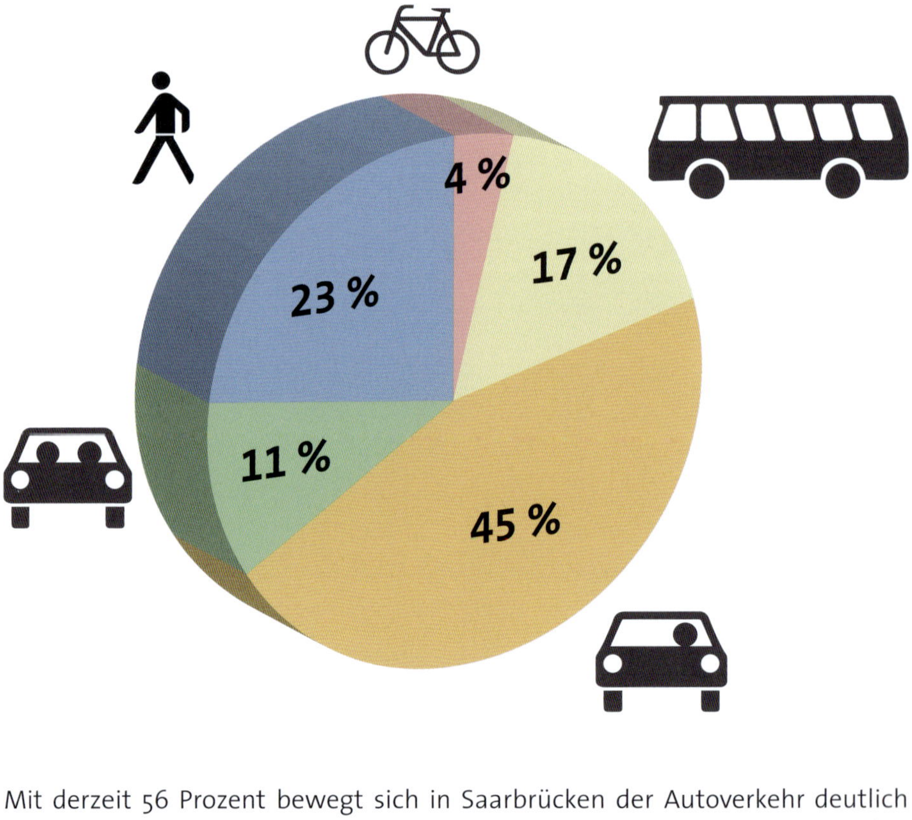

Quelle: eigene Darstellung und Auswertungen auf der Grundlage der Verkehrserhebung Saarbrücken 2010 sowie anderen Erhebungen wie SrV 2008

Mit derzeit 56 Prozent bewegt sich in Saarbrücken der Autoverkehr deutlich über anderen vergleichbaren Städten mit entsprechenden Auswirkungen bei den Emissionen an Lärm und Abgas. Die Anteile des ÖPNV und der Fußgänger liegen im Mittelfeld. Entwicklungspotential besteht beim Fahrradverkehr.

Mit mageren vier Prozent rangiert Saarbrücken beim Fahrrad deutlich unter anderen Großstädten. Auch topografisch bewegte Städte wie Aachen, Trier, Koblenz und Kassel weisen höhere Radverkehrsanteile auf.

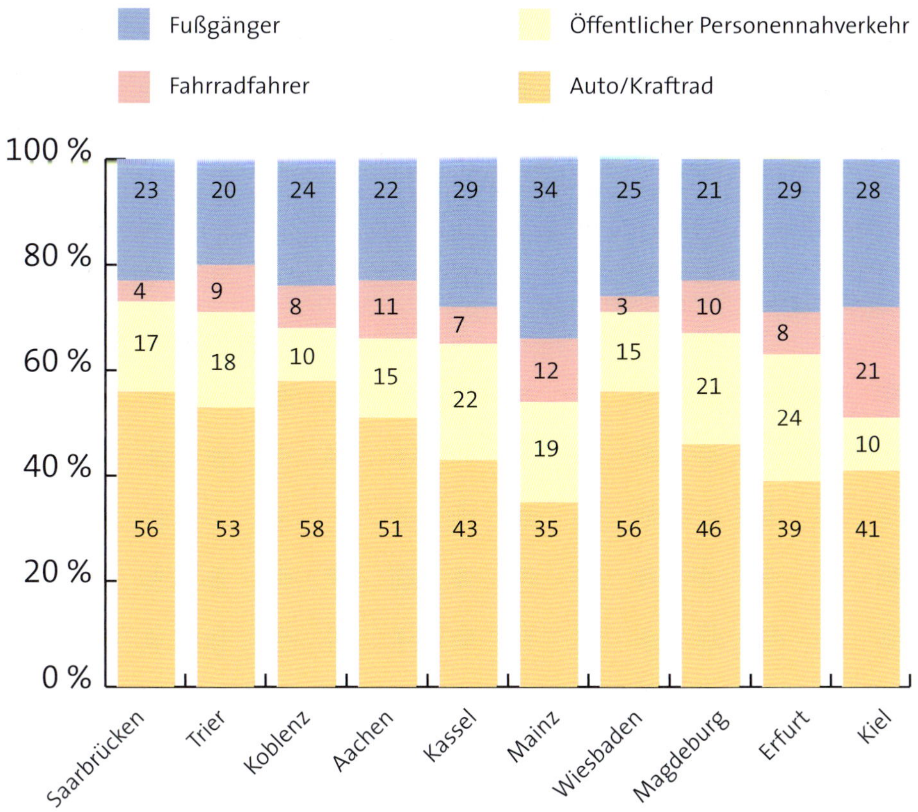

Saarbrücken im Städtevergleich

Quelle: eigene Darstellung und Auswertungen auf der Grundlage der Verkehrserhebung Saarbrücken 2010 sowie anderen Erhebungen wie SrV 2008

Hier setzt der VEP an. Saarbrücken ist eine Stadt der kurzen Wege mit einer kompakten Stadtstruktur. 80 Prozent der Wege der Saarbrücker Bevölkerung werden innerhalb der Stadtgrenzen von Saarbrücken zurückgelegt. Somit findet die Mobilität der Bevölkerung zu einem Großteil innerhalb des Stadtgebietes statt,

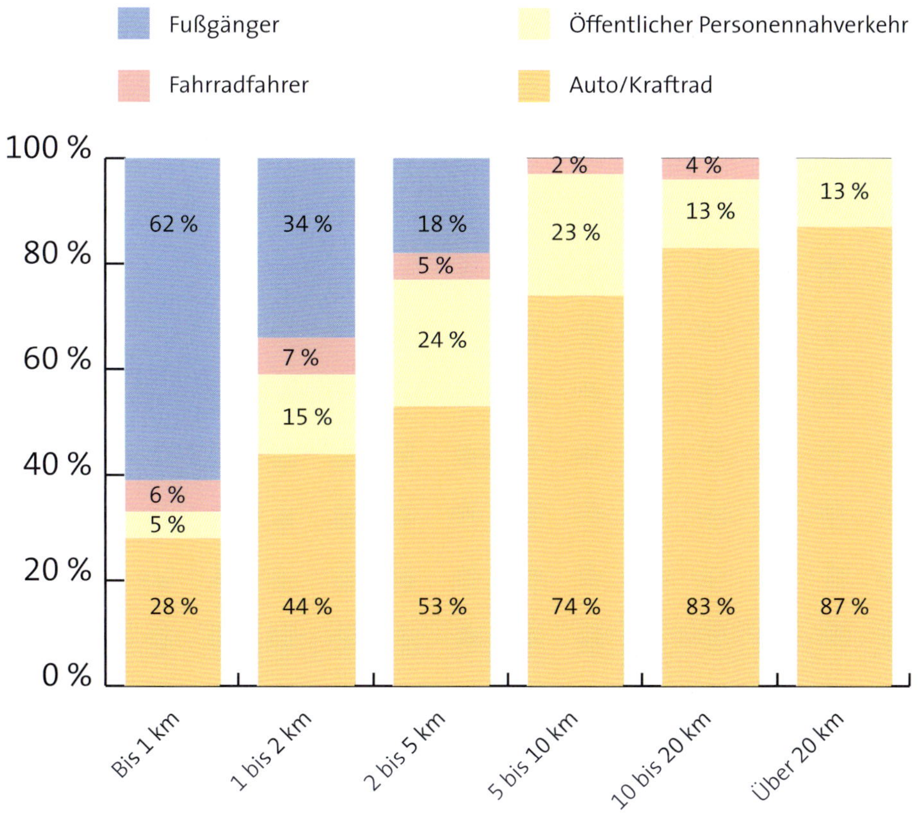

Verkehrsmittelwahl nach Wegelänge

Quelle: eigene Darstellung und Auswertungen auf der Grundlage der Verkehrserhebung Saarbrücken 2010

die Wege dabei sind meist nur ein paar Kilometer lang. Obwohl diese kurzen Wege in vielen Fällen auch zu Fuß oder mit dem Rad bewältigt werden könnten, wird hier häufig das Auto genutzt. Sie stellen somit ein besonderes Potenzial zur Förderung von Fuß- und Radnutzung im Sinne der Nahmobilität dar.
Insofern ist es möglich, den Anteil am Fuß- und Radverkehr sowie ÖPNV zu steigern und den mit dem Auto zurückgelegten Individualverkehr zu reduzieren.
Dem Radverkehr wird dabei eine wichtige Rolle zukommen. E-Bikes und Pedelecs, mit denen die Menschen auch ohne sportliche Konstitution die Saarbrücker Topografie gut bewältigen können, sind bis dato im Städtevergleich in Saarbrücken eher Raritäten. Sie sollen keine Seltenheit mehr bleiben, sind doch 61 Prozent der zurückgelegten Wege kürzer als fünf Kilometer. Wer diese Strecken mit dem Auto fährt, belastet die Umwelt und seinen Geldbeutel mit hohem Kurzstreckenverbrauch und erhöhtem Fahrzeugverschleiß. Erforderlich dafür ist das Schließen von Lücken im Radverkehrsnetz, unter anderem sieht der Verkehrsentwicklungsplan vor, fünf innerstädtische Radhauptachsen einzurichten und die Leinpfade als innerstädtische Radkomfortrouten auszubauen. Damit wird Saarbrücken auch für Touristen noch attraktiver und verbessert auch den Freizeitradverkehr.
Gestärkt wird auch das Fußwegenetz. Investitionen in die Erhöhung der Barrierefreiheit und das Beseitigen von Hindernissen an Unterführungen oder Schienentrassen werden Menschen mit Behinderung und älteren Menschen eine spürbare Erleichterung sein. Investitionen von elf Millionen Euro sieht der VEP bis 2030 zur Steigerung der Attraktivität des Fußverkehrs vor. Im Ergebnis wird unsere Stadt sicherer und der Umgang miteinander rücksichtsvoller. Der Oberbürgermeisterin ist es dabei ein wichtiges Anliegen, die Zahl der Unfälle auf dem Weg zur Schule drastisch zu reduzieren. Die Schulwegsicherheit soll eine Leuchtturmkampagne werden, die die Stadt gemeinsam mit den Kindern, Lehrern, Eltern und der Polizei derzeit schon erarbeitet.
Alle werden profitieren, wenn Saarbrücken leiser und die Luftqualität weiter erhöht wird, ganz abgesehen davon wird es weniger hektisch zugehen. Auch Busse und Bahnen werden dazu beitragen. Mit einer Angebotsoffensive soll die Akzeptanz des Öffentlichen Personennahverkehrs erhöht werden und die Menschen veranlassen, vor allem für den Binnenverkehr in der Stadt, den ÖPNV im Alltag fest einzuplanen, und ihr Auto zu schonen.
Grundsätzlich fördert der Verkehrsentwicklungsplan die umweltfreundlichen Mobilitätsangebote. Ausgebaut werden soll die sogenannte »multimodale Mobilität« – also sich mit Fahrrad, mit Bus oder Bahn, Car-Sharing und zu Fuß zu bewegen und dabei auch diese Möglichkeiten miteinander zu verknüpfen.

Zur besonderen Bedeutung des ÖPNV

Für mehr Lebensqualität in der Stadt müssen Busse und Bahnen ausgebaut werden. Nur ein aufgewerteter ÖPNV kann das Ziel, Saarbrücken leiser und gesünder zu machen, erreichen. So soll bis 2030 der Anteil der Fahrten mit dem ÖPNV unter den Einpendlern von derzeit 18 auf 30 Prozent wachsen und bei den Fahrten im Binnenverkehr von 17 auf 20 Prozent.
Eine wichtige Rolle spielt dabei die Erweiterung des Saarbahnnetzes. Neben der erfolgreichen Linie nach Saargemünd soll das französische Umland noch besser

bedient werden mit einer Linie von Forbach und Stiring Wendel zur Universität bis in den Stadtteil Dudweiler.
Um mehr Menschen für den ÖPNV zu gewinnen, soll auch die Anbindung der Umlandkommunen des Regionalverbandes an die Großstadt Saarbrücken aufgewertet werden. Ein Ausbau des Schienenverkehrs aber auch der Ausbau von Busangeboten zur Entlastung des Hauptbahnhofes werden dabei ergänzende Angebote ermöglichen.
Bei der Anbindung der Umlandkommunen ist auch an die Reaktivierung früherer und mittlerweile stillgelegter Nebenstrecken zu denken wie etwa die Rosseltalbahn. Sie führte von Saarbrücken südlich der Saar nach Völklingen-Fürstenhausen - mit entsprechenden Busangeboten in Klarenthal und Gersweiler ergeben sich hier interessante Mobilitätsangebote.
Bei den Bussen könnte ein Mix aus sogenannten Metrobussen, Stadtteilbussen und Bedarfsverkehr mehr umweltfreundliche Mobilität ermöglichen. Metrobusse sind Fahrzeuge, die zwischen den Stadtteilen und dem Zentrum gemeinsam mit der Saarbahn das Angebot bilden. In den Stadtteilen verkehren Stadtteilbusse und sorgen dafür, dass die Wege zum ÖPNV-Angebot verkürzt werden. Und für die etwas entlegen Wohnenden sorgt dafür ein nach telefonischer Anmeldung bereitgestellter Bedarfsverkehr.
Busse sollen noch schneller werden. Weitere Busspuren sollen dies ermöglichen. Busse sollen auch noch komfortabler werden, gute Fahrzeuge tragen dazu bei wie auch der Ausbau barrierefreier Zugänge etwa zu den Haltestellen.
Zu einer hohen Akzeptanz und Umsteigebereitschaft auf Busse und Bahnen trägt ebenso ein einfaches, gerechtes und transparentes Tarifsystem bei. Mit klassischen Fahrscheinen lassen sich die Anforderungen nur schwer gemeinsam erfüllen. Deshalb könnte die moderne Technik mit App und Chipkarte die Lösung für einfache und transparente Tarife liefern. Vergleichsweise einfach und zugleich attraktiv ist die Idee, Kombiangebote zu entwickeln, die die Benutzung des ÖPNV mit Kultur- und Sportangeboten zusammenbringen wie etwa dem Besuch des Weltkulturerbes Völklinger Hütte und des Gondwana Parks in Landsweiler-Reden oder dem Nationalpark Hunsrück/Hochwald. Der ÖPNV lässt das Saarland zusammenrücken und eins steht fest – er bleibt immer in Bewegung wie die Entwicklung der Landeshauptstadt. Ihr kommt auch für die Zukunftsfähigkeit des Landes eine herausragende Bedeutung zu, nur mit einem attraktiven Saarbrücken kann es ein erfolgreiches Saarland geben.